Langbein/Fochler • Einfach genial

unter Mitarbeit von:

Inge Smolek
Monika Czernin
Claudia Hefner

Kurt Langbein
Rike Fochler

EINFACH GENIAL

DIE 7 ARTEN DER INTELLIGENZ

Deuticke

Deuticke
A-1010 Wien, Hegelgasse 21

Lektorat: Karina Matejcek & Iris Pawlitschko
Herstellung: Josef Embacher
Umschlaggestaltung: Robert Hollinger
Umschlagfoto: © Buenos Dias Bildagentur GesmbH
Druck: Wiener Verlag, Himberg bei Wien

Printed in Austria

ISBN 3-216-30276-8

INHALTSVERZEICHNIS

Einleitung

Als 1994 die beiden US-Wissenschaftler Richard Herrnstein und Charles Murray mit ihrem Buch »The Bell Curve« biologische Unterschiede in der Intelligenz verschiedener Rassen nachzuweisen versuchten, gelang es ihnen beinahe, den Rassismus intellektuell wieder hoffähig zu machen. Gleichzeitig lebten überall in Europa unter dem Etikett der Hochbegabtenförderung alte Eliteideen wieder auf.

Wir begleiteten damals für die Zeitschriften »profil« (Wien) und »Die Woche« (Hamburg) die Debatte mit Beiträgen über die moderne Hirnforschung und die Kognitionswissenschaft.

Die Ergebnisse seriöser Forschung standen und stehen im krassen Gegensatz zu den Thesen der Auslese-Ideologen: Die genetische Mitgift allein macht noch kein Genie. Der komplexe Kosmos Gehirn mit allen seinen Anlagen will durch Umwelt und Erziehung gefordert und gefördert sein – und zwar auf kognitiver Ebene ebenso wie auf motorischer, künstlerischer, sozialer und emotionaler Ebene. Erst die behutsame und ausgewogene Berücksichtigung all dieser Begabungen ermöglicht es dem Menschen, sich in seinem ganzen Spektrum zu entfalten und in manchen Bereichen sogar Spitzenleistungen zu erbringen – meßbare oder nicht meßbare.

Daß Intelligenz meßbar sei und der »IQ« als Zahl tatsächlich ausdrückt, was ein Mensch für die Gesellschaft zu leisten imstande sei, ist der zweite, nicht weniger zählebige Irrtum in der Begabungsdebatte. Obwohl führende Psychologen längst ein differenzierteres Intelligenz-Bild entworfen haben, werden die Zukunftschancen von Generationen immer noch durch Tests entscheidend beeinflußt.

Für uns selbst wurde auf der anderen Seite immer klarer,

wie zerstörerisch unser Schulsystem mit den Begabungen der Kinder umgeht. Formalisiertes Einpauken von Wissen behindert Lernen als kreativen Prozeß.

Bei den wochenlangen Dreharbeiten für die TV-Dokumentation über Wunderkinder erlebten wir mit, wie schwer es Kinder mit speziellen Begabungen haben, in unserem auf zeitgleiche Entwicklungsschritte aller Kinder genormten Bildungssystem bestehen zu können – und wie schwer es alle Begleiter haben, die mit den »Wunderkindern« umgehen müssen. Michael Kearny etwa, der aufgrund seiner Hyperaktivität die Geschicke des gesamten Familienlebens diktiert und vor lauter kognitiver Brillanz mit sozialen Defiziten zu kämpfen hat, hielt nicht nur seine Eltern permanent auf Trab. Und Jonas Kraft war stets schneller als der reportageerprobte Kameramann: Wie von einer unsichtbaren Kraft getrieben, war er längst im Nachbarzimmer oder im nächsten Raum des Museums, als der Schwenk der Kamera die Stelle erreichte, wo er eben noch gesessen hatte.

Für das Buch »Einfach genial« haben wir die fünf »Wunderkinder« aus dem TV-Film ausführlich porträtiert: Ihre Persönlichkeiten und ihre Schicksale geben in vielen Fragestellungen des Umgangs mit Begabungen viel faßbarer Auskunft, als es lange Erörterungen könnten.

Dazu haben wir versucht, den letzten Stand der Hirn- und Intelligenzforschung sowie der Pädagogik verständlich zusammenzufassen. Anhand konkreter Kindergarten- und Schulmodelle wollen wir zeigen, wie die vielschichtigen Begabungen der Kinder erkannt und behutsam gefördert werden können. Ein Exkurs über Künstliche Intelligenz soll Einblick in diese teils skurrile High-Tech-Welt geben, die dennoch viel über die Komplexität des menschlichen Verstandes verrät.

Rike Fochler Kurt Langbein

Wien, im Februar 1997

Jonas Kraft:
»Ich werde Fahrdienstleiter«

Ein wahres Fest! Drei Torten werden aufgetragen, zwanzig Kinderaugenpaare fixieren Creme und Sahne im Kerzenlicht. »Und jetzt singen wir«, muntert Harry Kraft die Kinderschar auf. »Nein!« schreit einer der Knirpse. »Nein!« Es ist Jonas Kraft, und er hat hier das Sagen. Schließlich wird *er* heute fünf Jahre alt. Es ist *sein* Geburtstagsfest, und auf seinem Geburtstagsfest wird nun einmal nicht gesungen. Singen ist kindisch – und damit basta! Seinen Freunden ist das recht, würde es doch nur das Anschneiden der Torten verzögern.

Die Kuchenstücke verschwinden in den Mündern der Kindermeute. Jonas ißt seines nicht auf. Das kostet zuviel Zeit, wo es doch soviel zum Anschauen und zu tun gibt. Der ganze Berg von Geschenken wartet darauf, näher inspiziert zu werden. Die Freunde dürfen ihm beim Auspakken helfen. Voluminösere Päckchen sind ihnen lieber, da ist die Gefahr nicht so groß, daß »nur« ein Buch drin sein könnte. Wer doch einmal eines auspackt, reicht es gleich an Jonas weiter. Der kann seltsamerweise etwas damit anfangen; sogar jetzt, in all dem Trubel, legt er die Lektüre nicht mehr so schnell aus der Hand. Zumindest die ersten paar Seiten muß er überfliegen, bevor ihm einer der Freunde das nächste Geschenk unter die Nase hält. Für Jonas birgt jedes Buch ein Geheimnis, und er kann es kaum erwarten, dieses Geheimnis zu lüften.

Der Schlüssel dazu sind die Buchstaben. Aus irgendeinem Grund war Jonas schon sehr früh zu dieser Erkenntnis gekommen. Und er hielt es für angebracht, das auch seine Mutter wissen zu lassen. Mit zweieinhalb Jahren deutete der Dreikäsehoch auf das Titelblatt eines Magazinheftes. »Was ist das?« wollte er wissen. »Das ist ein A«, antwortete die Mutter im Vorübergehen. Am nächsten Tag steuerte Jonas zielstrebig das Magazin an, zeigte auf denselben Buchstaben und sagte: »A, das ist ein A.« Wenig später beherrschte der Knirps das gesamte Alphabet, und mit knapp drei Jahren konnte Jonas lesen.

Die Eltern waren unschlüssig, ob dieses Faktum sie freuen oder ängstigen sollte. Harry Kraft arbeitet als Fahrdienstleiter bei der Eisenbahn, und Brigitte ist Krankenschwester. Beide fühlten sich zu wenig kompetent, das Verhalten ihres Sohnes einzuschätzen. Sie warteten noch ein Jahr ab, dann beschlossen sie, einen Spezialisten zu befragen.

Brigitte Kraft fuhr mit ihrem vierjährigen Sohn zu Klaus Urban, einem Hochbegabten-Experten in Hannover. »Ein aufgeschlossenes, munteres Kind«, kann sich der Psychologe noch gut an den Jungen erinnern, »mit richtiger Power und erstaunlicher Konzentrationsfähigkeit.« Urban machte drei verschiedene Tests mit Jonas: einen Intelligenztest für das Vorschulalter, einen Test, um festzustellen, ob der Vierjährige stark im schlußfolgernden Denken sei, und einen Kreativitätstest. Jonas war entzückt. Endlich jemand, der ihn richtig forderte. Jede Aufgabe war ihm willkommen, der Knirps zog alle Register: Im Zusatztest »Rechnerisches Denken« erzielte er »kaum noch meßbare« Ergebnisse, bei Zuordnungsaufgaben schnitt er überdurchschnittlich gut ab, von 36 Aufgaben zur Messung des »schlußfolgernden Denkens« löste Jonas 24 und lag damit bei einem IQ jenseits von 140, und seine sprachliche Leistungsfähigkeit wurde von dem Psychologen als »weit über dem Niveau eines Vierjährigen« liegend eingestuft. »Ich fragte den Jungen: ›Was ist ein Regenschirm?‹«, erzählt Urban gleichermaßen amüsiert wie respektvoll. »Und Jonas antwortete: ›Ein Regenschirm besteht aus einem gebogenen Griff, und Stöckchen halten das Regendach.‹«

Schließlich sollte auch noch Jonas' Kreativität untersucht

werden. Der Psychologe legte ihm ein Papier vor, auf dem sechs Fragmente vorgezeichnet waren, und Jonas verleibte ein Fragment nach dem anderen seiner abstrakten Zeichnung ein. »Das ist Chrasüser«, gab der junge Künstler seinem fertigen Werk einen spontanen Phantasienamen und setzte ihm damit noch die Krone auf. »Chrasüser« bringt Jonas 46 Punkte ein. Der Durchschnitt von Vier- bis Sechsjährigen bei diesem Test liegt zwischen zehn und 22 Punkten. Nun stand fest: Jonas ist ein Genie. Nur 0,1 Prozent seiner Altersgenossen können Testergebnisse erzielen wie er.

Vielfältige Förderung und Herausforderung, so gab Klaus Urban der Mutter noch mit auf den Weg, das sei es jetzt, was der Junge brauche. Aber das ist freilich leichter gesagt als getan. »Manchmal«, gibt sie zu, »ist es schon recht anstrengend, immer etwas zu finden, um seine Neugierde zu befriedigen und eine möglichst breite Palette zu bieten. Es soll ja auch etwas sein, wo andere Kinder dabei sind, weil er das ganz normale Bedürfnis hat, mit anderen darüber zu sprechen.« Jonas mangelt es freilich auch selbst nicht an Ideen. Er hatte das Ergebnis, hochbegabt zu sein, relativ unbeeindruckt zur Kenntnis genommen. Jetzt wünschte er sich eine »Schreib- und Rechenlehrerin«, und die bekam er auch.

Edda ist Grundschullehrerin; sie besucht Jonas einmal pro Woche. Meistens hat sie ganz interessante Spiele mit. Da gibt es immer eine Menge Fragen und Aufgaben, und dann muß man auf den Spielen Knöpfe zu den richtigen Antworten schieben oder Drehscheiben auf die Lösung einstellen.

Edda hat keine Sorge, daß Jonas seine Kindheit geraubt werden könnte. Sie meint: »Die Gefahr besteht sicher, aber beim Jonas sehe ich sie nicht. Er will das selbst, er verlangt danach. Man könnte ihn natürlich abwürgen mit dem bewährten Stehsatz ›Das erkläre ich dir später, das verstehst du noch nicht‹, aber das finde ich falsch. Wenn er Fragen stellt, soll er die Antworten darauf bekommen.« Edda bemüht sich, Jonas ein ausgewogenes Gemisch von Neuem vorzustellen und gleichzeitig auf seine jeweils aktuellen Bedürfnisse einzugehen. Jonas weiß das zu schätzen; er mag Edda. Gemeinsam haben die beiden schon einige Interessensphasen durchlebt. »Am Anfang war er ganz wild auf Mathematik, Rechnen und Einmaleins«, erzählt Edda. »Das war ihm damals das Wichtigste. Jonas erfand seine eigenen Namen für verschiedene Rechenoperationen: ›Ni‹ war Minus, ›Diwok‹ hieß Plus, das ›Drüsl‹ war das Mal, ›Drüsele‹ war Dividieren. Und ein mit Zahlen angefülltes Rechteck war das ›Von-innen-nach-außen-Drüsenspiral-Rechteck‹. Dann hatte er seine Fledermaus-Zeit, da war die Familie einmal in einer Höhle, und danach hat er sich recht für Biologie und Tiere interessiert.« Jonas las damals viel über Fledermäuse, sah sich Bilder von ihnen an und faßte sein Wissen schließlich selbst in einem Bild zusammen. »Schau, das Blaue ist der Berg von innen, der Mount Everest«, erklärt er sein Werk voller Stolz. »Da sind die Fledermäuse drinnen und fahren mit der Fledermaus-U-Bahn. Und hier«, er zeigt auf die schwarzen Flächen, »hier schlafen sie. Es dürfen nur ganz wenige Besucher hinein, damit die Fledermäuse nicht gestört werden.« Jonas gefällt vor allem das Sonarsystem, mit dem sich die Tiere orientieren. »Ich habe auch so ein Sonarsystem«, ruft er aufgeregt, während er eine Hand auf dem Reißverschluß seiner Hose hat. – »Immer das gleiche«, klagt Mutter Kraft, »er nimmt sich nie Zeit, um aufs Klo zu gehen.«

Auch jetzt hält Jonas die kurze Pause für pure Verschwendung. Es scheint, als habe er mit seinem Sonarsystem gerade die »Wellenlänge« seines »Stoffelbuchs« aufgefangen. Seine Fledermausphase geht derzeit fließend in die Chemiephase über, und das »Stoffelbuch« entwickelt sich zu seinem großen Favoriten: Auf Papierstückchen sind lustige Figuren aufgezeichnet. Jede Figur gibt einem chemischen Element Gestalt. Der Kohlenstoff ist ein Gorilla, schelmische Wassertropfen stellen den Wasserstoff dar. Jonas hat seinen Drang, auf die Toilette zu müssen, längst vergessen. Er hockt am Boden und leckt sich mit der Zunge nervös über die Lippen. In der Schachtel kramt er fieberhaft nach zwei fehlenden Kohlenstoffatomen. Da sind sie endlich, die beiden Gorillas. Jonas reiht sie zu den Wassertropfen. »Kerosin«, sagt er schließlich knapp, »das ist Kerosin, damit fliegen die Flugzeuge. Da darf kein Wasserstoff fehlen.« Edda ist auf die neuen fachlichen Vorlieben ihres Privatschülers bereits eingestiegen. Sie erfährt heute, daß H_2O Wasser, NH_3 Ammoniak und O_2 der Sauerstoff, den wir einatmen, ist. »Gibt es denn auch einen anderen Sauerstoff?« fragt Edda. »O_3«, sagt Jonas, »das ist Ozon und kommt von der Umweltverschmutzung.«

»Das Besondere an ihm«, erklärt die Lehrerin, »ist sein großes Interesse an allem und jedem. Er hat zum Beispiel auch ein hervorragendes Sprachgefühl. Jetzt möchte er auch Englisch- und Lateinunterricht. Aber das werde nicht ich mit ihm lernen. Ich kann ihm bald nichts mehr beibringen, außerdem wird mir die Vorbereitungszeit schon zu lange, und einfach nur improvisieren mag ich auch nicht.»

Also hat Frau Kraft eine Engländerin als »Native speaker« organisiert und ihrem Sohn verheimlicht, daß diese auch bestens Deutsch versteht. Edda baut unterdessen langsam vor, streut ab und zu ein lateinisches Wort in ein Spiel ein und hat dem Vierjährigen ein lateinisches Kinderbuch mitgebracht. Mal sehen, ob der Junge wirklich Englisch und Latein zugleich lernen möchte. Im Moment scheint ihm der österreichische Dichter Ernst Jandl doch noch lieber zu sein. Jonas verschlingt seine schwierigen Texte.

Jonas liest oft sogar ein ganzes Buch pro Tag und darüber hinaus alles, was ihm sonst noch in die Quere kommt. Die

Bücherei – für Jonas ein Eldorado – steht ganz oben auf der wöchentlichen Programmliste. Sein Blick mustert im Eiltempo die Buchrücken, dann zieht er ohne langes Zögern einen der Schmöker heraus, sinkt damit zu Boden und schlägt dabei schon die erste Seite auf. Vor ihm, hinter ihm und seitlich von ihm gehen Leute vorbei, steigen förmlich über ihn drüber, murmeln und kramen in den Regalen herum – Jonas sieht und hört und registriert sie nicht, er liest. Der gesamte Körper ist erstarrt, nur an seiner Mimik läßt sich ermessen, wie lebendig es gerade in dem Jungen zugeht. Die Augen fliegen lustvoll über die Zeilen, dazwischen erfolgt ab und zu ein ungewöhnlich bedächtiger Lidschlag, die linke Braue zuckt manchmal leicht nach oben, manchmal ziehen sich auch beide Brauen nach vorne zusammen, und dann wieder huscht ein leises Lächeln über den »vergessenen«, offenstehenden Mund. »Es gibt sicher viele Dinge aus seiner Welt, die ich überhaupt nicht kenne«, sagt seine Mutter fast wehmütig. »Ich bekomme ja nur die artikulierte Information, nicht seine Gedanken dazu.« Und Gedanken, so meint sie, mache sich Jonas bestimmt sehr viele. Seit er lesen kann, bleibt ihm schließlich kaum etwas verborgen. Er schnappt Zeilen über Krieg und Elend, über Terror und Mord auf, und dann stellt er die dementsprechenden Fragen: »Warum schlagen manche Eltern ihre Kinder?«, »Was ist die Dolchstoßlegende?«, »Wer hat den Heinz Nittel terrorisiert?« »So etwas beschäftigt ihn tagelang«, erzählt die Mutter etwas besorgt. »Und ich weiß oft gar nicht, wie es ihm dabei geht. Das beschäftigt dann wiederum mich. Ich frage ihn schon manchmal, ob ihm etwas weh getan hat, aber er beantwortet mir solche Fragen nicht. ›Das ist mein Geheimnis‹, sagt er dann meistens, ›das erzähl ich dir nicht.‹«

Manches freilich braucht Jonas gar nicht zu erzählen, weil ihm der Schreck und die Enttäuschung im Gesicht geschrieben stehen. Die Hoffnung etwa, daß er in der Bücherei mit anderen Kindern diskutieren kann, hat sich inzwischen zerschlagen. »Was machst du denn schon da?« fragt ihn ein älterer Junge. »Ich lese«, sagt Jonas, ohne daran etwas Besonderes zu finden. »Du kannst doch noch gar nicht lesen«, sagt der ältere Junge. »Du bist noch viel zu klein dazu.« »Doch«, erklärt ihm Jonas unbefangen, »ich kann schon lesen, ich bin ein hochbegabtes Kind.« Aber für derlei »Allüren« hat sein Gegenüber kein Verständnis. Rumms – hat Jonas schon eine Ohrfeige abbekommen. Seither konzentriert sich Jonas in der Bücherei ganz auf die Bücher.

Kinderbücher mit vielen Bildern mag er keine, am liebsten sind ihm Sachbücher. Zu Hause sitzt er oft stundenlang über seinen »Kinderbrockhaus« gebeugt. Das Lexikon ist eines der wenigen Bücher, zu deren Studium Jonas Gesellschaft sucht. Dann liegt er auf dem Fußboden im Wohnzimmer, rezitiert einzelne, lustig klingende Wörter, liest die Kurzbeschreibungen dazu vor und möchte darüber mit den Eltern diskutieren – oder auch nur seine daraus hervorgehenden Wünsche subtil deponieren. Als er etwa gerade das Kurzkapitel über den Suezkanal gelesen hat, blickt er auf und sagt: »Ich habe noch nie einen Staudamm gesehen.« Oder nachdem er sich über Optik informiert hat, sagt er: »Wo ist unser Mikroskop?« Harry und Brigitte Kraft bringt das manchmal ganz schön ins Schwitzen. Die tägliche Ration »Geistesfutter« für ihren Sohn würde weit mehr Geld verschlingen, als zur Verfügung steht. Aber die beiden sind erfinderisch geworden. Es gibt fast immer eine alternative Lösung. Statt des eigenen Mikroskops gibt es eben einen Mikroskopierkurs im Naturhistorischen Museum.

Dieses Mal kommen Jonas und seine Mutter bestückt mit Löwenzahnblüten und -blättern, mit Rinde und mit einem Styroporschnitzel ins Museum. Ohne Umschweife klemmt sich Jonas gleich hinter eines der Vergrößerungsgeräte, plaziert seine Objekte fachmännisch auf den gläsernen Objektträger, dreht ein bißchen an der Schärfe und hält das Auge an die Linse. Da wird das Stückchen Rinde zum »selbstgebackenen Brot«, die gelben Löwenzahnblätter zu »Maiskolben – übereinander und untereinander und vergrößert», und der Styroporschnitzel ist eine Schneelandschaft. – Und wo sind die Atome? Jonas akzeptiert, daß sie mit diesem Mikroskop nicht zu sehen sind. Er sieht trotzdem in allem und jedem immer noch ein bißchen mehr als andere. Aber neben der blühenden Phantasie hat in seinem Kopf offenbar auch bodenständige Sachlichkeit noch genug Platz: »Schau, wie saftig der ist«, sagt Brigitte Kraft, als sie ihrem Sohn den aufgeschlitzten Stengel des Löwenzahns unter das Mikroskop legt. »Natürlich«, meint Jonas, »der muß saftig sein, den haben wir ja ganz frisch von der Wiese gepflückt.«

Jonas kann bereits auf eine stattliche Sammlung selbstgemachter Präparate verweisen: zwei Karottenwurzeln, eine Feuerwanze, eine Lachmöwe, einen Schillerfalter, einen Eulenfalter. Ach ja, und eine Gallenblase! An das Präparieren dieser Gallenblase kann sich die Museumspädagogin Irene noch gut erinnern: »Außer dem Jonas waren die Kinder in dem Kurs zehn bis 15 Jahre alt«, erzählt sie. »Ich habe gefragt, ob sie wissen, wo die Gallenblase in unserem Körper sitzt. Alle haben geschwiegen, nur Jonas hat auf die richtige Stelle gezeigt. Dann habe ich gefragt, wozu man die Galle denn brauche. Und der Fünfjährige hat als einziger sofort und wie selbstverständlich gerufen: ›Zur Fettverdauung!‹ Erstaunlich, nicht?«

Jonas ist eben belesen. Und er merkt sich auch, wovon er einmal gehört hat. Die Gallenblase ist ihm schon in seiner Fledermausphase untergekommen. Sein damaliges Lieblingsbuch war das »Vamperl«. »Das ist ein kleiner Vampir«, erklärt Jonas, »der so erzogen worden ist, daß er den Leuten nicht das Blut aussaugt, sondern das Gift aus der Galle.« Jonas war von der Geschichte so angetan, daß er dem »Vamperl« einen Brief schrieb. Daraufhin lud ihn die Autorin Renate Welsh zu sich ein und schrieb ihm eine Widmung in sein Buch: »Dieses Buch gehört dem lieben Jonas, der einmal Vampire züchten wird. Vamperl.« Renate Welsh kritzelte »Vamperl« mit einem auf den Kopf gestellten »a« und einem quergestellten »p«. Jonas schwieg nobel ob dieser mißlichen Orthographie. Aber kaum war er zu Hause, verfaßte er schon einen Brief mit einer Buchstabenliste für seinen Freund »Vamperl« – »damit er richtig schreiben lernt«.

Jonas liegt das Wohlergehen seiner Freunde am Herzen. So gut er sich auch allein beschäftigen kann, so gerne ist er mit anderen Kindern zusammen. Manche sind schon zwei, drei Jahre älter als er, aber grundsätzlich ist das keine Bedingung für eine Freundschaft. »Manche Freunde habe ich schon in der Sandkiste kennengelernt«, erklärt Jonas, »aber der Mark ist erst später als Freund hervorgegangen.« »Bin ich auch dein bester Freund?« fragt Fabian. Jonas hält nichts von falschen Höflichkeiten. »Nein«, meint er bestimmt, »nur der Mark ist mein bester Freund, und du bist der Halbfreund.« Der Junge ist bitter enttäuscht. »Warum?« fragt er. »Na, weil du eben der Halbfreund bist, basta!«

Wenig später stellt sich heraus, warum sich der arme Fabian nicht zum erlauchtesten Kreis von Jonas' Spielgefährten zählen darf. Er möchte ein Auto zusammenbauen, das Jonas zu seinem Geburtstag geschenkt bekommen hat. »Ich helfe dir«, sagt Jonas ganz selbstverständlich, und auch Nicki will sich am Teamwork beteiligen. Aber damit ist Fabian nicht einverstanden. »Gib her!« schreit er Nicki an und versucht unsanft, einen der Bauteile des Autos wieder an sich zu reißen. Die beiden Jungen geraten aneinander. Jonas bleibt stumm sitzen, die Augenbrauen ziehen sich vorne zusammen, wie manchmal, wenn er etwas Spannendes liest. Er beißt sich auf die Unterlippe und schüttelt kaum merklich den Kopf. Keine Frage, die Situation behagt ihm gar nicht. Aber es gibt ja noch andere Kinder, mit denen es sich spielen läßt.

Jonas geht hinaus in den Garten. Umgeben von Mutter Natur fühlt er sich allerdings nicht so ganz in seinem Element. Nicht, weil er die Natur nicht mögen würde, sondern weil sie ihm doch mehr an körperlicher Geschicklichkeit abverlangt als etwa der Parkettboden in der Bücherei. Die Mädchen und Jungen sausen jauchzend die Rutsche hinunter oder baumeln quietschend am Kletterturm. Das läßt Jonas lieber bleiben. Er kann nicht radfahren, klettert auf keinen Baum und weigert sich, den schmalen Steg über einen kleinen Bach zu überqueren. Jetzt setzt er sich zu ein paar Gefährten in die Sandkiste und beteiligt sich am Bau futuristischer Gebilde.

Harry und Brigitte Kraft behalten die Kinderschar im Auge, und der eine oder andere gedankenversunkene Blick gilt heute auch ihrem Sohn. Sein fünfter Geburtstag gibt ihnen Anlaß zur Sorge. In einem halben Jahr wird Jonas in die Schule kommen. Aber was soll er dort bloß lernen, was er nicht schon kann? Einen ersten alarmierenden »Schulversuch« hat Jonas bereits hinter sich. Vor ein paar Monaten ließen ihn die Eltern in einer Privatschule schnuppern. Jonas war von der Sache zunächst begeistert, aber bald begann er sich zu langweilen. Nach acht Wochen schließlich kehrte er der Schule den Rücken. Die Lehrerin hatte ihm zwei Seiten voll mit Rechenaufgaben vorgelegt und hatte damit Jonas' Erwartung, endlich ein abwechslungsreiches und spannendes Programm geboten zu bekommen, eindeutig nicht erfüllt. »Dort lernt man immer nur das gleiche«, resümiert Jonas enttäuscht.

Doch im Herbst, wenige Monate nach seinem fünften Geburtstag, läßt sich das Problem nicht mehr beiseite schieben. Zum Glück finden die Eltern eine Einrichtung, die den Bedürfnissen ihres Sohnes entgegenzukommen scheint. Das Haus Alin in Wien ist von 19 Kindern bevölkert – hochbegabten, normalbegabten und behinderten. Die »Großen« gehören zur Schulgruppe, die »Kleinen« zur Kindergruppe. Hier muß Jonas nicht zwei Seiten Rechenaufgaben lösen; aber er *darf*, wenn er will. – Ebenso wie alle Kinder hier lesen, zeichnen oder Lego spielen dürfen und Utensilien vorfinden, die ihre fachspezifischen Interessen in Biologie, Geographie, Geologie, Chemie oder anderen Themengebieten ansprechen. Auch ein Ausflug wird jede Woche unternommen. Speziell gefördert wird hier niemand. Aber Claudia Pigal, die Leiterin der Hausunterrichtsinitiative im Haus Alin, läßt »Platz für alle Eigenschaften, Interessen und Vorlieben der Kinder«. Die gelernte Pädagogin hat bald gemerkt, daß Jonas ununterbrochen in gedankliche Operationen verstrickt ist und darüber ganz und gar vergißt, außer seinem Kopf auch noch den Rest seines Körpers wahrzunehmen. »Er hat einmal Schnupfen gehabt«, erinnert sie sich, »und ist hier stundenlang mit triefender Nase herumgesessen, ohne es zu bemerken, bis ihn schließlich die anderen Kinder gefragt haben, ob er nicht endlich den Bach, der ihm da herunterrinnt, trockenlegen könnte.« Auch Jonas' Unwillen, sich eine kurze Pause auf der Toilette zu vergönnen, konnte Claudia Pigal öfter beobachten. »Das hing nicht zuletzt mit der Schwäche seiner Feinmotorik zusammen«, weiß sie. »Jonas hat den Zipp an seiner Hose gar nicht aufgebracht. Er ist zwar intellektuell voraus, aber auf mancher Ebene befindet er sich auf dem Niveau eines Drei- bis Vierjährigen. Teilweise steht ihm seine Hochbegabung halt auch im Weg.«

Mittlerweile ist Jonas sechseinhalb Jahre alt, und er hat eine Menge aufgeholt. Täglich tollen die Kinder des Hauses Alin ein paar Stunden im Garten herum. Frau Kraft bemerkt, daß das universelle Programm ihrem Sohn guttut. »Dort muß er nicht funktionieren«, sagt sie, »und er wird durch die anderen Kinder bei Dingen mitgerissen, die ihm bisher nicht so lagen. Er hat seine motorische Leistungskraft sehr gesteigert, sportliche Aktivitäten, vor denen er früher Angst hatte, machen ihm jetzt sogar Spaß. Er ist auch ausgeglichener geworden, er erzählt mehr, und unser Verhältnis zueinander ist noch inniger geworden.«

In mancher Hinsicht freilich ist Jonas ganz der alte geblieben. Kein Ausflug, kein Buch und kein Programm, die ihm neues Wissen und neue Erfahrungen erschlossen haben, konnten bisher den Reiz eines Bahnhofs übertrumpfen. Manchmal darf er Harry Kraft dort besuchen. Auch heute sitzt Jonas wieder fasziniert vor dem großen Schaltplan mit all den leuchtenden Streckenführungen, Weichen, Kontroll- und Warnlampen. »Ich werde Fahrdienstleiter«, sagt er, wild entschlossen, einmal in die Fußstapfen des Vaters zu treten. Mit dem Unterschied, daß er sich seinen Arbeitsplatz vorher selbst gestalten will.

»Ich werde einen Bahnhof bauen«, schildert Jonas sein Projekt. »Und zwar in der Wüste. Ich baue die Strecke quer durch die Wüste – morgen fange ich an. Der Bahnhof wird der Mittelpunkt. Die Züge fahren durch ein Tor, das sich öffnet, wenn ein Zug kommt. Der Bahnhof schaut aus wie eine durchfahrbare Hütte mit Licht. Es wird ein riesiger Bahnhof, wo 200 Züge pro Tag fahren. Es gibt 40 Fahrdienstleiter, pro Tag arbeiten fünf, und es gibt auch 40 Computer, für jeden Fahrdienstleiter einen. Ein Jahr lang werde ich bauen, dann mache ich eine Einmonatspause, und dann geht es weiter. Und wenn alles fertig ist, dann arbeite ich dort.« – Sprach's – und schon springt er hinaus auf den Bahnsteig, um erwartungsvoll dem nächsten Zug entgegenzublicken.

Gehirn und Gedächtnis

Ein Intelligenztest bescheinigte dem damals vierjährigen Jonas einen Intelligenzquotienten (IQ) von 145 und kommt zu dem Schluß, daß seine Leistung in der Sparte »rechnerisches Denken« »vergleichend kaum noch zu messen ist«. Warum ausgerechnet ihr Kind derartige Fähigkeiten entwickelt, ist für die Eltern Kraft ein Rätsel. Und auch die Wissenschaft kann ihnen an Erklärung nicht sehr viel bieten. »Wir können Hochbegabung zwar beschreiben, aber erklären, woher sie kommt, können wir nicht«, weiß Wilhelm Wieczerkowski, Nestor der deutschsprachigen Hochbegabtenforschung an der Universität Hamburg, um die Grenzen seiner Zunft: »Das ist schlicht unbegreiflich.«

Während im Durchschnitt die Intelligenz der Kinder an die der Eltern gekoppelt ist – umstritten ist lediglich, ob aus genetischen Gründen oder aufgrund der Erziehung –, »passieren« bei hoch- oder frühbegabten Kindern Abweichungen in einem Ausmaß, wie sie sonst in der Natur kaum zu beobachten sind.

Zum einen, spekulieren die Forscher, sind »genetische Tausendguldenschüsse« dafür verantwortlich. Doch eine zufällige Disposition für große geistige Fähigkeiten macht noch kein Genie. »Es kommt darauf an, in was für eine Familie das Kind hineingeboren wird«, erklärt Klaus Urban, Psychologe an der Universität Hannover. »Schon im Mutterleib findet Anregung statt. Die Gefühle der Mutter während der Schwangerschaft sind wichtig.«

Neun Monate lang entstehen Minute für Minute 240.000 Nervenzellen im Kopf eines werdenden Menschen. Jede dieser Zellen bildet kleine Verbindungskanäle, die sich zum Gehirn zusammenschließen. Bei der Geburt besteht das Gehirn des Babys aus 100 Milliarden Zellen.

Nach der Geburt – und zum Teil schon davor – »verdrahten« sich die feinen Ärmchen untereinander, während das Baby Erfahrungen sammelt, Eindrücke gewinnt, Dinge be-greift, Stimulationen sucht, Zuneigung erfährt, Bewegungen und Gewohnheiten ausbildet.

Wie leistungsfähig und ausgebaut das Leitungsnetz letztendlich ist, hängt, so die Erkenntnisse der Entwicklungspsychologen, wesentlich von der Förderung des Kindes ab. Von der Geburt an werden keine neuen Zellen mehr gebildet, lediglich die Vernetzung der Nervenzellen entscheidet über die Kapazität.

DAS WUNDER GEHIRN

Was uns als Menschen ausmacht, liegt in den rund 1.300 Gramm Eiweiß, Blut und Fett, in denen vielfach miteinander verbundene Nervenzellen Gedanken, Gefühle, Sprache, geistige und musische Leistungen, Mut und Angst, Bewegung und Verhalten, Motivation und Ausdauer entstehen lassen.

Die entscheidenden Vorgänge in der glänzenden, braunweiß marmorierten Masse des Gehirns konzentrieren sich in der nur zwei Millimeter dünnen äußersten Schicht der Großhirnrinde (Cortex cerebri). Ein Kubikmillimeter der eng gefalteten Oberfläche der beiden Großhirnhälften enthält rund 40.000 kleine graue Zellen. Die einzelnen Zellen dieses kleinen Ausschnitts sind durch ein scheinbar chaotisches Gewirr von Nervenleitungen von insgesamt fünf Kilometer Länge miteinander verkabelt.

Ein ausgebildetes Gehirn verfügt insgesamt über eine Billion Nervenfaser-Kontaktstellen auf einem »Leitungsnetz« von rund einer Million Kilometer Länge. Berechnet man die Anzahl aller möglichen Verbindungen zwischen den Zellen, ergibt sich eine unvorstellbare Zahl, die größer ist als die Anzahl der Atome im gesamten Universum.

Der lange Weg zum Gedanken

Bis die Evolution das »denkende« Gehirn entwickelte, die Großhirnrinde, dauerte es Millionen von Jahren. Die einzelnen Entwicklungsschritte sind, zumindest was die Zeitabfolge ihrer Entstehung betrifft, einigermaßen geklärt.

Die primitivste und älteste Wurzel unseres Gehirns ist das Stammhirn am oberen Ende des Rückenmarks. Mit den steigenden Anforderungen durch die Umwelt hat die evolutionäre Entwicklung nach und nach zu den alten Hirnregionen neue Teile hinzugefügt. Das Stammhirn ist für die grundlegenden Lebensfunktionen wie Atmen und die Regulierung des Stoffwechsels zuständig, es kontrolliert immer wiederkehrende und gleichbleibende Reaktionen und Bewegungsabläufe. Dieser Hirnteil »denkt« nicht und gewinnt auch keine Informationen im Sinn von Lernen hinzu. Vielmehr laufen hier vorgegebene Programme ab, die das Überleben sichern.

Aus den Sinneszellen für Sehen und Riechen entstanden danach spezielle Hirnlappen, die mit verschiedenen Strukturen den Hirnstamm umgeben. Das sogenannte »limbische System«, das wie ein Gürtel um das Stammhirn liegt und an die Innenseite der Großhirnrinde anschließt, hat das Repertoire des Gehirns um emotionale Reaktionen bereichert. Zudem verfeinert es die für Menschen so wichtigen Fähigkeiten wie Lernen und Gedächtnis.

Vor rund 100 Millionen Jahren kam der letzte große Entwicklungsschritt: Das Großhirn erfuhr einen enormen Wachstumsschub. Über die ursprüngliche Hirnrinde breitete sich die Großhirnrinde aus, die den Menschen zum überlegenen Lebewesen dieser Erde werden ließ. Die Großhirnrinde ist der Sitz des Denkens. Sie enthält die Bereiche, die all das, was die Sinne wahrnehmen, zusammenfügen und mit Hilfe der Gefühle und des Wertesystems, die das limbische System beisteuert, bewerten und einordnen.

Kein anderes Lebewesen hat so dichte Verdrahtungen zwischen dem »Denkorgan« und den für die Gefühle verantwortlichen Teilen des Gehirns wie der Mensch. Diese enge Vernetzung ermöglicht vielfältigste und differenzierteste Reaktionen und Gefühle.

Wie Gedanken und Gefühle entstehen

Seit 150 Jahren suchen die Hirnforscher in der braunweiß marmorierten Masse nach den Orten, an denen sich die Denkleistungen abspielen. Schon bald entdeckten sie, daß Patienten mit Schäden im linken Schläfenbereich zwar weiter sprechen konnten, der Wortschwall aber keinen Sinn ergab. Lag die Verletzung weiter vorne, dann konnten die Menschen zwar nur noch mühsam Worte formen, doch deren Abfolge hatte einen klaren Sinn. Das Sprachverständnis mußte also im linken Schläfenlappen, die Spracherzeugung dagegen im linken Hirnlappen angesiedelt sein.

In der Folge erstellten Forscher regelrechte Hirnkarten, in denen die jeweiligen Orte für bestimmte Leistungen genau verzeichnet waren – neben dem Sprachzentrum wurden die Zentren für Sehen und Hören sowie die Bereiche der Hirnrinde für die Steuerung der Gesichtsmuskulatur oder der Beine identifiziert.

Diese Zuordnung war jedoch nur bedingt richtig: In Wahrheit sind an jedem dieser Prozesse eine ganze Reihe von Zentren und Sub-Zentren beteiligt. »Heute weiß man, daß für die Sprechfähigkeit ein ganzes Netzwerk von beteiligten Prozessoren verantwortlich ist«, beschreibt der Bielefelder Hirnforscher Hans Markowitsch die neueren Erkenntnisse. »Die sogenannten Sprachzentren erfüllen dabei nur eine zentrale Funktion.«

Noch in den siebziger Jahren hatten die Hirnforscher recht einfache Vorstellungen davon, wie das Hirn funktioniert: Sie untersuchten primär die einzelne Nervenzelle und glaubten damals, ähnlich wie die Psychologen, an eine im Grunde recht simple Abfolge von Reizen und Reaktionen. Sie erforschten die biologischen Hintergründe der elektrischen Leitfähigkeit der Nervenzellenfortsätze und ergründeten die chemische Weitergabe der Impulse von Nervenzelle zu Nervenzelle. Doch damit konnte die komplexe Organisation des Denkorgans nicht ausreichend erklärt werden.

Inzwischen erlaubt die Technik einen Blick ins lebende Hirn. Mit Positions-Emissions-Tomographen (PET) können die Forscher ihren Probanden quasi beim Denken zusehen. Und die elektrischen Wellen, die jeden Denkprozeß begleiten, können zumindest gedeutet werden. Dabei stellte sich heraus, daß bei Denkvorgängen sehr viele unterschiedliche Bereiche gleichzeitig aktiv werden.

Die Ergebnisse der modernen Hirnforschung zeigen, daß das Gehirn unendlich komplex arbeitet und daß selbst die bewundernswerte Intelligenz des menschlichen Gehirns noch eine Zeitlang nicht ausreichen wird, um sich selbst zu entschlüsseln. Winzige Stromimpulse und chemische Veränderungen in verschiedenen Rhythmen formen sich zu einem Konzert von elektrischen Impulsen millionenfach verästelter Nervenzellen – den Gedanken und Gefühlen.

Ein neuronales Netzwerk

Die Bilder, die die moderne Untersuchungstechnologie von den arbeitenden Hirnen geliefert hat, veranschaulichen: Es leuchtet immer eine Vielzahl von Regionen gleichzeitig auf, wenn die Versuchspersonen Wörter lesen, Assoziationen herstellen oder sich an bestimmte Erlebnisse erinnern sollen. Es zeigt sich sogar, daß völlig verschiedene Bereiche der Großhirnrinde aktiv werden, je nachdem, ob ein Gedächtnisinhalt abgespeichert oder wieder abgerufen wird. Die Vorstellung, daß im Hirn Wissen quasi abgelagert und dann aus derselben Stelle wieder hervorgekramt wird, hat sich als unzutreffend herausgestellt. Bis heute ist es zudem unklar, wo genau Wissensinhalte abgelegt werden.

Es wird aber deutlich, daß es das komplexe Zusammenwirken der eng miteinander verknüpften Neuronennetze ist, das die Denkleistungen erbringt. Dabei arbeitet die Großhirnrinde gewöhnlich mit tieferen Hirnregionen zusammen. Denkleistung und Gefühlsebene sind untrennbar miteinander verknüpft.

Wie das Gehirn beim Denken funktioniert

Ernst Deutsch war gerade 40 Jahre alt, als er bei einem Reitunfall schwere Kopfverletzungen im Bereich der Schläfen davontrug. Die Folgen waren fatal: Der deutsche Industriemanager hatte alle seine persönlichen Erinnerungen eingebüßt. Verwandte erkannte er nicht, er wußte nicht mehr, welchen Beruf er ausgeübt hatte, nicht einmal über seine Besitztümer wußte er Bescheid. Ernst Deutsch stand vor dem autobiographischen Nichts.

Glücklicherweise blieb sein Schulwissen intakt, auch an Bewegungsabläufe und Fertigkeiten wie Autofahren konnte sich der Mann erinnern. Er erinnerte sich noch, daß der Kilimandscharo in Tansania liegt, daß er diesen Berg bereits selbst bestiegen hatte, war ihm allerdings nicht mehr bewußt. Er wußte nicht mehr, daß er sehr gut italienisch sprechen hatte können, konnte aber Anweisungen, die er in italienischer Sprache erhielt, richtig ausführen.

Doch auch wenn Ernst Deutsch um seine vergessene Vergangenheit trauert, er kann weiterhin selbst für sich sorgen, denn neues Wissen kann sich der Manager ohne Probleme merken.

Schlimmer hat es hingegen Albert Bauer getroffen. Der ehemalige Neurologe und Leiter einer Universitätsklinik ist so hilflos wie ein dreijähriges Kind. Im Jahr 1984 hat Albert Bauer einen Infarkt im Gehirn erlitten – und zwar ziemlich genau in der Hirnmitte, im Bereich des Thalamus. Seitdem ist für ihn die Zeit stehengeblieben. »Welches Jahr haben wir jetzt?« fragt ihn der Neurobiologe Hans Markowitsch von der Universität Bielefeld. »1984«, antwortet Albert Bauer sofort – es ist jenes Jahr, in dem er den Infarkt erlitten hat. Die Zeit danach hat keine Spur im Gedächtnis des Mannes hinterlassen. Albert Bauer erinnert sich bis ins Detail an seine Kindheitstage. Aber neue Erlebnisse kann er sich nicht einmal für einige Minuten merken. Selbst Personen, die er tagtäglich sieht, sind für ihn beim nächsten Zusammentreffen wieder Fremde.

Ohne die Erinnerung an persönliche Erlebnisse gibt es kein Empfinden für die Zeit. Verschüttete Vergangenheit – hervorgerufen durch Schädigung des Gehirns – beeinträchtigt das Leben ganz empfindlich und verbaut die Zukunft. Nicht immer muß es die Zerstörung größerer Hirnregionen wie bei Albert Bauer sein, die derart gravierende Auswirkungen mit sich bringt. Bei Albert Bauer ist die durch den Infarkt zerstörte Region nur einige Millimeter groß: Im vielschichtigen Netzwerk des menschlichen Gehirns kann die Zerstörung auch nur eines einzigen weiterleitenden Nervenstranges ein Erinnerungssystem komplett ausschalten.

Die Netzwerke aus Neuronen funktionieren dabei in den untersten Ebenen genauso wie in den großen, übergeordneten Systemen: Erblickt das Auge ein einzelnes Merkmal, zum Beispiel die Farbe Rot, beginnt eine bestimmte Gruppe von Neuronen in einem speziellen Muster aktiv zu werden. Je nachdem, welche Neuronen zeitgleich ansprechen, kann das Hirn ein konkretes Muster erkennen. Nun ist es aber nicht so, daß eine Gruppe von Neuronen nur für dieses eine Muster zuständig wäre. Vielmehr können sie sich bei einem anderen Reiz mit anderen Nervenzellen zu völlig anderen Formationen zusammentun und damit ein ganz anderes Muster weitermelden. Ein und dieselben Zellen können auf diese Weise mehrere Informationen darstellen – jede transportierte Information entspricht somit einem bestimmten Gesamtwert im neuronalen Netz. Verschiedene solcher angeregter Teilnetze könnten sich zudem kompliziert überlagern.

Die ungeheuer große Anzahl von Kombinationen der 100 Milliarden im Gehirn tätigen Nervenzellen läßt die Größe der Kapazität des menschlichen Gehirns erahnen: Nimmt man nur zehn Neuronen heraus, deren Erregung in Dreiergruppen ein spezielles Merkmal repräsentiert, können daraus insgesamt 120 unterschiedliche Dreiergruppen zusammengesetzt werden.

Wie viele solcher Teilnetze im Hirn gebildet werden, hängt freilich von der Umwelt ab. Im Versuch mit Ratten konnten die Wissenschaftler das bereits nachweisen: Werden die Jungtiere drei Wochen lang von allen Umweltreizen abgeschirmt, lernen sie wesentlich langsamer, daß es nur dann Wasser gibt, wenn die Lampe aufleuchtet. Im Gehirn der isolierten Tiere finden sich deutlich weniger Vernetzungen als bei jenen, die in »normaler« Umgebung aufgewachsen sind.

Manche Hirnforscher meinen, daß das Hirn wie ein Hologramm funktioniere. Jeder Gedächtnisinhalt könne quasi gleichzeitig an jeder Stelle präsent sein. An den einzelnen Orten wäre das Abbild zwar verschwommen, doch trotzdem immer vollständig. Je größer der Ausschnitt der Großhirnrinde, desto differenzierter und detailreicher würde das Abbild.

Anhand dieser Sichtweise wäre es auch zu erklären, warum es etwa möglich ist, eine Person auf große Entfernung bloß an einigen wenigen Merkmalen, wie Größe und Rhythmus des Ganges, zweifelsfrei zu erkennen. »Wahrscheinlicher ist aber«, meint der Bielefelder Hirnforscher Hans Markowitsch, »daß es doch Untergliederungen und Aufgabenteilungen in der Großhirnrinde, dem Grundspeicher des episodischen Gedächtnisses, und des gesamten Wissens, gibt. Je nach Erfordernis werden unterschiedliche Untersysteme benutzt.«

Lernen prägt

Bei der Bildung von Hirnzellen geht die Natur sehr verschwenderisch vor. Es werden viel mehr Neuronen angelegt, als je gebraucht werden. Schon im Mutterleib wird dieser Überfluß an Neuronen wieder abgebaut – bis zur Geburt verkümmern an manchen Stellen des Gehirns 85 Prozent der dort ursprünglich vorhandenen Zellen bereits wieder.

Aber auch die Verbindungen zwischen den Hirnzellen werden im Lauf des Lebens wieder verringert. Nie wieder gibt es so viele Verbindungen zwischen den Hirnzellen wie im zarten Kindesalter von zwei bis drei Jahren. In der Zeit der größten Lernfortschritte im Leben eines Menschen stehen den Kindern eineinhalb Mal so viele Synapsen zur Verfügung wie Erwachsenen. Bis zur Pubertät werden die Schaltstellen auf das später benötigte Maß zurechtgestutzt und bleiben dann bis ins siebente Lebensjahrzehnt in annähernd gleichbleibender Menge bestehen.

Wäre die Anzahl der grauen Zellen in der Hirnrinde Maß für die Intelligenz des Menschen, müßten Kleinkinder um vieles intelligenter sein als Erwachsene. Doch sie sind in diesem Alter noch nicht zu komplexen Denkleistungen fähig. Die Anzahl der Verbindungen zwischen den einzelnen Neuronen allein sagt demnach nichts über die Ausprägung der Intelligenz aus.

Bei einem Kind von drei Jahren sind tatsächlich bestimmte Fähigkeiten höher entwickelt als beim Erwachsenen: Es kann neue Eindrücke viel rascher verarbeiten als seine Eltern. Wenn stolze Eltern die unglaublich schnellen Fortschritte ihres Sprößlings beim Spracherwerb bewundern und meinen, sie selber wären zu solchen Leistungen nicht imstande, dann haben sie völlig recht. Der »Überfluß« von Nervenverbindungen macht die enorme Lernleistung möglich. Im Zuge des Lernprozesses vernetzen sich die Nervenzellen extrem stark. Später werden diejenigen Leitungen zwischen den Hirnzellen gekappt, die zuvor nicht durch den Lernprozeß verstärkt wurden. Nur die stärksten und brauchbarsten Verbindungen zwischen den grauen Zellen bleiben erhalten. Je mehr Anregungen und Reize Kinder in dieser Phase des Lernens erhalten und je weniger sie in ihrem natürlichen Tatendrang behindert werden, desto intensiver wird die Vernetzung der Neuronen, und um so größer wird die Kapazität des Gehirns.

So passen sich die maßgeblichen Schaltzentren im Gehirn den an sie gestellten Aufgaben an: Die Anzahl der Zellen wird auf das Notwendige verringert, die Nervenenden verbinden sich miteinander – das Gehirn organisiert sich selbst.

Der Vorteil dieses Prinzips der Selbstorganisation liegt in der perfekten Anpassung des einzelnen an seine Umwelt. Das Netzwerk aus Gehirnzellen und Leitungen wird im »Dialog« mit der Umgebung, durch die Anforderungen der

Umwelt, durch die Herausforderung gezielter Förderung aufgebaut.

Die täglichen Erfahrungen und stetes Lernen halten die Neuronenverschaltungen auf Dauer fit. Was nicht mehr gebraucht wird, wird wieder reduziert. Neue Inhalte führen zur Verstärkung bereits vorhandener Synapsen-Verbindungen: Die Synapsen arbeiten effizienter, lösen ein stärkeres Signal aus, etwa durch vermehrtes Ausschütten des chemischen Botenstoffs, durch Erhöhung der Empfindlichkeit des Empfangsteils der Synapse oder durch Vergrößerung der Synapse selbst.

Die Verdrahtung des Gehirns erfolgt nach den gleichen Grundprinzipien wie die Evolution: Vorgegeben, also angeboren, ist ein Grundmuster, das viele Möglichkeiten der Variation offenläßt. Die Reaktion auf Reize aus der Umwelt führt zum Beibehalten der erfolgreichen Varianten, die erfolglosen werden wieder aufgegeben.

Die Rolle der Gefühle

Elliot sitzt an einem Tisch der neurologischen Abteilung von Iowa City. Zum wiederholten Mal schildert der knapp 40jährige Mann seine Tragödie: wie er als Rechtsberater bei einer Firma erfolgreich gewesen war, wie er an einem Hirntumor erkrankte und operiert wurde und wie dann seine Probleme begannen. Er erzählt, daß er eine Stellung nach der anderen verloren hat, seinen eigenen Geschäften nachgegangen ist und dann sein ganzes Hab und Gut verloren hat. Seine Frau hat ihn verlassen. Jetzt lebt er bei seinem Bruder und geht keiner Beschäftigung mehr nach.

Der Neurologe soll den Grund für Elliots soziales Versagen herausfinden. Hat die Intelligenz des Patienten unter der Hirnoperation gelitten? Der Arzt Antonio Damasio unterzieht Elliot allen erdenklichen Intelligenztests: Der Mann hat nach wie vor beeindruckende, überdurchschnittliche intellektuelle Fähigkeiten. Der IQ liegt im oberen Bereich, Zahlen und Wörter merkt sich Elliot besser als viele andere, er kann auch aus nur lückenhaften Informationen einwandfreie Schätzungen abgeben. Immer neue Tests sucht der Neurologe Damasio hervor, um auf die Spur der rätselhaften Veränderung des Mannes zu kommen. Aber selbst Persönlichkeitstests meistert Elliot bravourös.

Schließlich fällt dem Neurologen die Gleichgültigkeit seines Patienten auf: Der gesunde und kräftige Mann wirkt völlig unbeteiligt, wenn er die Tragödie seines eigenen Lebens erzählt – kein Anflug von Traurigkeit, keine Ungeduld, kein Überdruß angesichts der endlosen, sich wiederholenden stundenlangen Fragerei seines Gegenübers. Doch nicht Selbstbeherrschung ist der Grund für Elliots Teilnahmslosigkeit, sondern dieser verspürt tatsächlich nicht die geringste Gemütsregung, fühlt keinen inneren Schmerz, wenn er über seine persönliche Situation erzählt.

Das logische Denken, das Gedächtnis, die Aufmerksamkeit und alle sonstigen rational gesteuerten Fähigkeiten funktionieren einwandfrei. Und trotzdem schafft Elliot es nicht, seinen Alltag zu meistern und für sein Fortkommen selbst zu sorgen. Ohne Gefühle ist es für ihn unmöglich, persönliche Entscheidungen zu treffen.

Einmal bringt der Patient sein Problem selbst auf den Punkt, als er für einen Test zwar mehrere Entscheidungsvarianten aufzählt, dann jedoch meint: »Ich wüßte nicht, wie ich mich entscheiden sollte.«

Genau dort liegt sein Problem: Offensichtlich wurden bei der Operation jene Bereiche des Hirns entfernt, die die Schnittstelle zwischen Emotion und Vernunft darstellen.

Gefühle, so die Schlußfolgerung des Neurologen Da-

> masio, seien für rationales Verhalten unerläßlich. Fehlen die Gefühle, bleiben Erinnerungen neutral und bilden keine geeignete Grundlage für Entscheidungen. Aber auch neue Erlebnisse können im Gehirn nicht ihrem emotionalen Gehalt entsprechend an der richtigen Stelle abgespeichert werden. Ohne die Beteiligung des Gefühlslebens, das zeigt das traurige Schicksal Elliots, ist ein eigenständiges Leben nicht möglich.

Gefühle helfen beim Lernen, die Inhalte stärker ins Gedächtnis einzuprägen, und Erlebnisse, die mit großer Angst verbunden sind, prägen sich unauslöschlich ins Gedächtnis ein. Starke Erlebnisse werden vom Gehirn anders behandelt als belanglose. Sie werden fester und tiefer und auf anderen Wegen gespeichert als unwichtigere Ereignisse – und sie werden auch anders wieder abgerufen.

Je mehr Gefühle und Assoziationen im Spiel sind, um so leichter kann sich ein Mensch Neues merken. So sind zum Beispiel künstliche Wortkreationen ohne Inhalt nur sehr schwer zu behalten, weil sie keine Assoziationen mit bereits Gelerntem erwecken. Wie beim Vokabellernen müssen solche wenig emotionsgeladenen Inhalte häufig wiederholt werden, um schließlich doch im Gedächtnis haften zu bleiben. Gedächtniskünstler helfen sich, indem sie gezielt Assoziationen zu den neuen Wörtern bilden. Wer geschickt mit solchen Gedächtnisstützen zu arbeiten versteht, kann sein Gedächtnis beträchtlich verbessern. Entsprechende Verfahren werden in unzähligen Kursen für »Mnemotechnik« vermittelt.

Die Brücke vom Gefühl zum Verstand

Verantwortlich für die Verbindung neuen Wissens mit Gefühlen und Emotionen ist das bereits erwähnte limbische

System: Dieses umfaßt eine Anzahl von Strukturen, die wie ein Saum oder ein Gürtel um den in der Mitte des Gehirns sitzenden Balken liegen, der die beiden Hirnhälften verbindet. Das limbische System mit dem Zwischenhirn als Zentrum verbindet das entwicklungsgeschichtlich »alte« Stammhirn mit der »jüngeren« Hirnrinde.

Beim Einspeichern – und wahrscheinlich auch beim Wiederaufrufen – werden die Informationen sortiert, bewertet und gebündelt. Bevor sie im Langzeitgedächtnis abgelagert werden, müssen die Informationsinhalte erst die limbischen Strukturen passieren. Es gilt als erwiesen, daß neue Informationen ohne die Beteiligung dieses Systems nicht langfristig gespeichert werden können. Das limbische System ist der Filter, die oberste Instanz, die Informationen aussortiert, bündelt und synchronisiert, mit den entsprechenden Emotionen auflädt und den entsprechenden Bereichen der Hirnrinde zuordnet.

Wie eng die Gefühle mit den Erinnerungen gekoppelt sind, zeigt sich auch daran, daß beim Abrufen von Erinnerungen auch die Gefühle wieder wachgerufen werden, die damals empfunden wurden. Schon beim Gedanken an ein unangenehmes Ereignis kann sich einem erneut »das Herz zusammenziehen«, oder es kann »der Angstschweiß ausbrechen«.

Viele Wissenschaftler neigen weiters zu der Ansicht, daß das limbische System eine wichtige Rolle beim Denkvorgang einnimmt, indem es hilft, Sachverhalte zu bewerten.

Geistesblitze

Selbst wenn man sich gerade nicht besonders anstrengt oder konzentriert – das Gehirn ist nicht abzustellen. Die Nervenzellen senden unentwegt Informationen, bilden einmal mit dem einen Netzwerk spezielle Muster, gleich darauf mit einem ganz anderen. Viele der dabei entstehenden Verknüpfungen führen zu keinem sinnvollen Ergebnis und finden daher auch keinen Weg ins Bewußtsein. Nur manche der so entstandenen »Geistesblitze« werden vom limbischen (emotionalen) Bewertungssystem aus dem »Rauschen« im Kopf herausgefiltert und zu Gedanken, zu Intuition und plötzlicher Eingebung geformt, die ganz von selbst gekommen zu sein scheinen.

Große Würfe entstehen jedoch nicht ohne Vorwissen: Bevor der Geist in freier Assoziation Neues hervorbringen kann, müssen viele Informationen gleichsam als Lager für neue Ideen abrufbereit in der Hirnrinde gespeichert sein. Aber zu viele fest abgelegte Kenntnisse können ihrerseits das freie Assoziationsspiel hemmen. Kinder, noch nicht durch Vorschriften, starre Regeln und Konventionen belastet, sind viel eher als Erwachsene dazu in der Lage, sich stundenlangen Kombinations- und Rekombinationsspielen hinzugeben.

Kreativität entsteht durch Verknüpfen von Informationen im Gehirn, wo vorher keine Verbindungen waren. »Brainstorming« ist das Zulassen von »verrückten« Ideen. Den Mut dazu haben viele im Lauf ihres Lebens verloren. Die meisten Menschen nutzen lediglich 30 Prozent ihres kreativen Potentials, weiß der Kreativitätsforscher Mihaly Csikszentmihalyi, Psychologieprofessor an der Universität von Chicago. Angst, Streß und tägliche Hektik hemmen den Gedankenfluß. Wer völlig entspannt seinem Geist freien Lauf läßt, aktiviert dabei mehr Gehirnareale als beim Lösen von Routineaufgaben.

Kreativität ist aber mehr, als spontan neuartige Ideen hervorzubringen. Wirklich kreativ ist nur der, der herausragende und bleibende Leistungen erbringt, die auch vom kulturellen und gesellschaftlichen Umfeld als solche anerkannt werden.

Genies denken ökonomisch

Besondere Denkleistungen erfordern von besonders begabten Menschen keineswegs besonders hohe Anstrengung. Ganz im Gegenteil: Die Denkorgane von Wunderkindern und Genies arbeiten im allgemeinen auf niedrigerem Energieniveau als jene von Durchschnittsmenschen; sie sind offenbar besonders effizient. In Ruhe, wenn den Gedanken freier Lauf gelassen wird, ist das Gehirn besonders intelligenter Menschen hingegen wesentlich aktiver als das weniger intelligenter Personen.

Warum Wunderkinder besser und schneller rechnen können als Normalbürger, beschreibt der Hirnforscher Hans-Wilhelm Müller-Gärtner so: »Es gibt Hypothesen, daß bestimmte Hirnareale besonders effektiv miteinander verschaltet sind, so daß ein kleines Genie Rechenoperationen viel geradliniger durchführen kann als wir Normalbürger.«

Möglicherweise sorgt auch eine verstärkte Produktion von bestimmten Proteinen, die für die Speicherung von Wahrnehmungen nötig sind, für das rasche und sichere Ablaufen der Denkleistungen. Diese anatomischen Voraussetzungen ermöglichen es, mit wenig Anstrengung enorme Denkleistungen zu vollbringen.

Einen Eindruck davon, wie es ist, wenn das Gehirn optimal arbeitet, hat fast jeder schon gewonnen. Bei großer Konzentration auf eine besonders herausfordernde Aufgabe kann es passieren, daß die Denkarbeit plötzlich »wie von selbst« funktioniert. »Es ist ein Zustand, in dem man ganz in dem aufgeht, was man tut, ihm seine ungeteilte Aufmerksamkeit schenkt, wo das Bewußtsein nicht mehr vom Handeln getrennt ist«, beschreibt der amerikanische Psychologe Daniel Goleman in seinem Buch »Emotionale Intelligenz« diesen Zustand. Sein Kollege Mihaly Csikszentmihalyi nennt diese elementare Erfahrung »Fließen«.

Typisch für dieses Fließen ist ein Gefühl spontaner Euphorie. Sportler können es genauso erleben, während sie Höchstleistungen vollbringen und über sich selbst hinauswachsen, wie Felskletterer, Schachmeister, Chirurgen oder Ingenieure. Goleman läßt einen Komponisten über die Erfahrung des mühelosen Arbeitens im Zustand des Fließens berichten: »Man ist in einem derart ekstatischen Zustand, daß man fast das Gefühl hat, nicht zu existieren. Ich habe das immer wieder erlebt. Meine Hand scheint nicht zu mir zu gehören, und mit dem, was da geschieht, habe ich nichts zu tun. Ich sitze einfach in einem Zustand ehrfürchtigen Staunens da und schaue zu. Und es fließt von ganz allein.«

Auch Schüler können beim Lernen ins »Fließen« geraten: Dabei steigt die Motivation zu immer neuen Anstrengungen von selbst. Das Fließen trägt die Belohnung für die geistige Leistung in sich, weil das dabei entstehende Glücksgefühl guttut. Optimale, angemessene individuelle Herausforderung (nur bei Überschreiten der individuellen Grenzen, keinesfalls bei Langeweile, stellt sich das Fließen ein) durch Eltern oder Pädagogen fördert die Eigenmotivation und ist ein Weg zu späterer Meisterschaft. Der amerikanische Psychologe Howard Gardner: »Es besteht die Hoffnung, daß Kinder, die beim Lernen die Erfahrung des Fließens machen, dadurch ermutigt werden, sich den Schwierigkeiten auf anderen Gebieten zu stellen.«

Obwohl sich beim Fließen eine sensationelle Empfindung von Leichtigkeit einstellt, arbeitet das Gehirn mit voller Leistung. Dabei kann die jeweilige Tätigkeit meisterhaft kontrolliert und es kann auf wechselnde Anforderungen reagiert werden. Genau wie bei besonders begabten Menschen verringert sich in dieser Zeit der Höchstleistung die Hirnaktivität. »Im Umkreis des Gipfels der Fähigkeit sind die neuronalen Schaltungen am effizientesten, wird nur ein Minimum geistiger Energie verausgabt« (Goleman).

Die Tücken der Gedächtnislücken

Wer nach einer Stunde im Warenhaus mit all seinen akustischen und optischen Reizen von lähmender Müdigkeit befallen wird, kann ein Gefühl davon bekommen, welch enorme Leistung des Gehirns die permanente Auswahl jener Wahrnehmungen ist, die gerade bedeutsam sind. Basis von Bewußtsein, Gedächtnis und Erinnerung ist die Auswahl jener Informationen aus der überwältigenden Fülle von optischen Reizen und Geräuschen, die nach den bisherigen Erfahrungen als wichtig einzuschätzen sind.

Im Laufe der Evolution hat das menschliche Gehirn gelernt, herauszufiltern, welche Segmente der Informationsflut wahrscheinlich wichtig sind und welche nicht. Der Mensch ist obendrein in der Lage, zwei oder mehr aktuelle Informationen »im Kopf« nebeneinanderzustellen und auf mögliche Beziehungen zueinander zu untersuchen – und er kann auch aus bruchstückhaften Erinnerungen etwas Neues schaffen.

Die rund eineinhalb Kilo Zellen und Netzwerk hinter der menschlichen Stirn sind in ihren Fähigkeiten und Kapazitäten jedem Großrechner überlegen und können komplizierteste Eindrücke in Sekundenschnelle verarbeiten und einordnen. Doch in einfachen Alltagsfragen läßt das Gedächtnis seinen Besitzer permanent im Stich. Hektisch kramt er dann in seinen Hirnwindungen, um endlich den Namen des Gesprächspartners hervorzuholen; peinlich berührt verstummt er, weil seine Ausführungen statt Eindruck zu machen schon wieder Gelächter produzierten – sein Gedächtnis hat schon wieder die Namen zweier Länder verwechselt und ihn etwas Falsches sagen lassen.

»Wir sind überstimuliert«, benennt der Psychoanalytiker Peter Gathmann, Dozent an der Universität Wien, einen der Gründe dafür. »Zu viele Reize sind der Feind einer guten Gedächtnisbildung.«

An Reizen hat der urbane Bürger der Industriegesellschaft wahrlich keinen Mangel. Schon ein Stadtbummel konfrontiert das Gehirn mit einer derartigen Überfülle davon, daß »extrem starke Filter vorgelegt werden müssen« (Gathmann). Wahrnehmungsfilter, die das Wohlbefinden erhalten: Das gezielte Suchen nach einem Geschenk macht den Kaufhausaufenthalt erträglich, irrt man dagegen mit voll geöffneten Filtern planlos umher, um »irgend etwas« zu finden, kostet das deutlich mehr Substanz.

Die Entwicklungsgeschichte hat den Menschen an sich gut trainiert, die Reizüberflutung von sich fernzuhalten. Schon der Steinzeitmensch mußte aus der Fülle von optischen und akustischen Reizen auswählen. Er wählte zur Weiterverarbeitung und Speicherung aus, was ihn interessierte, was für ihn nützlich war, was er »einordnen« konnte; denn in entscheidenden Augenblicken mußte sich das Gehirn auf die vordringlichsten Aufgaben konzentrieren: zum Beispiel, auf Gefahren unmittelbar reagieren zu können. Mit Fortschreiten der Entwicklung und der Zivilisation hat die Summe der zu verarbeitenden Eindrücke zugenommen.

Heute produzieren und verteilen Ätherwellen, Datenbanken, Telefondrähte, Fernsehkabel, Satelliten, Lichtwellen und Druckmaschinen Inhalte, die mehr und mehr zusammenhanglos verschlungen werden.

Die Informationstechnologien des 20. Jahrhunderts haben, so der amerikanische Kommunikationswissenschaftler Neil Postman im Hamburger Wochenblatt »Die Zeit«, das alte Problem der Information auf den Kopf gestellt. Früher suchten Menschen Information, um die Zusammenhänge ihres Lebens zu bewältigen, heute werden sie von Informationen überschwemmt. »Was als Strom nützlicher Informationen begann«, beschreibt Postman die Informationsexplosion im Computerzeitalter, »hat sich inzwischen in eine Sturzflut verwandelt.« »Je dichter die Folge verschiedener Eindrücke aber ist«, zeigt der Psychologe und Sachbuchautor Reginald Földy die Grenzen dieser Fähigkeit auf, »desto geringer ist die Wahrscheinlichkeit, daß sie in ihrer Bedeutung erkannt werden.«

»Wir merken uns Sinnzusammenhänge und komplette Gestalten«, umreißt der Psychiater Gathmann den Speicherprozeß, »und können so einen Bekannten, der uns in 50 Meter Entfernung den Rücken zukehrt und den wir vier Jahre nicht gesehen haben, wiedererkennen.«

Nicht eingeordnetes Wissen dagegen geht rasch verloren und bewahrt den Menschen dadurch vor der Gefahr, im Meer der Informationen unterzugehen. Der Hirnforscher Ernst Pöppel bringt es auf den Punkt: »Faulheit und Vergessen sind die wesentlichen Motoren für die aktive Gestaltung des Wissens.«

Jeder kennt solche Geschichten: »Das habe ich nie gesagt«, ist der Abteilungsleiter ehrlich empört. Doch alle Mitarbeiter sind sich völlig sicher: Er hat es gesagt.

Sie führt mit ihm ein anregendes Gespräch über Literatur. Man kennt sich vom Sehen. Erst als sie ihn auf seinen letzten Roman anspricht, kommt die Ernüchterung: »Ich bin nicht der Schriftsteller«, sagt der Bankbeamte.

»Ich habe das doch notiert«, ist der Angestellte überzeugt. Doch die Suche nach »dem« Zettel bleibt erfolglos.

»Das war doch gestern in den Nachrichten«, meint sie etwas irritiert. Ihr Mann, der mit ihr beim Abendessen die Fernsehnachrichten gesehen hat, beharrt trotzdem darauf, daß er das zum ersten Mal hört.

»Was gestern passiert ist, tut mir wirklich leid«, meint der Freund am Telefon. Sein Gesprächspartner hat keine Ahnung, wovon die Rede ist. Daß seine Begleiterin lautstarken Krach mit dem Gastgeber hatte, ist aus seinem Gedächtnis gestrichen.

Überflüssige Details belasten das Gedächtnis unnötig. »Kreatives Vergessen« befreit den Menschen davon. Hinter dem Vergessen steht ein aktiver Auswahlprozeß, ein Abstraktionsprozeß. Vergessen bedeutet auch, das Wesentliche eines Ereignisses in abstrahierter Form zu behalten. Nur das Entscheidende eines Geschehens bleibt in der Erinnerung verfügbar. »Das Vergessen ist somit das Organ, das den Abstraktionsprozeß durchführt«, betont der am Forschungszentrum in Jülich arbeitende Wissenschaftler Ernst Pöppel.

Damit wir uns nicht ständig anstrengen müssen, sorgt ein ordnender Prozeß dafür, daß Überflüssiges vergessen wird. Vielleicht wird dadurch das Gehirn quasi entrümpelt, um Platz für Neues zu schaffen. Der englische Nobelpreisträger Francis Crick vergleicht diesen Vorgang mit einer »Müllabfuhr«, die durch das Gedächtnis fährt und unwichtige Informationen löscht. Sigmund Freud hingegen war der Ansicht, jedes Gedächtnisversagen sei die Folge einer unterbewußten Abwehr. Wird diese durch Psychoanalyse abgebaut, erinnern sich Patienten tatsächlich an Erlebnisse, die scheinbar vergessen waren.

Wie das Vergessen im Gehirn genau funktioniert, ist noch nicht geklärt. Möglicherweise bleibt tatsächlich jede einmal aufgenommene Information im Gehirn vorhanden, und nur der Zugriff auf das Wissen geht verloren.

Flaschenhals Kurzzeitgedächtnis

Beim Einordnen von Wissen geht das Gehirn keineswegs systematisch wie ein Computer vor. Es merkt sich das eher, womit es schon etwas anfangen, dessen Sinn es zuordnen kann. Und je mehr »Grundstock« vorhanden ist, desto schneller und effizienter wird es.

Doch es gibt einen »Flaschenhals«: Das Kurzzeitgedächtnis, in dem die Informationen vorverarbeitet werden, hat nur begrenzte Kapazitäten. »160 Bits, das entspricht etwa 20 Buchstaben oder anderen Informationseinheiten, können im Kurzzeitgedächtnis pro Sekunde weitergeschaufelt werden«, beschreibt Hans Markowitsch, Professor für Physiologische Psychologie an der Universität Bielefeld, die Kapazitätsgrenzen. »Mehr hat keine Chance, über diesen Weg ins Langzeitgedächtnis zu kommen.«

»Vieles von dem, was man als Vergessen bezeichnet, ist einfach Produkt von Überlastung«, weiß Wolfgang Klimesch, auf Gedächtnisforschung spezialisierter Psychologieprofessor an der Universität Salzburg. »Man ist mit zu vielen Dingen beschäftigt und kann gar nicht mehr aufnehmen, also auch nicht speichern.« Markowitsch ergänzt: »Wenn sich zuviel anderes abspielt, kann es zu Fehlschaltungen und Ablenkungen in den Nervenbahnen kommen.«

Hat die Botschaft einmal das Kurzzeitgedächtnis passiert, wird sie zerlegt und katalogisiert. Farben, Formen, Bewegungen, Gesichter, Worte werden unterschiedlichen »Schubladen« zugeordnet. Das Gehirn benötigt – das ist durch viele Experimente belegt – einige Zeit, um solche »Gedächtnisspuren« einzugravieren. Vom Kurzzeitgedächtnis aus werden die Informationen per Neuronenverbindung an die jeweilige Stelle in der Großhirnrinde »gefaxt«. Dort werden die Botschaften biochemisch und damit dauerhaft »gelagert«. Zumindest eine halbe Stunde dauert es, bis die Speicherung stabil ist, meist jedoch mehrere Stunden.

Dieses Zusammenwirken zweier Gedächtnissysteme kann auch mit Hilfe von Methoden der Künstlichen Intelligenz (KI) an Neuronalen Netzwerken nachvollzogen werden. Nur so, meinen die Forscher, die Maschinen intelligent machen wollen, kann Lernen funktionieren: Es muß zwei getrennte, aber miteinander kommunizierende Systeme geben, die es ermöglichen, sowohl Wissen durch Trainieren langsam aufzunehmen (etwa so, wie Tanzschritte eingeübt werden), als auch einmalige Ereignisse im Gedächtnis einzuspeichern. Beim Menschen sind diese beiden Bereiche die »langsame« Großhirnrinde und der ebenfalls am Gedächtnis beteiligte »schnelle« Hippokampus, eine zum limbischen System gehörige Struktur, die sich in den beiden Schläfenlappen unterhalb der Großhirnrinde befindet. Nur das Wechselspiel zwischen diesen beiden Systemen ermöglicht das Lernen, folgern die KI-Forscher aus ihren Arbeitsergebnissen.

Neurologische Laborversuche an Tieren bestätigen diese Überlegungen: Sie haben dabei Ratten »tief ins Gehirn gesehen«. Über hundert winzige Elektroden wurden zu dem Zweck in den Hippokampus implantiert, Aufschluß über die Aktivität einzelner Gehirnzellen zu geben. Je nachdem, an welcher Stelle im Käfig sich die Ratte befand, wurden unterschiedliche Gehirnzellen stärker aktiv. Nach eingehender Beobachtung konnten die Neurowissenschaftler so die Position eines Tieres allein aus der Beobachtung der Neuronen zentimetergenau angeben. Wurde den Ratten ein zuvor versperrter Teil des Käfigs geöffnet, reagierten vorerst nur ganz wenige Zellen. Bereits nach zehn Minuten jedoch hatte der Hippokampus die neue Umgebung aufgenommen: Zusätzliche Neuronen begannen durch ihre Aktivität die Informationen über den neuen Käfigteil im Gehirn abzuspeichern. Wieder war es möglich, den Aufenthaltsort des Tieres exakt anzugeben. Neue Erfahrungen bewirken also binnen Minuten Veränderungen im Hippokampus.

Nun hat sich in weiteren Untersuchungen gezeigt, daß die Ratten im Schlaf exakt jene Neuronen im Hippokampus wieder aktivieren, die zuvor am Lernprozeß beteiligt waren. Das könnte bedeuten, daß der Hippokampus im Schlaf die langsame Großhirnrinde »trainiert«, ihr also immer wieder die neuen Inhalte präsentiert, bis diese sie endlich dauerhaft speichert. »Der Hippokampus leistet beim Lernen von Tatsachen somit das, was wir beim Üben von

Fähigkeiten gewissermaßen selbst leisten müssen«, schließt der Heidelberger Forscher Manfred Spitzer in seinem Buch »Geist im Netz«. »Er wiederholt immer wieder die vom Kortex (Großhirnrinde) zu speichernden Muster.«

Beim Lernen findet eine Art Wettlauf zwischen dem Zerfall neu gelernter Informationen im Hippokampus und den Lernprozessen im Kortex statt. Die Aufnahmekapazität des Hippokampus ist sehr begrenzt, die der Großhirnrinde dagegen von enormer Größe. Es ist daher sinnvoll, daß der Hippokampus seine zwischengespeicherten Inhalte so rasch wie möglich und so oft wie möglich dem größeren Speicher zur Verfügung stellt. Alles, was den Hippokampus bei seiner nächtlichen Tätigkeit stört, ist dem Lernen abträglich. Wer schlecht schläft oder die Qualität seines Schlafs durch übermäßigen Konsum von Kaffee oder Alkohol stört, dessen Erinnerungsvermögen wird nachlassen. Ein Schlag auf den Kopf »löscht« ebenfalls alle noch nicht »eingearbeiteten« Erlebnisse der letzten Zeit vor der Bewußtlosigkeit völlig aus. Durch schweren Alkoholismus kann es zur Zerstörung der Hippokampus-Regionen in den Schläfenlappen kommen (Korsakow-Syndrom). Die Folge ist, daß Betroffene sich Ereignisse nicht merken können: Schon nach wenigen Minuten ist die Erinnerung verflogen.

Aber schon ähnliche Informationen oder Aufgabenstellungen unmittelbar hintereinander können die Speicherung beeinträchtigen. Die Psychologen nennen es »Interferenz«, wenn ähnliche Inhalte verdrängt werden, wobei die Auswahl, ob das alte oder das neue Wissen »gelöscht« wird, unbewußt erfolgt. Der Psychologe Klimesch: »Gerade heterogenes, schlecht vernetztes Wissen geht dann leicht verloren.«

Wer mit vielen verschiedenen Dingen zugleich zu tun hat, muß in seinem Gehirn gleichzeitig ebenso viele Regionen aktivieren. Dadurch »verschliert« (Klimesch) die Gedächtnisspur, die Differenzierung fällt schwer.

Wer dagegen über einen breiten Grundstock an Wissen verfügt, kann in »seinen« Bereichen ohne Mühe auch die größten Datenmengen verarbeiten und sich daneben noch die winzigsten Details aus seinem Hobby merken.

Angst behindert das Erinnerungsvermögen

Zwei Bevölkerungsgruppen sind für Vergeßlichkeit besonders anfällig: die »hektischen Sammler und Händler« und die »Überschwemmten«.

Die »Informationsschwemme« durch den »elektronischen Informationsrausch«, mutmaßt der Buchautor Földy, führt zu Desorientierung und Realitätsverlust. Wer ihr erliegt, verliert seine Auswahlkriterien, die mit den persönlichen Interessen gewachsen sind. Die Informationen, die auf ihn einströmen, bringen statt der ersehnten Reduzierung der eigenen Unsicherheiten eine Steigerung der Angst: »Unangenehme« Botschaften, die ungefiltert aufgenommen und nicht aktiv bearbeitet werden, machen angst und begünstigen die Verdrängung.

»Wieviel etwa von TV-Informationen vergessen wird, hat nichts mit Intelligenz zu tun«, beschreibt Peter Vitouch, Medienpsychologe an der Wiener Universität, »sondern mit der Art, wie die Menschen mit ihren Ängsten umgehen. Versuchspersonen, die dazu neigen, vor ihren Ängsten zu flüchten, merkten sich auch deutlich weniger der gebotenen Information.«

Im »Kanal-Surfing« perfektionieren die frustrierten Sucher schließlich ihre Scheinwelten. »Die Fernbedienung gibt ihnen die scheinbare Macht über den Programmablauf«, beschreibt der Salzburger Kommunikationsforscher Kurt Luger den Prozeß der Selbsttäuschung.

Die andere Gruppe ist ebenfalls von Angst getrieben: Die hektischen Info-Sammler befürchten ständig, daß ihnen eine »wichtige« Information entgehen könnte. Sie wollen sich alles merken, »weil sie ständig befürchten, dieses Wissen vielleicht doch einmal brauchen zu können« (Gathmann). Für sie hat Information Handelswert. Sie brauchen alles Verfügbare zum Name-Dropping, jede scheinbar wichtige Geschichte könnte schließlich einmal für eine Intrige nützlich sein. Jede Sparte wird ihnen zum scheinbaren Interessensgebiet. »Sie lesen Buchbesprechungen nur noch, um am ›talk of the town‹ teilnehmen zu können«, beschreibt Kurt Luger die Eigenschaften der »Häppchen-Informationsgesellschaft«. Sie leben in ständiger Angst vor der Blamage, irgendwo nicht »mitreden« zu können. »Der Ängstliche ist in Aufmerksamkeit, Wahrnehmung und Kodierung grob gestört«, beschreibt der Psychiater Gathmann die programmierten Gedächtnislücken dieser Schicht. Obendrein bleibt all das, was dennoch den Weg bis ins Langzeitgedächtnis gefunden hat, Inselwissen und damit ständig von Überschwemmung bedroht.

Die Informationsjäger spüren das und reagieren panisch. Sie versuchen, mit Schnell-Lesekursen noch mehr in sich hineinzuschaufeln, mit »Superlearning« noch nebenher Französisch dazuzulernen. Sie besuchen teure Kurse, in denen ihr Gedächtnis zu Höchstleistungen trainiert werden soll, und probieren auch mal Akupunktur und Esoterisches zur Steigerung der Aufnahmefähigkeit.

Das Ergebnis all dieser Bemühungen bringt der Psychologe Klimesch auf den Punkt: »Man kann die Gedächtnisinsel damit schneller aufschütten, aber es bleibt eine Insel ohne Verbindung.«

Unzuverlässiges Gedächtnis

Doch auch wer seine Schläfenlappen, wie eigentlich vorgesehen, mit dem füttert, was seinen vorangegangenen Erfahrungen, Wünschen, Gefühlen und Bedürfnissen entspricht, kann sich auf den Mega-Speicher in seinem Kopf nur begrenzt verlassen.

Schon die Wahrnehmung wird von kurzfristigen Gefühlen geprägt: Wer sehr hungrig in eine fremde Stadt kommt, wird von ihr vor allem Restaurantportale und Imbißstuben sehen. Wer widerwillig das Telefonat entgegennimmt und zähneknirschend verspricht, die Angelegenheit doch noch zu erledigen, wird danach nicht nur den Notizzettel, sondern auch die Erinnerung an ihn »weglegen«.

Und auch das Bild, das sich der Mensch beim Abrufen gut eingravierter Information zusammenfügt, ist keineswegs mathematisch exakt. Zunächst wird »abgefragt«: Bestimmte Regionen – »wahrscheinlich liegen sie im Bereich des Thalamus und des limbischen Systems« (Klimesch) – verfügen über Vorinformationen und »fragen« fächerförmig in den verschiedenen Modulen der Hirnrinde nach. Je nach Stärke des Echos wird entschieden, ob die Information von dort abgerufen wird.

Doch der Suchprozeß ist nicht vollkommen. Die Erinnerung funktioniert nicht wie ein Videofilm, der nur aus dem Regal genommen und abgespielt werden muß. Vielmehr gleicht das Konzert der Millionen beteiligten Nervenzellen einer Art Drehbuch, nach dem das entsprechende Kapitel der Erinnerung nachinszeniert wird. Regie führt dabei die menschliche Psyche.

Nach Hirnverletzungen wird besonders deutlich, wie sehr das »Amt für Wirklichkeitsüberprüfung« im Gehirn versagen kann. Als »Konfabulation« wird es bezeichnet, wenn große Gedächtnislücken mit erfundenen Geschichten »gestopft« werden. »Konstruktives Erinnern« nennt es die Psychologie bei Menschen mit intakten Hirnen liebevoll – und meint in Wahrheit »konstruiertes Erinnern«. Das kann in Gerichtsverhandlungen fatal sein, wo es auf die Beweiskraft von Zeugenaussagen ankommt. Denn selbst ehrlich gemeinte Aussagen können falsch sein. Zum einen wird nur wahrgenommen, worauf sich die Aufmerksamkeit im Augenblick des Geschehens richtet, zum anderen reimt sich der Verstand den Rest willkürlich zusammen. Dazu kommt der Faktor Zeit: Schon nach einer Woche sind gewöhnlich 90 Prozent der Beobachtungen vergessen.

Schon in den dreißiger Jahren zeigten breitangelegte Experimente in den USA, daß ein und dieselbe Geschichte von allen Zuhörern verschieden wiedergegeben wird. Nicht zum logischen Aufbau gehörende Details werden häufig weggelassen, fehlende Glieder in der Erzählkette werden mit Hilfe der Phantasie ergänzt. Wenn man eine bestimmte Hypothese überprüfen will, werden die Erinnerungen nur so lange überflogen, bis man genügend »Beweise« gefunden hat.

Selbst innerhalb nur einer Stunde können Erinnerungen noch einmal kräftig retuschiert werden. So wurde in einer amerikanischen Untersuchung den Versuchspersonen von einem angeblichen Gesundheitsexperten erklärt, daß Joggen den Kreislauf schädige. Danach erinnerten sich die solcherart Getäuschten an deutlich weniger eigene Lauferlebnisse als zuvor.

»Die Leichen werden im Keller versteckt: Unangenehme Erlebnisse werden versperrt, der Schlüssel wird weggeworfen«, beschreibt der Psychoanalytiker Gathmann den Segen des Vergessens. »Der Kopf denkt und das Unbewußte lenkt.«

Schaden am Gehirn

Die milliardenfache Verschaltung der Nervenzellen im Gehirn hat einen enormen Vorteil: Auch wenn einzelne Neuronen ausfallen, ändert das nahezu nichts an der Leistungsfähigkeit des Denkorgans. Glücklicherweise, denn Nervenzellen können sich nach der Geburt eines Menschen nicht mehr teilen. Wir werden mit einer zwar großen, aber doch begrenzten Anzahl davon geboren, die ein Leben lang genügen muß. Jeden Tag gehen 10.000 Neuronen zugrunde. Weil der Vorrat an Neuronen aber derartig groß ist, beträgt der Verlust nach 70 Jahren gerade 1,3 Prozent aller Nervenzellen im Gehirn. Oder andersherum: 98,7 Prozent der Neuronen sind auch im höheren Alter noch intakt – und damit auch die Denkfähigkeit.

Zu tatsächlichen Einbußen kann es jedoch durch massive, großflächige Schäden kommen – etwa wenn durch einen Unfall Blutungen im Gehirn entstehen; oder wenn gebündelte Nervenfaserstränge, quasi die »Autobahnen« im Gehirn, unterbrochen werden. Aber auch millimeterkleine Schäden, zum Beispiel durch einen Schlaganfall hervorgerufen, können zu sehr unangenehmen Ausfällen führen.

> Immer wenn ihr behandelnder Arzt Dora Jason nach ihrer linksseitigen Lähmung fragte, antwortete sie zunächst, daß ihre Bewegungen völlig normal seien. Sie wäre vielleicht früher einmal behindert gewesen, das sei aber nun vorbei. Aufgefordert, den linken Arm zu bewegen, machte sie sich auf die Suche nach ihrem Arm, betrachtete das bewegungslose Glied und fragte: »Wollen Sie wirklich, daß ›es‹ sich ›von selbst‹ bewegt?« Bejahte der Arzt dieses, meinte die Patientin, nachdem sie ihren gelähmten Arm lange fixierte: »Er scheint nicht viel von selbst zu tun. Aber ich kann ihn mit der rechten Hand bewegen, wenn Sie wollen.«

Dora Jason ist gelähmt, sie nimmt aber ihre Behinderung nicht wahr. »Anosognosie« nennt die Wissenschaft diese Unfähigkeit, eine Krankheit an sich selbst zu erkennen. Sie tritt nur bei linksseitiger Lähmung auf, nie aber bei rechtsseitigen Lähmungen. Den Betroffenen fehlt die Nervenleitung zwischen einer bestimmten Region in der rechten Hirnhälfte zu den vielen Sinneszellen, die laufend melden, welche Position die einzelnen Körperteile in der Umgebung einnehmen. Die Behinderung des halben Körpers wird diesen Patienten dadurch überhaupt nicht bewußt. Weil sie nicht zur Kenntnis nehmen können, daß ihnen etwas fehlt, sehen die an dieser Störung Erkrankten auch nicht ein, daß sie ärztliche Behandlung und therapeutische Maßnahmen benötigen, und boykottieren nicht selten die erforderlichen Behandlungen. Das Selbstbild der anosognostischen Patienten ist häufig so lückenhaft, daß es ihnen nicht einmal klarzumachen ist, daß ihre Gedanken und Handlungen nicht normal sind.

Je nachdem, an welcher Stelle des Gehirns der Schaden entstanden ist, werden völlig unterschiedliche Leistungen beeinträchtigt oder total zerstört. Manche dieser bedauernswerten Patienten verlieren völlig die Erinnerung an ihr bisheriges Leben, andere können keine neuen Erlebnisse mehr behalten. Die Sprache kann ebenso plötzlich verlorengehen wie die Fähigkeit, Gefühle zu empfinden.

Es gibt zahlreiche derartige Funktionsstörungen: Aphonie (Stimmlosigkeit), Aphasie (Verlust des Sprechvermögens), Alexie (obwohl die Augen funktionieren, können keine geschriebenen Buchstaben oder Wörter erkannt werden), Apraxie (Unfähigkeit zu sinnvollen Körperbewegungen), Agnosie (»Seelenblindheit«), Amnesie (Gedächtnisverlust), Ataxie (Koordinationsstörung der Bewegungen), Amusie (Unfähigkeit, Melodien aufzufassen).

Ausschlaggebend für die Art der Störung ist lediglich der Ort, wo der Schaden im Gehirn entstanden ist. Gehen etwa Nervenzellen in der »Substantia nigra« zugrunde, die den neuronalen Botenstoff Domanin ausschütten, erkranken die Betroffenen an der unheilbaren Schüttellähmung (Morbus Parkinson). Zittrige Hände, mimische Starre und Schwierigkeiten, Bewegungen auszuführen, sind die äußeren Anzeichen dieses Leidens, das meist erst na 50. Lebensjahr auftritt. Schon zuvor kommt es of pressionen, und die räumlichen Fähigkeiten lassen nach.

Großflächige Schäden beider Schläfenlappen können sogar das Ausschalten des Willens bewirken: Nancy Townsend etwa lag monatelang fast bewegungslos und mit leerem Gesichtsausdruck in ihrem Krankenhausbett. Nachdem sie aus diesem Zustand erwacht war, berichtete sie die erstaunliche Tatsache, daß sie weder Gedanken noch Gefühle gehabt hatte. Bewußtsein, Denken oder das Vermögen zu schlußfolgern fehlten anscheinend völlig. Daß sie zu keinerlei Gespräch fähig gewesen sei, habe sie nicht beunruhigt oder gestört, erinnerte sich die Patientin, vielmehr »hatte ich wirklich nichts zu sagen«.

»Offenbar«, schließt der Neurologe Antonio Damasio, »litt sie unter einer Störung des Antriebs. Ihr Wille war während der ganzen Zeit ausgeschaltet.«

Die Alzheimersche Krankheit: Unaufhaltsamer Gehirnverlust

»Was ist das?« fragt Daniel Tranel, Assistent des Forscherehepaares Hanna und Antonio Damasio, bei der Untersuchung und faßt sich an die Nase. »Nase«, antwortet seine Patientin, eine alte Frau, ohne zu zögern. »Und das hier?« »Knie.« Namen für Körperteile beherrscht die Frau ohne weiteres. Beim ersten Hinhören klingt ihr Englisch auch ziemlich normal, geschickt umschifft sie diesbezügliche Probleme. Doch auf Dauer kann sie ihre Schwächen nicht verbergen. – Schließlich offenbaren sich in einer Reihe von neurologischen Tests große Lücken in ihrem Wissen.

Antonio Damasio übernimmt: »Was ist ein Baum?« »... im Hinterhof?« entfährt es ihr mit Staunen und

Verwirrung. »Hat ein ...« »Was ist ein Ast?« »Das ist ein ... kommt raus.« »Was ist ein Hammer?« »Damit macht man ... zusammen.« »Und was ist eine Schere?« »Schneiden.«

Aufgefordert, die Bewegung der Schere nachzuahmen, schüttelt sie hilflos den Kopf, ebenso bei »Zange« und »Schraubenzieher«. Doch als ihr später die realen Gegenstände in die Hand gegeben werden, »erkennt« sie die Werkzeuge: Sie kann sie benutzen, wie sie es gelernt und hundertfach getan hat. Gleichen sich Haupt- und Tätigkeitswort, kann sie das Hauptwort meist auch verstehen, ohne das Ding zu sehen.

»Was ist eine Bürste?« »Damit bürstet man Dinge weg«, weiß sie und macht mit der Hand die entsprechende Bewegung. »Wie macht ein Klavierspieler?« Sie trommelt mit den Fingern in der Art eines Pianisten auf den Tisch.

»Was ist denn Deutschland?« Sie überlegt lange und sagt dann: »Schließlich konnten sie gehen. Sie haben alles davon weggenommen.« Sie meint die Berliner Mauer.

In ihrem Gedächtnis findet die 76jährige Patientin aus Iowa City ganz bestimmte Wörter nicht mehr wieder. Die unheilbare Alzheimersche Krankheit hat vor allem den linken Schläfenlappen der Großhirnrinde der Frau verkümmern lassen. Hauptwörter, besonders Namen oder Gattungsbezeichnungen, mit denen eine übergeordnete Gruppe von Gegenständen bezeichnet wird – wie etwa »Haus« oder »Tisch« –, kann die verzweifelte Frau in ihrem Hirn nicht mehr finden. Bei den Zeitwörtern hapert es nicht ganz so arg. Vielleicht gleicht ihr Gehirn das Manko an Hauptwörtern aus, indem es nach den entsprechenden Zeitwörtern sucht.

Doch irgendwann wird auch das nicht mehr möglich sein, denn die Alzheimersche Krankheit ist unheilbar und schreitet immer weiter fort. Sie beginnt wie ein Schwelbrand an ein oder zwei Nervenzellen. Eiweiße, die sonst für den Wachstums- und Reparaturprozeß benötigt werden, »entgleisen« plötzlich und lagern sich zwischen und in den Zellen ab. Über die tausendfachen Verbindungen einer einzigen Zelle breitet sich der Schwelbrand großflächig aus.

Trotzdem dauert es 20 bis 30 Jahre, bis erste Symptome sichtbar werden. Die Gedächtnisleistung läßt nach: »Die Menschen wissen zum Beispiel noch, daß Paris die Hauptstadt von Frankreich ist«, beschreibt der Psychologe Markowitsch die Folgen, »aber sie erinnern sich nicht mehr daran, daß sie selbst vor zwei Jahren dort waren.« Schließlich leidet auch das Kurzzeitgedächtnis, die Patienten können sich immer schlechter orientieren. Im späten Stadium kommen Sprachstörungen hinzu, die Kranken werden hilflos wie Säuglinge und benötigen rund um die Uhr Pflege und Betreuung. Der meist fünf bis zwölf Jahre dauernde Leidensweg endet mit Darm- oder Hirnversagen oder mit einer Lungenentzündung; der Körper kann kaum mehr Nahrung aufnehmen.

Die Zahl der Menschen, die an der Alzheimerschen Krankheit leiden, wird sich in den nächsten 50 Jahren verdreifachen. Derzeit sollen in Deutschland fast eine Million und in Österreich rund 80.000 Menschen an dieser Krankheit leiden. Schon jeder Vierte 46- bis 50jährige trägt die ersten Anzeichen des Gedächtnisschwundes in sich.

Je mehr Hirnmasse aufhört zu funktionieren, weil die Ablagerungen die Nervenzellen zerstören, desto stärker nehmen die geistigen Fähigkeiten ab, bis sich der intellektuelle Verlust nicht mehr verschleiern läßt. Warum die Proteine (Amyloide) plötzlich nicht mehr aufgelöst und abtransportiert werden können, ist bislang unklar. Bestimmte Gendefekte erhöhen zumindest die Wahrscheinlichkeit dieser Stoffwechselentgleisung. Und jüngere Untersuchungen zeigen, daß sowohl körperlicher Streß (etwa durch Mangel an den Vitaminen A, B und C) als auch seelischer Streß die Entwicklung der Krankheit begünstigt.

Hormone, die bei Streß von der Hypophyse ausgeschüttet werden, beeinträchtigen die Fähigkeit des Organismus, ständig auftretende kleine »Baufehler« zu reparieren. Lang andauernde psychische Belastung, so die Vermutung, kann dazu führen, daß winzige Membranschäden im Gehirn vergrößert werden.

Gestörtes Netz

Möglicherweise bringt der Entwurf eines Netzwerkmodells einen Hinweis, wie es zur Entgleisung der Mechanismen kommen kann. Erwiesen ist, daß der Beginn der Erkrankung vor allem das Behalten neuer Fakten betrifft – erst später geht das Altgedächtnis verloren, bis schließlich nicht einmal engste Angehörige wiedererkannt werden.

Das Gehirn funktioniert ähnlich wie ein Neuronales Netzwerk durch intensive Verschaltung der einzelnen Nervenzellen. In der technischen Variante (siehe Künstliche Intelligenz, Seite 255) weiß man, daß eine lawinenartige Ausbreitung einer Erregung verhindert werden muß, sonst kann das Netzwerk nichts lernen – wenn alle Neuronen »feuern«, kann kein neues Muster für eine Information »aufgezeichnet« werden. Das Netzwerk muß für Neues »von außen« empfänglich bleiben. Erst beim Erinnern ist diese Erregungsausbreitung erwünscht.

Wie aber wird diese lawinenartige Ausbreitung im Gehirn verhindert? Dafür scheint das vom Gehirn produzierte Acetylcholin verantwortlich zu sein, von dem man schon länger annimmt, daß es an Lern- und Gedächtnisprozessen beteiligt ist. Experimente an Hirngewebe haben nun ergeben, daß diese Substanz imstande ist, die Erregung der Nervenzellen innerhalb derselben Region zu unterdrücken,

Signale aus anderen Hirnbereichen jedoch ungehindert passieren läßt.

Das Gehirn von Alzheimerkranken produziert zuwenig Acetylcholin. Ohne die bremsende Funktion des Botenstoffs schaukelt sich die Aktivität der Hirnzellen hoch, das System läuft heiß: Die Nervenzellen schütten überschüssiges Glutamat aus und schaden sich mit der giftig wirkenden Substanz selbst.

Beim Fehlen der Assoziationsbremse ist zu erwarten, daß genau jene Struktur zuerst geschädigt wird, die unentwegt Assoziationen bildet: Im Gehirn ist dies der Hippokampus, der als »Trainer der Großhirnrinde« entscheidend für alle Lernvorgänge ist. Genau dort finden sich die größten krankhaften Veränderungen im Denkorgan der betroffenen Patienten.

DER URSPRUNG KLUGER KÖPFE

Über den prägenden Ursprung der geistigen Fähigkeiten des Menschen liegen die Wissenschaftler nicht erst seit dem Buch »The Bell Curve«, das den Rassismus nicht nur in den USA wieder hoffähig machte, im Streit. Zur Zeit scheint sich ein umfassenderer Blick durchzusetzen: Gene und Umwelt sind beide etwa gleichwertig an der Ausprägung von intellektueller Leistungsfähigkeit beteiligt. Der Psychologe Dietrich Dörner vergleicht Intelligenz mit einem Luftballon: »Der Ballon ist die erbliche Anlage und die Luft, die hineingeblasen wird, die Umwelt, die die Veranlagung erst zur Entfaltung bringen muß.«

Unterstützt wird Dörners Theorie von anderen Forschungsergebnissen, die zeigten, daß »wenn man einer Person mit einer durchschnittlichen Intelligenz in allen Teilbereichen 10.000 Stunden Training angedeihen läßt, man aus ihr zum Beispiel einen exzellenten Musiker machen kann.« Zum Genie fehle dann nur noch der entscheidende Funke – den allerdings nicht einmal 20.000 Stunden Training zünden könnten.

Diese Erkenntnisse halten die Erbgutforscher jedoch keineswegs davon ab, in den Chromosomen fieberhaft nach den Genen für Intelligenz zu suchen. Vor kurzem identifizierten US-Wissenschaftler an der Universität in Colorado erstmals eine Genkombination, die offenbar mit intellektuellen Fähigkeiten in Zusammenhang steht. »Ist dieses Gen defekt, kann man Texte nur schlecht lesen«, ist Robert Plomin von der Staatlichen Universität von Pennsylvania in University Park überzeugt. »Ich gehe jede Wette ein, daß diese Genkombination mit verbaler Intelligenz korreliert.« Mit einem jährlichen Etat von 600.000 US-Dollar ausgestattet, macht sich Plomin nun auf die Suche nach jenen Genen, deren Auftreten mit einem hohen Intelligenzquotienten einhergehen soll.

Doch die meisten Genforscher wissen inzwischen, daß mit dem Auffinden einzelner Gene wenig getan ist. Erst das komplizierte Zusammenspiel vieler Gene befähigt zu geistigen Leistungen und bewirkt die Ausprägung unterschiedlicher Begabungsschwerpunkte. Je mehr Gene an einem Merkmal beteiligt sind, desto bedeutender ist der Einfluß der Umwelt, um das Orchester zum Erklingen zu bringen.

Zudem wirkt sich nicht die Summe der Eigenschaften der einzelnen Gene aus, sondern es entstehen neue Kombinationen und dadurch auch neue Merkmale und Eigenschaften. »Epistase« nennt die Wissenschaft dieses Phänomen, das für die vielschichtige Funktionsweise des Gehirns maßgeblich ist. So kann sich etwa »räumliches Denken« aus der Kombination der Gene für »visuelles Erkennen« und »abstrakte Symbole aus Zeichen« ergeben. Kreativität, berufliche und geistige Interessen und soziale Fähigkeiten sind gleichfalls »zusammengesetzte« Eigenschaften des Menschen. So läßt sich zumindest ansatzweise erklären, warum durchschnittlich intelligente Eltern plötzlich mit einem Wunderkind gesegnet sein können.

Eineiige Zwillinge

Bereits jahrzehntelang spüren Psychologen mit Hilfe getrennt aufgewachsener Zwillinge der Frage nach, wie viele der menschlichen Eigenschaften angeboren sind und wieviel die Umwelt ausmacht. Die im Jahre 1979 begonnene »Minnesota-Studie« des amerikanischen Psychologen Thomas Bouchard an mehr als 200 eineiigen Zwillingen erbrachte überraschend wenig Hinweise auf Einflüsse der Umwelt. Die Zwillingspaare wurden IQ-Tests unterzogen, ihre Persönlichkeiten wurden bestimmt. Alles, was sie unterscheidet, führen die Zwillingsforscher auf deren unterschiedliche Umgebungen zurück, Gemeinsamkeiten auf den Einfluß der Gene.

Die Erkenntnisse der Forschergruppe um Bouchard: Eineiige Zwillinge, die getrennt aufgewachsen sind, gleichen einander in vielen Aspekten ihrer Persönlichkeit und ihres Temperaments fast genauso wie jene, die zusammen aufgewachsen sind. Rund 70 Prozent der Intelligenz, schließt Bouchard aus seinen Zwillingsstudien, wären ausschließlich auf Veranlagung zurückzuführen.

Die erstaunlichen Übereinstimmungen der Zwillinge in der Minnesota-Studie machten jedenfalls medial Furore. Jede auch nur entfernt ähnliche Verhaltensweise wurde stolz in TV-Talkshows vorgeführt und auf den Einfluß der Chromosomen zurückgeführt. »Die Lebensgeschichten getrennter Zwillinge sind sich ähnlich«, versucht Bouchard eine Erklärung, »weil ihre gleichen Gene ihre Reaktion auf die Umwelt in gleicher Weise steuern.«

Faule Eier

Leon Kamin glaubt seinem Kollegen Bouchard jedoch kein Wort. Seit 20 Jahren stochert der Psychologe von der Northeastern University in Boston in der Arbeit der Erbgut-Forscher herum und findet wissenschaftlich Anrüchiges. So entlarvte er die Arbeiten von Sir Cyril Burt aus dem Jahr 1966 als Fälschung: Dessen Fälle von 53 untersuchten eineiigen Zwillingen erwiesen sich zum Großteil als freie Erfindung. Und von Bouchard hat Kamin bislang vergeblich die Offenlegung der Datenbasis seiner Studien für eine Zweitanalyse erbeten.

Die Zweifel an der Zwillingsforschung sitzen tief. Selbst getrennt aufgewachsene Zwillinge leben meist in gleichartigen Kultur- und Sozialkreisen. Die Zwillingsgeschwister gleichen einander möglicherweise, weil ihre prägenden Umwelten ähnlich sind. Der Psychologe Howard Gardner betont, daß Wissen und Erfahrung bereits im kulturellen Umfeld vorgegeben sind und den Kindern automatisch mit auf den Weg gegeben werden. »Obwohl das Kleinkindalter die Zeit bleibt, in der sich das biologische Erbe am unmittelbarsten beobachten läßt«, überlegt Gardner in seinem Buch »Der ungeschulte Kopf«, »muß man bedenken, daß ein Teil des sich entwickelnden kindlichen Denkens bereits außerhalb des Kindes vorhanden ist: in den Spielen, Sitten und Symbolen, die die Erwachsenen dem künftigen Mitglied ihrer Gesellschaft beibringen.« Richard Rose von der Universität in Bloomington, Indiana, der selbst an einer großangelegten Zwillingsstudie mitgearbeitet hat, meint, daß auch beliebig herausgesuchte Fremde, die im selben Land am selben Tag geboren wurden, in vielen scheinbar verblüffenden Details übereinstimmen würden.

Zudem ist die Methode Bouchards, über Medienaufrufe an getrennte Zwillinge heranzukommen, durchaus fragwürdig. Andere Forscher suchen in Geburtsregistern nach

Zwillingen und verschicken Fragebögen an ihre Probanden und locken nicht mit einer einwöchigen Reise und öffentlichen Auftritten ins ferne Minnesota. Solcherart »entdeckte« Zwillingspaare könnten zumindest untypisch sein und die Ergebnisse verfälschen, meinen die Kritiker. Kamin hat einigen Bouchard-Zwillingen nachgespürt: Jack, der Bruder von Oskar, zeigte ihm arglos ein Foto eines Familienfestes vor dem Zeitpunkt der angeblich erstmaligen Zusammenführung – Oskar und Jack nebeneinander. Und auch andere Zwillinge kannten einander schon vor dem Besuch in Bouchards Labor.

Komplexes Denken ist intelligenter

Daß die Debatte um Erb- oder Umwelteinfluß ohnedies zu kurz greift, betont der Neurologe Antonio Damasio: Angeboren wären lediglich genetisch festgelegte Entwicklungsmuster mitsamt den vorgesehenen Anpassungsmechanismen im Gehirn. Mit starren Rezepten wäre der Mensch nicht in der Lage, sich auf seine verschiedenen Umwelten einzustellen.

Damasio ortet als angeborene Schaltkreise sogenannte »Modulatorneuronen« im Hirnstamm, die durch die Verteilung von Botenstoffen (Dopamin, Noradrenalin, Serotonin und Acetylcholin) alle anderen Hirnteile beeinflussen. »Das zeigt«, stellt Damasio klar, »wie unangemessen es ist, Gehirn, Verhalten und Geist durch den Gegensatz von Natur und Kultur oder von Genen und Erfahrung verstehen zu wollen. Weder unser Gehirn noch unser Geist ist bei der Geburt eine Tabula rasa. Doch genausowenig sind sie zur Gänze genetisch bestimmt. Der genetische Schatten ist lang, aber er deckt nicht alles zu.«

Im Laufe des Lebens verringert sich zudem die Bedeutung der angeborenen Begabung. In der Kinder- und Jugendzeit hängen herausragende Leistungen mit einer guten Hirnfunktion eng zusammen. Später, etwa ab dem 20. Lebensjahr, spielt das erworbene Wissen eine zunehmend wichtigere Rolle. Kognitive Aufgaben kann dann derjenige besser lösen, der sich besonders viel Wissen angeeignet hat. Für außergewöhnliche Leistungen in einem bestimmten Bereich sind mindestens zehn Jahre Erfahrungs- und Wissenszuwachs nötig.

Der kleine Unterschied

Robert Gur verlangte Merkwürdiges von seinen Versuchspersonen. Sie sollten für ein Experiment des Neurologen von der University of Pennsylvania den Geist abschalten und an nichts denken, während sie in der engen Röhre des Positronen-Emissions-Tomographen (PET) lägen. Das Ergebnis der Prozedur ist ein weiterer Hinweis, daß zumindest in manchen Bereichen männliche Hirne anders arbeiten als weibliche. Bei den 37 männlichen Probanden blieb selbst in der Ruhephase ein Hirnbereich aktiv, und zwar ein entwicklungsgeschichtlich sehr alter Teil im Schläfenlappen (der zum limbischen System zählt), der das Affekt- und Triebverhalten wie Fortpflanzung, Essen, Wut oder Kampf kontrolliert.

Bei den meisten Frauen hingegen leuchtete ein ganz anderer Teil des Gehirns auf: die Neuronen des Gyrus cinguli, eines evolutionär jungen Bestandteils der Großhirnrinde, der die kognitiven Hirnfunktionen regelt.

Andere Unterschiede im Denken zwischen Mann und Frau sind schon lange bekannt und vielfach belegt: Zu den kognitiven Stärken der Männer gehören logisches Denken und Mathematik. Typisch weibliche Domänen sind die Feinmotorik und die sinnliche Wahrnehmung: Frauen sind insgesamt geistig reger, identifizieren bei Tests schneller identische Gegenstände und erkennen rascher, ob eine Anordnung von Objekten verändert wurde. Zudem spielen Frauen ihre Stärke auch im emotionalen Bereich aus: Sie leben gefühlsbetonter, durch ihre ausgeprägte interpersonale Intelligenz erkennen sie Traurigkeit oder Depressionen bei anderen Menschen leichter als Männer.

Unbestritten ist auch, daß sprachliche Fähigkeiten eine Domäne der Frauen sind: Experimente des Forscherehepaars Sally und Bennett Shaywith von der amerikanischen Universität Yale bestätigten, daß bei Frauen bestimmte Regionen in beiden Gehirnhälften aktiviert werden, während sie Reimen zuhören, bei Männern jedoch nur eine Region im linken Stirnlappen, der direkt hinter der Augenbraue liegt.

Einen Mosaikstein zur Enträtselung von derlei Ungleichheiten lieferten kürzlich Stoffwechselexperten. Bei Ratten fanden sie Zusammenhänge zwischen Intelligenzformen und männlichen Sexualhormonen. Laut Günter Dörner, Direktor am Institut für experimentelle Endokrinologie an der Berliner Charité, ließen diese Experimente auch Rückschlüsse auf den Menschen zu.

Der Einfluß der Hormone ist im vierten und fünften Schwangerschaftsmonat am größten: Zu diesem Zeitpunkt haben männliche Föten einen bis zu viermal höheren Testosteronspiegel als weibliche. Dörner: »Alles spricht dafür, daß Hormongaben zu diesem Zeitpunkt einen erheblichen Einfluß auf die Ausbildung der Intelligenz haben. Aber natürlich wurden noch keine Versuche beim Menschen gemacht.« Durch die Hormone, so der umstrittene Ansatz, würde die Anzahl der Neurotransmitter verändert, die der Kommunikation zwischen den verschiedenen Hirnteilen dienen.

Die Regionen für verbales Denken und räumliches Vorstellungsvermögen würden auf diese Art zwischen den Geschlechtern unterschiedlich ausgebildet. Ein männlicher

Embryo sorge durch die Produktion des Testosterons selbst dafür, daß er die typisch männlichen Denkstrukturen ausbilde.

Daß tatsächlich der Einfluß des Testosterons dafür verantwortlich sein dürfte, lassen Untersuchungen an Frauen, die an einer seltenen, nur bei Frauen auftretenden Erbkrankheit, dem adrenogenitalen Syndrom (AGS), leiden, vermuten. In ihren Körpern werden schon im Mutterleib männliche Sexualhormone in großer Menge gebildet. Möglicherweise ist das der Grund dafür, daß diese Frauen bei mathematischen Fähigkeiten und beim räumlichen Vorstellungsvermögen männlichen Versuchspersonen ebenbürtig sind.

Sophie Mautner:
»Töne zum Sprechen bringen«

Die Kleine in blütenweißer Bluse und grün-blauem Schottenrock wird auf den Hocker vor dem riesigen schwarzen Klavier gehoben. Kerzengerade sitzt das Mädchen vor der Tastatur. Sie spreizt die kleinen Finger weit auseinander, legt sie auf die blankpolierten Tasten und beginnt im nächsten Moment mit ihrem Spiel. Mühelos bewegen sich die Finger über die elfenbeinfarbene Klaviatur, schlagen einmal resolut einen Ton an und dann gefühlvoll einen anderen.

Sophie Mautner scheint sich wohl zu fühlen. Ihr Blick verrät Konzentration, während auf ihrem Mund ein verstohlenes Lächeln liegt. Statt Noten zu lesen, verfolgt sie interessiert die Akrobatik ihrer eigenen Hände. Die Sechsjährige verläßt sich ganz auf ihr Gehör. Erst wenn der Zuhörer seinen Blick von den über die Tasten tänzelnden Fingern abwendet, stellt er fest, daß dieses Kind den großen Flügel noch nicht vollkommen für sich in Besitz genommen hat. Unterhalb des Hockers baumeln Sophies Beine in weißen Strümpfen und schwarzen Lackschuhen einen halben Meter über dem Boden. Die Pedale des Instruments scheinen noch in unerreichbarer Ferne.

Der letzte Ton verstummt, das Publikum applaudiert verzückt. Die sechsjährige Berlinerin Sophie Mautner gewinnt den ersten Preis des »Steinway«-Wettbewerbs in ihrer Heimatstadt. Das ist der Beginn einer großen Karriere.

Evelyne Mautner, Sophies Mutter, ist Französin. Sie hatte ihr Jurastudium abgebrochen, als die Geburt ihrer Tochter bevorstand. Albert Mautner arbeitete sich gerade als rasender Reporter hoch. Von Musik hatten beide wenig Ahnung. Die schwangere Evelyne besaß ein paar Klassikplatten, die sie sich anhörte, wenn ihr die Tage vor der Geburt ihres Kindes lang wurden. – Nachdem sie ihre Tochter zur Welt gebracht hatte, brauchte sich die Mutter um die musikalische Untermalung des Alltags nicht mehr zu kümmern. Sophie sollte das in die Hand nehmen.

Sophies musikalische Karriere fing mit einem Xylophon an. Auf diesem Gerät klimperte die zweieinhalbjährige Sophie Melodien aus der Fernsehwerbung fehlerfrei nach. Nach dem Xylophon versuchte sie sich auf einer Kinderorgel im Wert von 7,50 D-Mark. »Sophie war entrückt, so lange sie vor dieser Orgel saß«, erinnert sich Evelyne Mautner. »Essen, Spazierengehen, Schlafen – das war alles völlig uninteressant. Stundenlang hat sie versunken und ohne jedes Bedürfnis Melodien improvisiert.« Doch Verdacht schöpften die Eltern noch immer keinen.

Schließlich kam Sophie in den Kindergarten. Dort stand ein altes, buntbemaltes Klavier. »Eine richtige Klapperkiste«, lacht Sophie. Die Kindergärtnerin spielte ab und zu darauf, und Sophie wollte die Lieder unbedingt nachspielen. Aber die Kinder wurden von dem Instrument ferngehalten. Sie würden es doch nur kaputt machen, lautete der stereotype Einwand. Sophie jedoch bettelte unablässig weiter, und eines Tages erbarmte sich die »Tante«. Da saß nun der kaum vierjährige Dreikäsehoch vor der staunenden Kinderschar und der verblüfften Erzieherin und spielte ein tadelloses »Hänschen Klein«. »Ich fühlte mich einfach gut«, läßt Sophie den Tag gerne Revue passieren, der ihrem Leben eine entscheidende Wendung gab. »Ich habe gehört und gefühlt, wie die Tasten unter meinen Fingern reagierten – die haben mir gefallen, diese Tasten.« Und plötzlich wurde Sophie klar: Sie wollte einen eigenen Flügel.

Die Begeisterung von Evelyne und Albert Mautner über Sophies Musikfixiertheit hielt sich in Grenzen – zumal die damit verbundenen Begehrlichkeiten ihrer Tochter nun auch die Finanzkraft des Elternpaares weit überschritten.

Bevor sie sich in Unkosten stürzten, beschlossen sie, »einmal checken zu lassen, ob da nicht doch mehr dahinter steckt, als einfach nur so eine Neigung«.

Sophie wurde der Musikhochschulprofessorin Ingeborg Wunder vorgestellt. »Ich zeigte ihr den Flügel, auf dem sie mir etwas vorspielen sollte«, erzählt die inzwischen pensionierte Dozentin. »Ich wollte ihr Zeit geben, sich ein bißchen einzuspielen auf dem für sie fremden Instrument. Aber sie meinte, nein, nein, wir könnten gleich anfangen. Sie setzte sich hin und spielte, und wenn ich die Augen schloß, dachte ich, da spielt ein arrivierter Pianist Mozarts C-Dur-Sonate. Es war eine unglaubliche Harmonie, eine ganz starke musikalische Ausstrahlung in ihrem Spiel. Das war es, woran ich schon bei unserer allerersten Begegnung merkte, dieses Kind ist anders als andere Talente.«

Also kam als nächstes ein Flügel ins Haus – und eine Lehrerin gleich dazu. Es war eine Studentin, die sich von Sophies absolutem Gehör nicht allzusehr beeindrucken ließ und ihr erst einmal Notenlesen beibrachte. Doch so hatte sich Sophie das Klavierspielen nicht vorgestellt. Sie wollte in die Tasten greifen, weiter nichts. Die Studentin ließ sie schließlich gewähren. – Heute noch ist sich Sophie Mautner über die didaktischen Qualitäten ihrer Lehrerin nicht ganz im klaren. »Wenn der erste Lehrer nicht gut ist, dann verliert man natürlich Zeit, und ich hatte eben keinen guten Lehrer am Anfang. Andere kriegen gleich technische Hilfen und so«, doziert das Mädchen selbstbewußt, »aber ich war auch wahnsinnig faul. Ich wollte eigentlich immer nur schöne Musik machen, damit es schön klingt fürs Ohr. Also ließ sie mich einfach spielen. Vielleicht war's auch richtig so, vielleicht wäre mir die Lust gleich vergangen, wenn sie mich sofort gedrillt hätte. So gesehen hat sie nichts versaut. Also war sie wahrscheinlich doch eine gute Lehrerin.«

Drei Jahre später schaute Sophies Musikunterricht bereits

gänzlich anders aus. Jede Woche pilgerte sie mit ihren Eltern an die Hochschule in Hannover zu Karl-Heinz Kämmerling, einer Kapazität auf dem Gebiet der Klavierpädagogik. Kämmerling drillte, Kämmerling verlangte technische Hochleistungen, Kämmerling machte großen Druck, und er war sehr laut. Manche Schüler gaben wegen seiner Lehrmethoden das Klavierspielen auf. Auch die Mautners trennten sich nach mehreren Jahren im Streit von ihm. Doch trotz dieser negativen Erfahrung war Sophies Freude an Musik ungebrochen. Und Karl-Heinz Kämmerling selbst trägt sie nichts nach. »Er war immerhin der erste, der mir richtigen Schliff gegeben hat«, erklärt sie heute. »Wenn man so jemanden nicht übersteht, dann ist man eben doch nicht mit Leib und Seele bei der Sache. Ich habe selbst unter ihm nie daran gedacht, aufzuhören. Ich kann mich gar nicht in eine Person hineinversetzen, die aufhört. Ein Mensch, der einen solchen Trieb zu spielen hat wie ich, bringt sich eher um, als kein Klavier mehr anzufassen.«

Inzwischen blickt die junge Pianistin auf eine lange Reihe ehemaliger Mentoren zurück. Heute weiß sie genau, was sie von einem guten Lehrmeister erwartet. Begeistern muß er sie können, ihr ein Stück schmackhaft machen. Es ist nicht mehr die strenge Hand, die permanente Kontrolle, die sie braucht. Sie will über das, was sie sich gerade erarbeitet, so aufgeklärt werden, daß sie eigenständig Ideen dazu entwickeln kann, wie man es umsetzen könnte. Sie will einen Anstoß bekommen, selbst ein schwaches Stück stark zu spielen. Sophie will »Töne zum Sprechen bringen«, Sophie will intellektuell gefordert werden.

Die Schule brachte ihr da wenig Befriedigung. Sophie war eine gute Schülerin gewesen, aber mit den Jahren wurde sie immer schlechter. Ihre Gedanken waren ständig beim Klavier, und dafür zeigten weder die Lehrer noch ihre

Mitschüler und Mitschülerinnen Verständnis. Während diese Mathematik und Latein büffelten, vergrub Sophie sich zu Hause in Verdi-Opern, lernte auf diese Weise fließend Italienisch und konnte sich mit ihrem italienisch sprechenden Mentor über Puccini unterhalten. Dafür hatte sie in Latein ein »Nichtgenügend«. Mit ihren Klassenkameraden fehlte es ihr an Gesprächsstoff. Sophie trat schließlich aus der Schule aus und meldete sich zu einem französischsprachigen Fernunterricht an. Eine Zeitlang machte sie den Kursus mit, lernte sozusagen auf französisch Englisch, Mathematik und all die anderen sogenannten allgemeinbildenden Fächer. Dann fühlte sie sich zeitlich auch davon zu sehr eingeschränkt. Mit 16 Jahren zog sie einen Schlußstrich unter ihre Schulzeit. Albert und Evelyne Mautner runzelten die Stirn, aber sie akzeptierten die Entscheidung der Tochter.

Sophie tut, was sie immer tun wollte – sie spielt Klavier. Und selbst wenn sie nicht übt, beschäftigt sie sich meist mit Musik, hört Opern oder liest Bücher über Musiker und Komponisten. Früher einmal ging sie mit ihrer besten Freundin Tanja noch ab und zu zum Reiten, aber das läßt sie inzwischen bleiben. Das Risiko einer Verletzung ist zu groß. Sophie empfindet das keineswegs als Opfer. Es ist eben der Preis, den sie ganz selbstverständlich für ihre Leidenschaft, die Musik, bezahlt.

Dafür hat sie jetzt ein anderes Hobby: Philosophie. Vor kurzem kaufte sie sich ein Buch von Descartes, nachdem sie gerade die »Geschichte der griechischen Philosophie« von Luciano De Crescenzo gelesen hatte. »Ohne Schule habe ich viel mehr gelernt«, bereut die mittlerweile viersprachige Sophie ihren Austritt aus dem institutionalisierten Unterricht auch rückblickend nicht. »So wie ich lerne, kann ich meiner Lust folgen.« Neben der Philosophie hat sie zur Zeit auch Lust auf Hebräisch, also wird sie Hebräisch lernen. Russisch versuchte sie irgendwann auch, weil sie gerade einen Musikprofessor russischer Abstammung hatte.

»Sophie ist hochintelligent«, bestätigt Ingeborg Wunder. »Wenn sie sich mit etwas beschäftigt, tut sie das mit geistigem Tiefgang. Was ihre Altersgenossen gemacht haben, das hat sie nie besonders gemocht. Discos waren keine Ablenkung für sie.«

Sehr zur Freude ihrer Eltern, die mit Argusaugen ihre pubertierende Tochter beobachten. Schließlich sind sie vorgewarnt. Die Pubertät ist eine Hürde. So manches hochbegabte Kind hat seine Fertigkeiten über die Phase des Erwachsenwerdens nicht hinüberretten können. Albert Mautner kanalisiert seine Sorgen in einer täglich heruntergebeteten Gebotsliste. »Nicht auf das eigene abgewinkelte Bein draufsetzen, das macht die Venen krank«, weist er sie zurecht. »Jeden Tag ein Stück Obst essen und einmal täglich eine Kalziumtablette schlucken«, ordnet er an. »Wenigstens ab und zu ein bißchen Sport betreiben – am besten Joggen«, will er sie zur körperlichen Ertüchtigung anleiten. Selbst als Outfit-Berater ist der Vater tätig: »Bitte nicht absichtlich verunstalten mit dieser Kleidung, die so gar nicht paßt.« Die Mutter fügt ein weiteres großes Anliegen hinzu: »Keine Popmusik, das verdirbt den Musikgeschmack.« Doch wie es sich für eine pubertierende Jugendliche gehört, begehrt auch Sophie gegen die Wünsche der Eltern auf: Sie sitzt weiterhin, wie es ihr gerade in den Sinn kommt, sie vergißt ihre Kalziumtabletten einzunehmen, trägt mit Begeisterung schlabbrige Pullover, liebt Spaghetti und haßt Sport. Immerhin verschafft sie den Eltern Genugtuung mit der Tatsache, daß für sie Popmusik tatsächlich keine ernsthafte Konkurrenz zur klassischen Musik darstellt.

Eine weitaus größere Bedrohung sehen Evelyne und Albert Mautner allerdings in einem möglichen Freund. Doch während Sophies Kameradinnen bereits mit dem ersten

Liebeskummer kämpfen, leidet sie selbst heute noch unter der Trennung von ihrem geliebten Klavier: »Man baut da eine fast menschliche Beziehung auf. Meinen ersten Flügel hatte ich sieben Jahre lang,« erzählt sie. Doch mit der Zeit wurde er ihr zu klein, und die Mautners mußten ihn verkaufen. »Da kamen irgendwelche Hobby-Musizierende, die gerade fünf Noten beherrschten und einen Flügel kaufen wollten, weil er im Wohnzimmer hübsch aussieht«, ärgert sich Sophie noch heute. »Als dann der potentielle Käufer gar noch meinte, dieses Klavier hätte keinen schönen Klang, da wollte ich ihn anschreien: ›Du Idiot, *du* hast keinen schönen Klang! Du kannst mit dem Ding nicht umgehen!‹«

Sophies Gefühle beschäftigen sich viel mehr mit dem Verlust des geliebten Klaviers als mit dem anderen Geschlecht. Die Befürchtungen der Mautners erweisen sich als unbegründet. Niemand konnte bisher Sophies Leidenschaft für Musik schmälern. »Wenn ein Mädchen wegen eines Mannes aufhört, hat es nicht wirklich das Bedürfnis zu spielen«, sagt sie.

Im übrigen verliebt sich Sophie nicht so leicht. Ihre Ansprüche sind »wahnsinnig hoch« und sehr konkret: »Er muß Musiker sein, ein guter Musiker. Wir müssen uns gut verstehen, er muß gut aussehen, er muß Stil haben. Dann muß er älter sein als ich, mindestens zehn Jahre, sonst fühle ich mich ihm irgendwie überlegen.« Gefunden hat Sophie diesen Mann noch nicht, aber mit weniger gibt sie sich nicht zufrieden. Für einen kleinen Flirt ist sie nicht zu haben – obwohl sie das manchmal fast bedauert: »Wenn ich auf der Straße gehe, und ich sehe, wie sich zwei vergnügen, da habe ich mir schon manchmal gewünscht, ein ganz normaler Mensch zu sein. Aber ich kann das einfach nicht. Die Musik hat so einen großen Einfluß auf mich, durch die Musik bin ich so ernsthaft geworden und so anspruchsvoll.«

Sophie hat kaum noch Kontakte zu Gleichaltrigen. Ihr Bekanntenkreis setzt sich aus Musikern und Journalisten zusammen, die 20 oder 30 Jahre älter sind als sie. Von ihnen fühlt sie sich verstanden, mit ihnen kann sie über die Dinge reden, die sie bewegen – und das sind nach wie vor Klaviere, Komponisten und Konzerte.

Die schönsten Augenblicke ihres Lebens waren immer irgendwelche besonderen Auftritte. Nachdem sie mit sechs Jahren den »Steinway«-Wettbewerb gewonnen hatte und mit acht Jahren den Landeswettbewerb »Jugend musiziert«, durfte sie mit elf Jahren zur gleichen Veranstaltung auf Bundesebene – und sie bekam wieder einen Preis. Ihre Eltern haben jedoch sorgsam darauf geachtet, daß sie nicht schon als Kind im Musik- und Konzertgeschäft »verheizt« worden ist.

»Es ist ihr Gespür für den Komponisten«, versucht ihre frühere Lehrerin Ingeborg Wunder zu analysieren, was Sophie von Anfang an von ihren Konkurrentinnen unterschieden hat. »Sie weiß schon, bevor sie ein Stück spielt, was da zum Ausdruck kommen soll. Natürlich kann man auch Ausdruck anlernen, aber – zumindest Profis – merken es, daß da eine gewisse Leere herrscht.«

Irgendwann mit 14 oder 15 Jahren spürte Sophie instinktiv, daß die Herzen des Publikums ihr bald nicht mehr deshalb zufliegen würden, weil sie ein süßes kleines Mädchen sei. Sie würden ihr nur noch zufliegen, weil sie großartig spiele. Mit dem »Kinderbonus« würde es vorbei sein. In Zukunft würde sie noch mehr leisten müssen. »Das war schon ein Druck«, gesteht sie, »aber man lernt damit umzugehen. Man reift ja parallel auch heran und verbessert sich. Ich leiste jetzt auch mehr und fühle mich meiner Aufgabe völlig gewachsen.«

Sophie Mautner gab im März 1994 ihr erstes bedeutendes Konzert. Es war ihr Debüt im Kammermusiksaal der

Berliner Philharmonie. Es wurde ein Erfolg. Skrjabin, Chopin und Liszt – die damals 16jährige machte ihnen alle Ehre. Tosender Applaus und glänzende Kritiken folgten: »Anspruchsvoll«, zollten die Musikexperten Respekt. »Furios«, schrieben die Zeitungen, »ein Wunderkind«, jubelten die Zuschauer.

Die Berliner Philharmonie lud die glückliche Nachwuchsinterpretin gleich zu einem weiteren Auftritt in ihr Haus ein, diesmal sogar in den großen Saal. Ingeborg Wunder kann sich noch gut an den Herbsttag im Oktober 1994 erinnern: »Sophie hatte Mozart gespielt, Köchelverzeichnis 488. Dann war Pause. Sie hatte noch das sehr schwere zweite Konzert Rachmaninows vor sich, das weite, technisch komplizierte Intervall-Griffe und viel physische Kraft erfordert. Da ziehen sich andere Pianisten zurück und üben und konzentrieren sich. Aber Sophie stand im Vorraum und plauschte charmant mit den Anwesenden.« Ingeborg Wunder fragte sie, ob sie sich nicht ein bißchen zurückziehen wolle. »Nein«, antwortete sie, »ich kann ja alles.« – Sie gab ein grandioses Konzert, gelöst und locker.

Der Grundstein für eine außergewöhnliche Karriere, für eine Laufbahn als gefeiertes Musikgenie war gelegt. Sophie bekam einen Vertrag bei einer italienischen Plattenproduktionsfirma. Sie nahm eine CD auf, und bereits ein Jahr später spielte sie nicht mehr zwei, drei oder vier Konzerte, sondern knapp zwanzig. »Wenn dann das große Schweigen im Saal ausbricht«, schildert Sophie mit ungebrochener Begeisterung, »dann weiß ich, jetzt berühre ich die Leute, jetzt sind sie drin in meiner Musik. Das ist beinahe eine christliche Handlung, ein Austauschspiel zwischen dem Publikum und mir. Das ist etwas Metaphysisches, das kann ich gar nicht so erklären. Aber wenn ich mal im stillen Kämmerlein sitze und mich frage, warum mache ich das eigentlich alles – ja also, deswegen mache ich es.«

Der Mythos vom IQ

Auch intelligente Menschen haben ihre Probleme damit, das Phänomen menschliche Intelligenz zu definieren.

Ist Intelligenz die vielschichtige Fähigkeit, in bestehenden Abläufen neue Gesetzmäßigkeiten und Problemlösungen zu erkennen, oder ist sie die Geschwindigkeit, mit der das Gehirn logische Verknüpfungen vornehmen kann?

Laut einer Umfrage des Allensbacher Instituts für Meinungsforschung verstehen die deutschen Bürger unter Intelligenz vor allem positive Fähigkeiten wie Verantwortungsbewußtsein, Vernunft, Einfühlungsvermögen, Redegewandtheit und Schlagfertigkeit – Eigenschaften, die freilich kein Test messen kann.

Nur noch ganz wenige Wissenschaftler glauben daran, daß Intelligenz das ist, was der Intelligenztest mißt. Trotzdem wird munter getestet, weil solche Tests nun einmal Mittel zur Auslese sind. Die auf meßbare Fähigkeiten des Lesens und Rechnens, des logischen Denkens und der räumlichen Wahrnehmung reduzierte »Intelligenz« war lange Zeit das Werkzeug, um Menschen über oder unter andere Menschen zu stellen.

Begonnen hat damit Francis Galton, ein Vetter Charles Darwins, der daran glaubte, daß man alles auf der Welt messen kann: die Attraktivität von Frauen, den Wirkungsgrad von Gebeten – und die Intelligenz. Zu diesem Zweck vermaß er menschliche Schädel. Die von ihm begründete Phrenologie (Schädelkunde) machte vor allem als Wegbereiter des Rassismus von sich reden. Schädelkundler wie Franz Josef Gall schreckten zu Beginn des 19. Jahrhunderts selbst vor absichtlichen Meßfehlern nicht zurück, um die Gehirne von Schwarzen, Indianern und Frauen als »minderwertig« einzustufen. Die Gallsche Lehre hatte wegen ihrer Einfachheit (jeder konnte als Experte auftreten) und ihrer einfachen Instrumentalisierbarkeit für Rassismen aller Art durchschlagenden Erfolg. Die Menschen wurden aufgrund ihrer Kopfform taxiert und abgestempelt.

Gall glaubte sogar, einzelne Fähigkeiten an der äußeren Form des Schädels erkennen zu können. Besondere Ausbuchtungen des Kopfes, so behauptete er, entsprächen der Größe, also der »Kraft« der darunter liegenden Bereiche des Gehirns. Siebenunddreißig solcher Kräfte meinten er und die Anhänger seiner Lehre benennen zu können. Sinnlichkeit, Kinderliebe und Verschwiegenheit wurden genauso mittels Schädelvermessung geortet wie Musikgehör und die Sensibilität für Form und Farbe. Die bizarre Idee, die Größe des »Hirnorgans« entspräche den geistigen Fähigkeiten, beeinflußte die Forscher das ganze 19. Jahrhundert hindurch.

Der französische Mediziner Alfred Binet hingegen wollte eigentlich lernbehinderten Schülern helfen, als er 1905 den ersten Intelligenztest entwickelte. Das Ergebnis war eine Reihe von Testaufgaben, für deren Lösung logisches Denken, Urteilsfähigkeit und ein »menschliches Gedächtnis« notwendig waren. Je nach Alter wurde von einem Kind die Lösung bestimmter Aufgaben erwartet und das Gesamtergebnis in eine Zahl gefaßt, die dem »Intelligenzalter« entsprechen sollte. Der Intelligenzquotient ergibt sich aus der Division des erreichten Intelligenzalters durch das tatsächliche Kindesalter. Um Dezimalstellen zu vermeiden, multipliziert man das Ergebnis mit 100. Entspricht die Testleistung eines Kindes genau dem Lebensalter, so hat es einen IQ von 100.

Doch Binets Ergebnisse wurden nicht, wie ursprünglich beabsichtigt, für besondere Förderung verwendet: Mit ihrer Hilfe filterten die französischen Behörden Minderbegabte heraus und separierten sie in Sonderschulen.

Die Folgen der IQ-Gläubigkeit

Der amerikanische Psychologe Lewis Terman von der Universität Stanford erweiterte das Verfahren durch komplizierte statistische Methoden, wodurch die Tests auch bei Erwachsenen einsetzbar wurden. Mehr als eine Million Amerikaner werden seitdem jährlich durch Intelligenztests geschleust. Der IQ wurde zur Meßlatte für alle Zehnjährigen: Von der erreichten Zahl hing es ab, welchen Bildungsweg ein Kind einschlagen durfte. Der »Stanford-Binet-Test« mit seinen 90 Aufgaben wurde als psychometrisches Wunderwerk gefeiert, das die ganze Spanne geistiger Fähigkeiten abdeckt, vom verzögert lernenden Vorschulkind bis zum hochintelligenten Erwachsenen.

Besonderen Auftrieb erhielt die Testeuphorie, als die Amerikaner während des Ersten Weltkriegs »tüchtiges Menschenmaterial« für den Militärdienst brauchten. Terman und Konsorten schleusten ab 1916 zwei Millionen Rekruten durch ein derartiges Verfahren.

Nach dem Krieg testeten sie Einwanderer aus Europa, die vor dem Faschismus nach Amerika geflohen waren. Oft genug wurden die Flüchtlinge aufgrund ihrer schlechten IQ-Werte wieder abgeschoben.

Während sich die modernen Intelligenzforscher längst von den linearen Modellen zur Messung der intellektuellen Fähigkeiten verabschiedet haben, dominiert auch heute noch im pädagogischen Alltag der Schulen und in den Köpfen der meisten Menschen das Althergebrachte. Lange hielten Wissenschaftler an meßbaren und anscheinend eindeutigen Daten der Intelligenzentwicklung fest. Sie forschten nach den Bedingungen, wie logisch-mathematisches, sprachliches und räumliches Denken entstehen. Sie sahen zwar, daß diese Fähigkeiten mit der seelischen Entwicklung eng verknüpft waren, doch von einer »sozialen« Intelligenz wagte niemand zu sprechen. Die Fähigkeit, sich selbst zu erkennen und sich anderen Menschen verstehend oder unterstützend zu nähern, schien in festgelegten Tests und Versuchseinheiten kaum faßbar.

Inzwischen hat sich das Bild geändert. Viele meinen, daß psychische und soziale Leistungen, wie Selbstbeherrschung und -motivation oder Konfliktlösungsfähigkeit und die Gabe, Beziehungen zu pflegen, alle anderen Formen der Intelligenz kontrollieren. Forscher wie der Harvard-Professor Howard Gardner identifizieren inzwischen neben den »klassischen« räumlichen, sprachlichen und logisch-mathematischen Intelligenzen auch körperliche, selbstdarstellerische, musische und soziale Intelligenzen.

Doch der enge Blick auf den »vermessenen Verstand« ist noch immer nicht überwunden. Noch heute ist in Deutschland der Numerus clausus für Schüler, die sich für ein Medizinstudium entscheiden (und wegen des großen Andrangs ohnedies nur mit hervorragenden Reifeprüfungszeugnissen zugelassen werden), nicht die einzige Hürde auf dem Weg zu Hochschulehren: Sie müssen auch noch einen speziell modifizierten Intelligenztest bestehen; wobei Fähigkeiten, wie sie etwa für einen zukünftigen Arzt wichtig wären, nicht berücksichtigt werden: Emotionalität, Motivation und Sensitivität werden mit diesem Test überhaupt nicht gemessen.

Der vermessene Verstand

Der Testleiter blickt auf die Uhr: »Los!« Fünf Minuten für die Ergänzung von Figuren, vier Minuten für die Weiterführung von Zahlenreihen, sechs Minuten für die Zuordnung verdrehter Würfel, sieben Minuten für die Rechenaufgaben: »Zwei Brüder sind zusammen 43 Jahre alt und sieben Jahre auseinander. Wie alt ist der ältere Bruder?« –

Schnellfeuer-Denken ist gefragt. Dreieinhalb Stunden später wird der ausgefüllte Bogen mit einer Lösungsschablone verglichen.

Ein IQ-Test mißt Nervenstärke und Denkgeschwindigkeit. Über Kreativität, Musikalität, soziale Kompetenz oder Phantasie des Prüflings sagt er nichts aus – oft nicht einmal Genaueres über die Logik: »Straßenbahn, Auto, Schiff, Fahrrad, Eisenbahn: Welcher der Begriffe paßt nicht in diese Reihe?« Die richtige Antwort wäre »Fahrrad« gewesen, weil es das einzige ist, das nicht mit einem Motor betrieben wird. Wer auf »Schiff« getippt hat, weil es das einzige Transportmittel ist, das sich auf dem Wasser und nicht am Land fortbewegt, mag trotzdem intelligent sein – nach den Kriterien des »IST«, des »Intelligenz-Struktur-Tests«, ist er aber durchgefallen.

Mehr als 2.000 solcher Aufgabentypen halten Psychometriker in unzähligen Testreihen bereit, um herauszufinden, wie ein Proband aus Informationen Schlüsse zieht. Dabei stehen neben Konzentration manchmal auch Wissen und kulturelle Kenntnisse auf dem Prüfstand. Wer langsam an die ihm gestellten Aufgaben herangeht, wie das typischerweise besonders intelligente Menschen tun, ist im Nachteil.

IQ-Werte um 100 wurden als »geistiges Mittelmaß« definiert, weil die Psychometriker von einer regelmäßigen Verteilung des geistigen Potentials unter den Menschen ausgehen. Zwei Drittel der Menschen würden demnach einen IQ zwischen 85 und 115 erreichen. Nur noch 2,3 Prozent der Bevölkerung sollten mit einem IQ von 130 extrem darüber beziehungsweise mit einem IQ von 70 extrem darunter liegen. Bei dem Versuch, die statistische Verteilung grafisch darzustellen, kam eine gleichförmige glockenartige Kurve – die »bell curve« – heraus.

Doch die Menschen halten sich nicht an das, was die meßeifrigen Psychologen ersonnen haben. Entgegen den statistischen Vorhersagen bringen es mehr Menschen auf eine »geniale« Meßintelligenz von 150, als zu erwarten wäre, und es gibt auch mehr Personen, die es bei den Tests nicht einmal auf 45 IQ-Punkte bringen.

Mit Hilfe dieser auf einen Meßwert reduzierten Intelligenz wurden »wissenschaftlich fundierte« Rangfolgen unter den geistig Mehr- und Minderbemittelten aufgestellt: Wunderkinder müssen ein Intelligenztestergebnis von mindestens 130 aufweisen, um besonderer Förderung für würdig befunden zu werden. Alles, was unter 100 liegt, gilt als dumm bis schwachsinnig.

»Ein IQ-Test kann lediglich einigermaßen genau vorhersagen, ob jemand gut in der Schule sein wird«, kritisiert der Psychologe Howard Gardner den IQ-Glauben. »Wenn Sie sich die Schulnoten des letzten Jahres ansehen, wissen Sie genauso viel.«

IQ – das zweifelhafte Maß

Der IQ wird obendrein zum Zufallsergebnis, weil Tagesform, Prüfungsangst, aber auch die soziale Stellung die Leistung einer Versuchsperson beeinflussen. Zudem können sich errechnete IQs je nach verwendeter Testbatterie erheblich unterscheiden, wie bei einer Testreihe an besonders begabten Kindern in Hannover erkennbar wurde: Monikas IQ schwankte zwischen 79 und 140, Conrad erreichte einmal 99, beim nächsten Test hingegen 155.

Auch Schulbildung und Milieu schlagen sich in den Testergebnissen nieder: In den Frage- und Antwortspielen wird häufig Wissen abgefragt, das für eine bestimmte soziale und pädagogische Umwelt typisch ist. Bei Versuchspersonen aus einem anderen sozialen Milieu oder mit einer anderen Muttersprache versagt jedoch eine solche Herangehensweise. Die Testaufgaben begünstigen obendrein

Probanden mit guten sprachlichen und logisch-mathematischen Fähigkeiten.

Dennoch waren und sind die Intelligenzprüfinstrumente ein glänzendes Geschäft. Im Katalog der Testzentrale des Berufsverbandes Deutscher Psychologen wird der Wert eines Tests nicht nur an der optimalen Eichung an möglichst vielen Testpersonen und der relativen Sicherheit der Ergebnisse bemessen, sondern auch an der einfachen Ausführung in möglichst kurzer Zeit. Intelligenztests sollen in der psychologischen Praxis in der Begabungs- und Laufbahnberatung, bei Einstellungsuntersuchungen und Bewerbungen, in Schulen und beim Militär schnell und unkompliziert anwendbar sein.

Die Schwächen der Tests

Im Jahr 1988 wurden 1.500 deutsche Psychologen in einer Umfrage gebeten, die Testverfahren anzugeben, die sie in ihrer Praxis am häufigsten verwenden. Dabei stellte sich heraus, daß noch immer völlig veraltete Testbatterien angewendet werden. Der Intelligenz-Struktur-Test »IST« beruht beispielsweise auf Maßstäben, die vor 35 Jahren festgelegt worden sind. Ihn heute noch heranzuziehen, ist schlicht und einfach unverantwortlich. Testfragen veralten rasch: Was unter einem »Dutzend« verstanden wird, war früher Allgemeinwissen, heute ist es völlig unwichtig und folglich vielen Menschen nicht mehr bekannt. Im immer noch angewendeten »Hamburg-Wechsler-Intelligenz-Test für Erwachsene«, »HAWIE«, findet sich zum Beispiel die Zeichnung eines Mannes mit Hemd, Sakko und Hose. Die Frage ist: »Was fehlt?« Die richtige Antwort wäre: »Die Krawatte.« – Für heutige Verhältnisse ziemlich absurd.

Klaus Kubinger, Diagnostikspezialist am Wiener Institut

für Psychologie, meint: »Testverfahren müssen wie Autos alle zehn Jahre ausgewechselt werden, sonst liefern sie falsche Ergebnisse.« Unter Anwendung eines veralteten Test würde der Durchschnitt der Menschen nicht mehr bei einem IQ von 100 liegen, sondern bei überdurchschnittlich hohen 125. Kinder haben jedoch heute eine andere Umwelt, einen weit größeren Wortschatz und oft detailliertere Kenntnisse in technischen Dingen als vor 20 Jahren.

Begrenzte Bedeutung

Klaus Kubinger bemüht den Vergleich mit einer Badezimmerwaage, um die Meßgenauigkeit verschiedener Tests anschaulich darzustellen. Der »HAWIK-R-Test« (Hamburg-Wechsler-Intelligenz-Test für Kinder) zum Beispiel wiege einen 20 Kilogramm schweren Neunjährigen mit einer Ungenauigkeit von plus/minus fünf Kilogramm. Bei der Anwendung des »Adaptiven Intelligenz Diagnostikums«, »AID«, hingegen komme es nur mehr zu einer Abweichung von zwei Kilogramm. Das Konzept des »AID« liegt in der raschen Orientierung über das geistige Niveau eines Kindes durch einige wenige Aufgabentypen. In einer zweiten und dritten Aufgabenserie wird dieses Niveau dann genauer unter die Lupe genommen. Verschiedene Kinder bekommen so auch unterschiedliche Beispiele, die ihrem Können besser entsprechen – Aufgaben, die frustrieren und überfordern oder zu langweilig und zu leicht sind, werden vermieden. So können die verschiedenen Fähigkeiten Hochbegabter besser eingeschätzt, aber auch die Probleme von schwächer Begabten besser lokalisiert werden. Selbst die Unterscheidung zwischen einem besonders geförderten, aber mittelmäßig begabten Kind und einem sozial benachteiligten, aber grundsätzlich intelligenten Kind kann mit dem »AID« gelingen.

Lerntest statt IQ-Test

Ein neuartiger Ansatz, die geistige Leistungsfähigkeit von Kindern und Erwachsenen besser einzuschätzen, sind sogenannte Lerntests. Untersucht wird dabei der Lernprozeß, der durch neue Informationen in Gang gesetzt wird. Bei Testverfahren wie dem »Lerntest Schlußfolgerndes Denken«, »LTS«, oder dem Computertest »Adaptiver Figurenfolgen-Lerntest«, »ADAFI«, wird nicht bereits vorhandenes Wissen abgefragt oder das, was als logisches Denken gilt, sondern es wird die Fähigkeit und die Motivation, sich neues Wissen in kurzer Zeit anzueignen, festgestellt.

Dazu wird zunächst die Ausgangssituation getestet. Dann folgt eine Lernphase, bei der sich die Testperson mit einem vorbereiteten Lernprogramm selbständig neues Wissen erarbeiten muß. Danach folgt wiederum ein Test, der zeigt, wie gut das gelungen ist. Hochbegabte Kinder fallen meist schon früh auf, weil sie schnell und effektiv, intensiv und vor allem selbständig lernen können. Der Lerntest wird daher von Fachleuten als wichtiges Hilfsmittel angesehen, hochbegabte Kinder schon im Vorschulalter gezielt identifizieren zu können.

Beobachten statt testen

Problembewußte Seelenforscher wissen um die eingeschränkte Aussagekraft von rasch durchgeführten Testbatterien und sehen deren Wert eher in der Möglichkeit, ihren Schützlingen beim Problemlösen und Denken zuschauen zu können. Ihre Schlüsse ziehen sie aus der Art und Weise, wie eine Person mit neuen Situationen und ungewohnten Aufgaben fertig wird.

Andere Forscher verzichten überhaupt auf einheitliche Testverfahren und verlassen sich ausschließlich auf ihre Beobachtungsgabe als Schlüssel zum Intelligenz-Spektrum eines Kindes.

Sie sehen dem Kind bei seinem Tun über lange Zeit zu: was es gerne macht, worin es sich besonders vertieft, wie sein Intelligenzprofil ist. Bewegungsintelligenz zum Beispiel könnte erfaßt werden, indem man ein Kind beim Lernen eines Tanzes beobachtet und nicht, indem man die Abarbeitung eines Fragenkatalogs zu diesem Thema fordert. Die räumliche Intelligenz kann ermittelt werden, indem man die Orientierungsfähigkeit in einer fremden Umgebung überprüft. Und musikalische Fähigkeiten zeigen sich auch nicht wie üblich durch Erkennen verschiedener Tonhöhen, sondern in Vorführung, Analyse oder Komposition eines Musikstücks.

Aus der Mischung solcher Beobachtungen läßt sich dann das Intelligenzprofil – die ganz persönliche Mischung der verschiedenen (Teil-)Intelligenzen – eines Menschen herauslesen.

Intelligenz mit Zukunft

Trotz aller Kritik und und trotz der Unzulänglichkeit der Intelligenzmessung wollen Psychologen aber nicht völlig auf diese verzichten. Noch gelten konventionelle Intelligenzskalen als einzig verfügbarer Standard, um intelligente Leistung festmachen zu können.

Doch wenn nicht nur spezielle Denkleistungen in knapper Zeit verlangt werden, sondern flexibles Management komplexer Probleme, kann sich ein neuer Intelligenzbegriff bilden. Die Organisation des Denkens wird für die Anforderungen bedeutender sein als die Fähigkeit, innerhalb kürzester Zeit irgendwelche sprachliche Analogien zu finden oder grafische Übereinstimmungen in Zeichen und Zeichnungen festzustellen. Der Bamberger Professor für

Psychologie Dietrich Dörner kennt die modernen Anforderungen: »Intelligenztests sind nur tauglich für Messungen im banalen Bereich, höhere geistige Bereiche werden nicht erfaßt. Motivation, Emotionalität und Sensibilität, Fähigkeiten, die für die Entwicklung von großer Bedeutung sind, können nicht erfaßt werden.«

Simulationsprogramm als neuer Test

Dörner setzt seine Versuchspersonen an den Computer, stattet sie mit der Allmacht diktatorischer Herrscher aus und läßt sie für zwei simulierte Jahrzehnte Entwicklungshelfer des afrikanischen Moro-Stammes sein, um herauszufinden, welche Fähigkeiten für die Lösung komplexer Probleme nötig sind:

Die Moros leben irgendwo in Westafrika. Die Lage des Halbnomadenstammes in der Sahelzone ist nicht besonders rosig. Er betreibt ein wenig Hirseanbau, zieht ansonsten mit seinen Rinderherden von Wasserstelle zu Wasserstelle. Hohe Säuglingssterblichkeit, geringe Lebenserwartung und eine Tsetsefliegen-Plage, die durch die Verbreitung der Rinderschlafkrankheit die Tierbestände immer wieder dezimiert, prägen das bemitleidenswerte Leben des fiktiven Volkes. Endlich steht Geld aus der Entwicklungshilfe zur Verfügung. Zwei angesehene Manager aus der Wirtschaft sollen damit gemeinsam für eine bessere Zukunft der Moros sorgen. – Mit Hilfe des Simulationsprogramms beginnen die beiden Entwicklungshelfer – ein diplomierter Volkswirt und ein Physiker – eifrig mit ihrer Arbeit. Informationen werden eingeholt, Landkarten studiert, Maßnahmen erwogen und wieder verworfen. Schließlich lassen sie die Felder düngen und tiefe Brunnen für die Bewässerung bohren, und sie veranlassen eine bessere Gesundheitsversorgung.

Jede einzelne Entscheidung und Maßnahme setzt das Simulationsprogramm um. Die Jahre ziehen im Zeitraffer ins Computer-Moroland. Vorerst erzielen die beiden Männer mit ihrem Maßnahmenkatalog große Erfolge: Dank der eingerichteten hervorragenden Gesundheitsfürsorge sinkt die Sterblichkeit sehr stark, vor allem überleben jetzt viel mehr Kinder als zuvor. Nach dem Bau neuer Brunnen wachsen Hirseproduktion und Rinderherden erfreulich an. Aber gleichzeitig sinkt langsam – und zunächst unbemerkt – der Grundwasserspiegel. Schließlich reicht die Weidefläche nicht mehr für die großen Herden: Der Hunger zwingt die Tiere, auch die Wurzeln der Gräser zu fressen, die Weiden veröden zusehends. Das Bohren weiterer Brunnen hilft nur kurzfristig. Die restlichen Grundwasservorräte erschöpfen sich umso rasanter.

Nach 20 fiktiven Jahren und zwei echten Stunden ist die Stimmung der Neo-Entwicklungshelfer trüb: Die Lebensbedingungen der Moros sind nach hoffnungsvollen Verbesserungen nun durch einen rasanten Abschwung auf einem Tiefpunkt angelangt, eine Hungersnot rafft die Stammesmitglieder dahin.

All die klugen Maßnahmen der beiden Testpersonen haben letztlich in eine ausweglose Situation geführt. Sie haben anstehende Probleme gelöst, ohne an all die Neben- und Fernwirkungen ihrer Strategien zu denken, an die Probleme, die durch die Problemlösung selbst neu erzeugt worden sind. Sie müssen nun viel mehr Menschen mit wesentlich weniger Ressourcen ernähren. Alles ist zum Schluß viel komplizierter geworden, als es vorher war.

Solche und andere Computerplanspiele, die den bei den Kids so beliebten PC-Strategiespielen sehr ähnlich sind, verlangen mehr und andere Fähigkeiten, als in herkömmlichen Intelligenztests abgefragt werden können: nämlich abstrahierendes Denken in Teilsystemen, die einander beeinflussen, und die gedankliche Einbeziehung vieler zusätzlicher Faktoren.

Dörner hat mit den Simulationen jedenfalls herausgefunden, daß der IQ einer Testperson nichts über den Erfolg bei komplexen Aufgaben aussagt: »Die Ergebnisse der Personen bei den Computerspielen korrelierten so gut wie nicht mit ihrem zuvor gemessenen IQ.« Versuchspersonen mit einem IQ über 130 versagten beim Lösen der komplexen Aufgaben – und umgekehrt erreichten Personen mit einem durchschnittlichen IQ überdurchschnittlich gute Ergebnisse.

Vom Nutzen des IQ: Die Terman-Studie

1921 startete Lewis Terman, Psychologe der kalifornischen Universität Stanford und Entwickler von IQ-Tests, seine berühmte Studie über hochbegabte Kinder. Mit dem von ihm verwendeten »Stanford-Binet-Test« machte er sich an kalifornischen Schulen auf die Suche nach überdurchschnittlicher Intelligenz. Er wollte die bestehenden Meinungen über Hochbegabte widerlegen. Das Verständnis für überschlaue Kinder war gering, überall stießen sie auf Vorurteile. Frühreife Kinder wären ungesund, körperlich schwach, in ihren Fähigkeiten einseitig begabt und sozial minderbemittelt.

Terman wollte mit der bis heute aufwendigsten Langzeitstudie herausfinden, wie es hochbegabten Kindern im späteren Leben tatsächlich ergeht. Würden sie von ihrem Genie profitieren können und ein glückliches, erfülltes Leben führen oder, wie es die alten Klischees besagten, durch ihre hohe Intelligenz behindert werden?

1.528 der 250.000 getesteten kalifornischen Kinder – damals im Alter zwischen drei und 19 – kamen beim Check auf einen IQ über 135. Sie sollten ihr Leben lang wissenschaftlich beobachtet werden.

Heute sind die noch lebenden der sogenannten »Termiten« über 80. Alle fünf bis zehn Jahre wurden sie von Forschern aufgesucht und befragt. Auch heute, 75 Jahre nach Beginn der Studie, läuft die Langzeitbeobachtung weiter.

Robert Sears, selbst einer der Hochbegabten der Terman Studie, übernahm die Untersuchungen 1954 von seinem Mentor und veröffentlichte Ende der siebziger Jahre Ergebnisse, die Aufschluß über den Lebensverlauf der Hochbegabten gaben. Lewis Terman, der immer angenommen hatte, überdurchschnittliche Intelligenz sei angeboren und Erfolg und ein erfülltes Leben seien damit so gut wie vorgegeben, wäre wohl angesichts der Resultate erstaunt gewesen.

Aus der Studie von Sears geht hervor, daß außergewöhnliche Intelligenz ein glückliches und erfolgreiches Leben zwar nicht ausschließt, aber auch kein Garant für überragende Leistungen ist. Zwar hatten die meisten der untersuchten Personen Karriere gemacht, doch niemand von ihnen hat wirklich Geniales vollbracht. Im Gegenteil: Die beiden kalifornischen Nobelpreisträger aus der Terman-Generation, Luis Walter Alvarez und William Shockley, wurden von der Studie gar nicht erfaßt. Ihr IQ war in der Jugend zu gering gewesen.

Immerhin konnten viele der »Termiten« als Banker, Wissenschaftler oder Ärzte einen gewissen Bekanntheitsgrad innerhalb ihrer Berufsgruppen erreichen, ihre Karrieren folgten aber keinem bestimmten Muster, ihre Beschäftigungen waren völlig unterschiedlich – sie reichten vom Briefträger bis zum Brigadegeneral, vom einfachen Angestellten bis zum Nuklearlabor-Direktor. In der Gruppe sind zahlreiche Wissenschaftler, eine große Anzahl von Rechtsanwälten und einige Unternehmensvorstände. Einige von ihnen landeten in der Filmbranche, was in Kalifornien wenig erstaunt.

»Auffallend ist«, bemerkte Sears, »die geringe künstlerische Kreativität.« Keiner der Hochbegabten wurde ein berühmter Musiker oder hat Bemerkenswertes auf dem bildnerischen Sektor vollbracht.

Doch einige markante Ergebnisse konnten dennoch verzeichnet werden: Die Lebenserwartung Hochbegabter liegt weit über jener des Bevölkerungsdurchschnitts. Die Erfolglosesten der Terman-Gruppe hatten eine doppelt so hohe Sterblichkeitsrate als jene, die Karriere gemacht haben.

Beim 1960 angestellten Vergleich wurden die 100 erfolgreichsten Männer einer »A-Gruppe« zugeordnet. Die 100 erfolglosesten, die als »Versager« klassifiziert wurden, bildeten die »C-Gruppe«. Die C-Gruppe verdiente durchschnittlich 7.178, die Männer der A-Gruppe 24.000 Dollar pro Jahr. Der Gesundheitszustand beider Gruppen war während der ersten Jahre gleich, doch bis 1960 starben von der A-Gruppe nur acht Männer, in der C-Gruppe waren es bereits 16. Die Todesursachen waren bei beiden dieselben: hauptsächlich Herzinfarkt und Krebs.

Allgemein wurde festgestellt, daß sich die schon in der Kindheit bestehenden geringen Unterschiede mit fortschreitendem Alter stärker ausprägten. 1922 hatten As und Cs nahezu denselben IQ (die A-Gruppe hatten im Schnitt einen IQ von 157, die C-Gruppe einen IQ von 150). Im Erwachsenenalter wurde der vorerst unmerkliche Unterschied größer. Die As hatten auch bessere Noten in der Realschule und schlossen die Hochschule früher ab als die Männer der C-Gruppe. Die As waren lebhafter als die Cs und hatten mehr außerschulische Interessen. Als Erwachsene waren die Männer der A-Gruppe körperlich agiler und sportlicher. Der Hauptunterschied, der die verschiedenen Lebenswege der As und der Cs prägte, war die Fähigkeit zu Motivation und die soziale Kompetenz – alles Größen, die mit den IQ-Tests nicht erhoben wurden.

Eine neue Sichtung der Terman-Daten Anfang der neunziger Jahre ergab zusätzlich andere Zusammenhänge. Mehr als vier Fünftel der Hochbegabten, erhob der Psychologe Stephan Ceci, stammten aus Oberschichtfamilien. Als der Wissenschaftler die Lebenswege der Mitglieder der genialen Gruppe mit denen von weniger intelligenten Sprößlingen aus dem gleichen Milieu verglich, fand er kaum noch Unterschiede. »Wenn Sie die Wahl haben, reich oder klug geboren zu werden«, resümiert Ceci, »lautet mein Rat: Entscheiden Sie sich für reich.«

IQ MAL SIEBEN

Die eindimensionale Sichtweise der IQ-Messung wird den intellektuellen Fähigkeiten des Menschen nicht gerecht. Jeder Mensch hat andere Zugangsweisen zu den Problemen des täglichen Lebens. Kinder unterscheiden sich bereits in ihren Vorlieben für Musik oder Tanz, für Sprache oder Mathematik und in Art und Tempo, wie sie sich Wissen über ihre Umgebung aneignen. Von dieser ohnedies altbekannten Tatsache ausgehend, begann der Harvard-Professor Howard Gardner, Kinder im Vorschulalter eingehend zu beobachten, und identifizierte gleich ein ganzes Set unterschiedlicher Fähigkeiten: sieben Intelligenzen, die von Person zu Person in unterschiedlicher Stärke ausgeprägt sein können. Der Mensch denkt in Sprache, faßt in räumlichen Begriffen auf, erspürt Rhythmen und Harmonien, rechnet mit logischen und mathematischen Hilfsmitteln, löst Probleme unter Einsatz seines Körpers und kann andere Menschen verstehen sowie sich selbst begreifen.

Jeder Mensch hat in der Regel alle sieben Intelligenzen zu seiner Verfügung – die individuellen Unterschiede liegen in der verschieden starken Ausprägung der einzelnen Fähigkeiten und in der Art, wie diese Einzelkomponenten miteinander kombiniert werden, um Probleme zu lösen und neue Wissensbereiche zu erschließen. »Für die Herstellung von Produkten oder auch nur für die Lösung der täglichen Alltagsprobleme sind alle Intelligenzen nötig«, ist Gardner überzeugt.

Wunderkinder oder Ausnahmeerscheinungen im Erwachsenenalter, aber auch einseitige Begabungen von ansonsten geistig weniger bemittelten Personen zeigen die relative Unabhängigkeit der sieben ermittelten menschlichen Intelligenzen voneinander. Den Grund für die Eigenständigkeit sieht der Harvard-Professor in den biologischen Wurzeln: »Nach unserem Verständnis davon, wie das Hirn und der Verstand besser arbeiten, scheint es so, als hätten wir eine Anzahl verschiedener Computer in unseren Köpfen. Und jeder von ihnen verarbeitet unterschiedliche Arten von Informationen. Einer ist für Sprachen zuständig, einer für Musik, einer nimmt Distanzen wahr, einer registriert andere Menschen, einer die Natur. Wenn bei einem Menschen einer der Computer sehr gut ist, sagt das noch nichts darüber aus, wie die anderen Computer funktionieren.«

Freilich weiß auch Howard Gardner, daß es eine unanfechtbare und von allen Experten anerkannte Liste der menschlichen intellektuellen Fähigkeiten wohl nie geben wird, genausowenig wie eine endgültige Theorie der menschlichen Intelligenzen formuliert werden kann. Er selbst hat in letzter Zeit seinen sieben »Haupt«-Intelligenzen eineinhalb weitere hinzugefügt: Die »naturorientierte« Intelligenz bestimme das Verhältnis zur Natur, die »spirituellen« oder »existentiellen« Fähigkeiten zählen laut dem populären Psychologen immerhin noch als »halbe« Intelligenzen.

Ob es nun sieben, neun oder gar 150 verschiedene Intelligenzen gibt, ist aber letztlich nicht von so großer Bedeutung wie die Anerkennung der Tatsache, daß Menschen durch ein äußerst plausibles Modell aus unterschiedlichen Intelligenzen charakterisiert werden können.

Gardners Kollege Daniel Goleman faßt die beiden »personalen« Intelligenzen einfach als »emotionale Intelligenz« zusammen. Beide Forscher sind sich einig, daß ein Mangel an sozialen Fähigkeiten das Fortkommen des einzelnen behindert und daß die emotionale Intelligenz zumindest genauso wichtig ist wie die gesellschaftlich so angesehenen kognitiven Fähigkeiten. Den Schlüssel zur Nutzung des geistigen Potentials beschreibt Goleman so: »Sich seiner Gefühle bewußt zu sein, sich Emotionen zunutze zu machen, die Gefühle von anderen zu erkennen und mit Gefühlen in Beziehungen umzugehen.« Ohne eine gut entwickelte emotionale Intelligenz könne man auch noch so gut entwickelte sprachliche oder mathematische Fähigkeiten nicht nutzen.

Ein Orchester an Fähigkeiten

Häufig sind es eine besonders stark entwickelte Kompetenz und eine Vorliebe, die eine bestimmte Berufswahl nach sich ziehen: Gut entwickelte räumliche Fähigkeiten sind hervorragende Voraussetzungen für den Ingenieur und Architekten, wahrscheinlich auch für den bildenden Künstler. Wer über hervorragende soziale Fähigkeiten verfügt, bevorzugt möglicherweise den Berufsweg der Lehrerin oder des Kindergartenonkels, er oder sie könnte mit dieser Begabung aber genausogut Minister oder Zauberer werden.

Je vielstimmiger das Orchester der Intelligenzen ist und je brillanter die einzelnen »Instrumente« – die Fähigkeiten – dieses Orchesters klingen, desto eindringlicher wird die Musik empfunden werden. Für jeden Beruf, für jede Tätigkeit, für alle zwischenmenschlichen Kontakte ist es von Vorteil, auf eine Vielzahl von Kompetenzen zurückgreifen zu können: Ein Rechtsanwalt kann seine sprachliche Brillanz ebenso nutzbringend ausspielen wie sein hervorragendes Gedächtnis für eine Unmenge von Fällen. Daneben ist auch interpersonales Geschick im Umgang mit Zeugen und Klienten, mit Richtern oder Staatsanwälten nötig und logisches Denken bei Analyse und Vergleich der Fälle.

Howard Gardner betont, daß jede der sieben Intelligenzen von den übrigen verhältnismäßig unabhängig sei. Eine besondere Begabung auf einem Gebiet ließe keinen Rückschluß auf andere Begabungen zu. Dennoch werden immer wieder Zusammenhänge zwischen einzelnen Fähigkeiten beschrieben. Die häufig behauptete innige Verbindung zwischen Musik und logisch-mathematischer Begabung verweist Howard Gardner jedoch aus zwei Gründen in den Bereich des Mythos. Erstens seien zwar viele Mathematiker auch Musiker, allerdings die wenigsten davon gute. »Aber Sie können mit vielen, vielen Musikern sprechen«, weiß Gardner aus eigener Anschauung, »sie werden Ihnen sagen, daß sie keinerlei spezielles Interesse für Mathematik hegen.« Zweitens würde diese Verbindung zwischen Musik und Mathematik immer nur für klassische Musik angenommen. Dort wäre es noch plausibel, weil Notation und Regeln in diesem Bereich tatsächlich sehr präzise sein müssen. Gardner: »Niemand jedoch spricht von einer Verbindung zwischen Mathematik und Jazz oder Rock 'n' Roll. Es ist also nicht die Musik an sich, die gemeint ist.«

SPRACHE

Ein Leben für ein Rätsel: *Jean François Champollion*

1822 ist für jeden Archäologen ein heiliges Datum. In jenem Jahr gelang es einem Mann, eines der größten Rätsel der Menschheitsgeschichte zu lösen. Nach 20 Jahren Arbeit entzifferte Jean François Champollion die Hieroglyphenschrift der alten Ägypter. Es war ein Geniestreich, ein philologisches Bravourstück. Erst seit damals ist es möglich, die ägyptischen Baudenkmäler genau zu datieren, die Voraussetzungen ihrer Architektur zu enträtseln und das Wissen über die Hochkultur am Nil zu vertiefen. Champollion war von der jahrelangen Konzentration auf sein Thema, von den fieberhaften Anstrengungen so ausgelaugt, daß er zehn Jahre später mit nur 41 Jahren starb.

1790 im kleinen südfranzösischen Städtchen Figeac geboren, konnte Jean François mit fünf Jahren zum Erstaunen seiner Mutter plötzlich Lesen und Schreiben. Er hatte heimlich Teile des Meßbuchs, die er auswendig konnte, abgeschrieben und Laute und Schrift verglichen. Mit sieben Jahren begann ihn sein zwölf Jahre älterer Bruder regelmäßig zu unterrichten. Auch Jacques-Joseph war ein Sprachtalent. Beide Brüder wurden später als Professoren an die Universität von Grenoble berufen.

Einmal, Jean François war gerade elf Jahre alt, durfte er im Ägyptischen Institut der Universität Grenoble Steine und Papyrusfragmente mit Hieroglyphen sehen. Der Institutssekretär Joseph Fourier mußte die Frage des wißbegierigen Kindes, ob man das lesen könne, verneinen. Der Elfjährige soll daraufhin geantwortet haben: »Ich werde es in einigen Jahren lesen können.«

Dabei war Jean François ein Schulversager. Er konnte nicht Kopfrechnen, und das mechanische Einpauken von Wissen war ihm zutiefst zuwider. Jean François wurde aus der Schule genommen und erhielt Privatunterricht. Die Spaziergänge mit seinem Privatlehrer durch die Natur waren eine bessere Lernmotivation für den sensiblen und suchenden Geist. In nur einem Jahr erlernte er Latein und Griechisch, und sein Lehrer erklärte, daß er ihm nun nichts mehr beibringen könnte.

François kam nach Grenoble. Dort langweilte er sich beim Unterricht so sehr, daß man ihm erlaubte, nebenher Hebräisch zu lernen. Nach kürzester Zeit war es ihm möglich, das Alte Testament im Urtext zu lesen. Danach folgten Arabisch, Syrisch und Chaldäisch. Mit 13 Jahren begann er überdies Koptisch und Äthiopisch zu lernen, weil er hoffte, dadurch dem Geheimnis der Hieroglyphen auf die Spur zu kommen. Er versuchte auch, durch den Vergleich nubischer und ägyptischer Ortsnamen dem Altägyptischen näher zu kommen, und studierte die Geschichten und Mythologien der alten Völker und Kulturen. Mit 14 Jahren vertiefte er sich in die deutsche, englische und italienische Sprache, um alle Bücher, die zu seinem Thema geschrieben wurden, lesen zu können, und mit 16 hatte er bereits ein derart profundes Wissen über das alte Ägypten, daß er eine populärwissenschaftliche Arbeit mit dem Titel »Ägypten unter den Pharaonen« schreiben konnte.

Champollion hatte ein beispielloses Wortgedächtnis und eine extrem schnelle Auffassungsgabe für Grammatik. Er schaffte es nicht nur, all die Sprachen auseinanderzuhalten, sondern er besaß überdies auch noch die Kreativität, aus seinem Wissen neue Erkenntnisse zu schöpfen. Auch dem Studium der alten Kultur- und Bildungssprache Indiens, des Sanskrit, widmete er seine Aufmerksamkeit. Dabei lernte er nie verbissen, nie unter Zwang. Studieren verschaffte ihm »glückliche Augenblicke und daneben die Genugtuung, Texte lesen zu können, die niemand auch nur dem Namen nach kennt« – die Motivation eines Genies, in Wissensgebiete vorzudringen, die bisher noch niemand betreten hat.

Jacques-Joseph sollte 1798 als Wissenschaftler das Heer Napoleons nach Ägypten begleiten. Der Plan zerschlug sich, dafür blieb den Brüdern die Faszination für die alte Hochkultur am Nil.

1799 eroberte Napoleon Ägypten, und einer seiner Artillerieoffiziere fand im westlichen Nildelta, unweit der Hafenstadt Rosetta, eine 114 Zentimeter hohe und 82 Zentimeter breite Tafel aus schwarzem Granit mit drei Inschriften. Auf Griechisch war eine Dankadresse der Priesterschaft von Memphis an den Pharao Ptolemäus Epiphanes zu lesen. Das gleiche stand auch noch in Demotisch, dem gebräuchlichsten Dialekt Ägyptens, und in Hieroglyphenschrift auf dem Stein.

Die Entdeckung des Steins von Rosetta war eine Sensation, und jeder Ägyptologe, der auf sich hielt, versuchte nun dem Rätsel der Hieroglyphen auf die Spur zu kommen. Alle scheiterten. Nur Champollion war auf die große Aufgabe mit seinem umfassenden Wissen und seiner genialen Sprachbegabung entsprechend vorbereitet. Dennoch sollte es noch 22 Jahre dauern, bis er eines Tages aufgeregt am Institut seines Bruders erschien und rief: »Je tiens l'affaire!« – »Ich hab's geschafft!«

Das Wunder Sprache

»Ja, ich erkenne das sehr gut.« Neil blickt konzentriert auf den Bildschirm einen Meter vor seinen Augen. »Das ist, äh, das ist ein, äh …«. Behutsam bewegt George Ojemann den bleistiftgroßen Stab ein wenig zur Seite. »Ich weiß, was das ist, das ist ein Apfel«, reagiert Neil sofort. Wieder bewegt Ojemann den Stab ein wenig. »Das ist ein Pferd«, kommentiert Neil auch das nächste Bild prompt.

Neil liegt auf einem Operationstisch der Klinik der University of Washington, seine Schädeldecke ist geöffnet, auf einen kleinen Bildschirm, den er sehen kann, werden Dias projiziert. Der Neurochirurg George Ojemann bewegt eine kleine Stabelektrode an der Oberfläche des offenliegenden Gehirns. Immer wieder bringen die geringen Stromstärken der Elektrode die Nervenimpulse in einem kleinen Areal der Hirnrinde soweit durcheinander, daß die Aktivität dieses Bereiches gestört wird. Bei der Berührung von drei etwa pfenniggroßen Stellen stockt Neils Redefluß, er beginnt zu stottern, sucht fühlbar nach Worten und findet sie nicht.

George Ojemann hat jene Bereiche in Neils Gehirn gefunden, ohne deren Beteiligung Sprache nicht funktioniert. Zur Vorbereitung des neurochirurgischen Eingriffs reicht das aus – der Arzt weiß nun, welche Areale er keinesfalls verletzen darf. Doch der Lösung des Rätsels, wie in Neils Gehirn das Orchester der Nervenzellen sich durch das Bilden von Wörtern und die Kombination derselben zu Sätzen Ausdruck verschafft, ist auch der amerikanische Neurochirurg kaum näher gekommen.

Die menschliche Sprache ist ein unendlich komplexes System. Selbst wenn man annimmt, der Mensch könne nur Sätze mit maximal 20 Wörtern bilden, ergibt die Kombinationsmöglichkeit der verschiedenen Wörter hundert Trillionen mögliche Sätze. Unter der Annahme, ein Mensch brauche fünf Sekunden pro Satz, um ihn zu speichern, bräuchte er etwa 100 Billionen Jahre, um alle diese Sätze im Gedächtnis abzulegen. Doch in Wirklichkeit können Menschen wesentlich längere Sätze bilden, und das menschliche Gehirn ist in der Lage, unendlich viele Sätze aus einer endlichen Anzahl von Wörtern zu bilden.

Jedes Kind lernt die Sprache der Menschen seiner Umwelt ganz von selbst. Nur ein gewaltsames Fernhalten von anderen Menschen verhindert die Entfaltung der unendlich komplexen Kommunikation, die menschliche Zivilisation erst möglich machte. Auch Tiere kommunizieren – aber die menschliche Sprache bedient sich eines kombinatorischen Systems, der Grammatik. Nur so erkennt das menschliche Gehirn Bedeutung und Unterschied der beiden Sätze »Hund beißt Mann« und »Mann beißt Hund«.

Tiere haben andere herausragende und einmalige Fähigkeiten: So identifiziert eine Fledermausart fliegende Insekten mit Hilfe ausgesandter Schallwellen, die von den Insekten reflektiert werden, und Zugvögel finden ihren Weg über tausende Kilometer hinweg, indem sie sich an den Konstellationen der Gestirne orientieren. Doch die Sprache versetzt die Menschen in die Lage, sich gegenseitig darüber zu informieren, was wo wie passiert ist, und auch abstrakte Inhalte zu vermitteln.

Die sprachliche Kompetenz ist die intellektuelle Fähigkeit, die unter den Menschen offenbar am gerechtesten verteilt ist. Auch in erst 1930 entdeckten, Jahrtausende abgeschiedenen Kulturen, etwa in Papua-Neuguinea, beherrschen die Menschen eine komplexe Sprache, die sie befähigt, abstrakte Inhalte auszudrücken. Und neuere linguistische Studien widerlegen die Vorstellungen, daß die Dialekte sozial benachteiligter Schichten weniger komplex und ausdrucksstark seien als die jeweiligen Hochsprachen. Sie bedienen sich lediglich anderer Begriffe und Zuordnungen.

Musiker oder bildende Künstler zeigen Fähigkeiten, die dem Durchschnittsmenschen fernliegen oder sogar unerklärlich sind. Sprache dagegen ist ein Instrument, über das alle Menschen bis zu einem bestimmten Umfang verfügen. Besondere Ausprägung der sprachlichen Intelligenz kann dazu führen, daß man zum Dichter oder Schriftsteller wird oder daß man fremde Sprachen leicht erlernt.

Neben der Fähigkeit, sich einen besonders großen Wortschatz zu merken, verfügen viele Sprachbegabte über eine besondere Sensibilität für die Bedeutungen der Wörter – etwa die feinen Unterschiede zwischen wissentlich, absichtlich und vorsätzlich – und über ein besonders vielschichtiges Repertoire der Zuordnung von Wortkombinationen zu bestimmten Sinnzusammenhängen.

Die Wurzeln der Sprache

Allmählich ist die mit 35 Jahren noch sehr junge Kognitionswissenschaft dabei, sich mit Hilfsmitteln aus den Bereichen der Psychologie, der Informatik, der Linguistik und der Neurobiologie an das Geheimnis der Sprache heranzutasten.

Menschen aus allen Kulturen verfügen offenbar über eine gemeinsame Sprachfähigkeit, eine Art »Mentalesisch«, das sie in die Lage versetzt, daraus die der jeweiligen Situation und Kultur entsprechende Sprache zu entwickeln. Doch eine soziale Umwelt, andere sprechende Menschen sind nötig, um die jeweilige Sprache zu erlernen. Kinder, die isoliert, in versperrten Räumen, ohne Kontakt zu anderen Menschen aufgewachsen sind, bleiben stumm und können auch später die Sprache nur noch unvollkommen erwerben.

In den vergangenen Jahren haben Sprachforscher eindeutig belegen können, daß die Bildung von Lauten keine Voraussetzung ist, um sprechen zu lernen. Auch stumme Menschen entwickeln aus eigenem Antrieb eine Sprache, die an Komplexität und Vielgliedrigkeit der gesprochenen Sprache in nichts nachsteht:

Beobachtungsfeld war Nicaragua, wo bis 1979 unter der Diktatur Somozas Gehörlose isoliert voneinander aufwuchsen und so keine eigene Gebärdensprache entwickeln konnten, wie sie in den meisten Teilen der Welt bereits verwendet wird. Nach dem Sturz der Militärdiktatur und der Machtübernahme durch die Sandinisten wurden Schulen für Gehörlose eingerichtet. Obwohl in diesen Schulen nach veralteten Konzepten versucht wurde, den gehörlosen Kindern und Jugendlichen Lippenlesen beizubringen, entstand bald von selbst unter den Kindern eine eigene Gebärdensprache. Heute verständigen sich die Jugendlichen, die zunächst im Alter von zehn, elf Jahren diese Sprache entwickelten, problemlos in einer einfachen Form von Sprache: Jeder verwendet sie ein wenig anders, und ihre Benutzer verständigen sich mit umständlichen, vieldeutigen Umschreibungen statt mit einer konsistenten Grammatik. Laut Sprachwissenschaftlern ähnelte diese von den Teenagern entwickelte Behelfssprache dem »Pidgin« genannten Behelfs-Esperanto der kulturell bunt zusammengewürfelten Sklaven Mittelamerikas im vorigen Jahrhundert. Auch diese Menschen waren keine Kinder mehr, als sie ohne jede Hilfe ein Verständigungsmittel untereinander entwickeln mußten. Und schon damals hatten Sprachforscher registriert, daß die Kinder der Sklaven, die schon im neuen Umfeld aufwuchsen, aus der Pidgin-Sprache eine »echte«, mit komplexer Grammatik ausgestattete Kreol-Sprache entwickelten.

Das gleiche taten nun die tauben Kinder in Nicaragua: Mayela etwa, die mit vier Jahren in die neue Schule kam, als die einfache Gebärdensprache bereits im Umlauf war, verhielt sich bald anders als die älteren Schüler. Ihre Sprache war bald kompakter und flüssiger, die Gesten stärker stilisiert und weniger pantomimisch – Mayelas selbsterfundener Sprache und die aller Kinder, die jünger waren als sie, wurde von Linguisten ein eigener Name verliehen: »Idioma Signos Nicaraguense« (ISN). Die Kinder sind nicht mehr auf umständliche Umschreibungen angewiesen, sie haben eigenständig eine hochkomplexe Grammatik entwickelt. Staunend beobachteten amerikanische Linguisten, wie die Kleinen es zuwege brachten, anderen Kindern in Gebärdensprache den Inhalt eines surrealistischen Zeichentrickfilms zu vermitteln, den sie gesehen hatten, und wie sie sich Witze erzählten und Gedichte vermittelten. – Ein Beleg mehr für die These der meisten Neurolinguisten, daß wir nicht sprechen lernen, weil es uns beigebracht wird, sondern weil jedes Kind eine Art »mentales Organ« besitzt, mit dem es die Umwelt erobert und dabei auch die Worte, Begriffe und Sätze dafür findet.

Schon Charles Darwin registrierte, daß keine Sprache »mit Überlegung erfunden worden sei« – alle hätten sich allmählich entwickelt. Sprache weiche damit von allen Künsten ab, denn jeder Mensch habe eine »instinctive Neigung, zu sprechen, wie wir es in dem Lallen junger Kinder sehen«. Schlußfolgerung: Sprache sei eine »instinctive Neigung, eine Kunst sich anzueignen«.

Auch der bekannte Sprachforscher Noam Chomsky kommt zu einem ähnlichen Schluß: Kinder müssen mit einem angeborenen Plan ausgestattet sein, der den Grammatiken sämtlicher Sprachen gemeinsam ist.

Wie intensiv sich die Sprachfähigkeit nach der Geburt entwickelt, ist dann freilich von Umweltfaktoren abhängig. Schon mit vier oder fünf Jahren stellt ein Kind mit seiner Fähigkeit, Sätze zu bilden, jedes Computer-Sprachprogramm in den Schatten. Die Stärke des Nervensystems im Gehirn ist das Zusammenspiel: Während ein Computer seine Kunststücke vollbringt, indem er Milliarden von Arbeitsschritten in rasender Geschwindigkeit nacheinander ausführt, rechnen im Gehirn Milliarden von Zellen gleichzeitig.

Daß »Ekleb« kein deutsches Wort ist, erkennt das Gehirn sofort. Ein Computer müßte erst alle gespeicherten Wörter durchsuchen, um zu demselben Ergebnis zu kommen.

In technischen Systemen verlangsamt das Vorhandensein von viel Information den Verarbeitungsprozeß. Im Gehirn ist es umgekehrt: Das menschliche Gehirn arbeitet um so schneller, je mehr es weiß, also eingeordnet hat. Je mehr Verbindungen die Nervenzellen haben, desto größer ist die Kapazität des Gehirns.

Ab der Geburt werden keine neuen Nervenzellen mehr gebildet, lediglich der Grad der Vernetzung entscheidet über die Kapazität. »Kinder, die gerade sprechen lernen«, so der österreichische Gedächtnisforscher Wolfgang Klimesch, »vernetzen ihre Nervenzellen im Sprachzentrum gleichzeitig extrem stark.« Bei Kindern, die bis zu einem Alter von sechs Jahren mehrsprachig aufwachsen, kann eine entsprechend stärkere Vernetzung der Nervenzellen beobachtet werden.

Später sind die Unterschiede kaum noch festzustellen. Und mit der Pubertät nimmt die Fähigkeit der Nervenzellen, sich neu zu vernetzen, eindeutig ab – wohl der Hauptgrund dafür, warum es Erwachsenen so schwer gelingt, eine neue Sprache fehler- und akzentfrei zu erlernen.

BEWEGUNG

Der Star in übergroßen Schuhen: *Charlie Chaplin*

Charlie Chaplin war fünf Jahre alt, als er seinen ersten Publikumserfolg errang: Seine Mutter war eine mittelmäßige Varietésängerin, der ab und zu die Stimme wegblieb. Als das wieder einmal passierte, schleppte der Direktor des Londoner Etablissements »Aldershot« kurzerhand ihren Sohn Charlie auf die Bühne. Er hatte den Jungen schon öfter beobachtet, wie er seine Umgebung durch Lieder und kleine Szenen unterhielt. Der Auftritt war ein Erfolg: Charlie sang ein Lied, und es regnete Geldstücke. Als Zugabe sang der Knirps ein bekanntes Lied seiner Mutter und imitierte dabei, wie ihre Stimme brach. Es gab Gelächter, tosenden Applaus und noch mehr Münzen.

Charlie Chaplin wurde 1889 in London geboren. Auch sein Vater war Varietésänger, doch er vermasselte sich die Karriere durch Alkohol. Die Ehe ging in die Brüche, und Hannah Chaplin mußte ihre Söhne Charlie und Sidney allein durchbringen. Armenhaus, der Drill im Armeninternat, ein Leben »wie unter einer Wolke von Traurigkeit« (Chaplin) begann.

Und dennoch: Charlies Mutter war es, die das große Talent des Jungen entdeckte und förderte. Sie spielte ihren beiden Kindern Szenen vor, lehrte sie singen und berühmte Theaterpersönlichkeiten imitieren. Chaplin bewunderte sie zeit seines Lebens als »größte Pantomimekünstlerin, die ich je gesehen habe«.

Mit acht Jahren trat Charlie mit einer kleinen Truppe von Holzschuhtänzern regelmäßig auf. Schon damals versuchte er komisch zu wirken und stellte sich vor, später einmal als Tramp Karriere zu machen. Er war noch nicht zwölf, als seine psychisch labile Mutter ins Krankenhaus kam. Er log den Behörden vor, er werde bei einer Tante wohnen, um nicht wieder ins Armenhaus zu müssen, und schlug sich als Zeitungsverkäufer, Spielzeugmacher, Glasbläser und Laufbursche durch. Dieses Leben auf der Straße war ihm später Inspiration für viele seiner Filme, in denen er den liebenswürdigen Landstreicher – den Tramp eben – spielte.

Er war ein sonderbarer, kontaktarmer Junge, der außerhalb der Bühne wenig sprach. Mit zwölf – er gab sein Alter mit 14 an – erhielt er für eine kleine Rolle im Kriminalstück »Sherlock Holmes« die ersten guten Kritiken. Nach weiteren Lehrjahren in England ging er 1910 nach New York, und es dauerte nicht lang, bis er einer der größten Stars des Stummfilms wurde. Stock, Hut und die viel zu großen Schuhe wurden zu seinen Markenzeichen; seine Gags machten Filmgeschichte.

Doch Chaplins körperliches Talent erschöpfte sich nicht in vollendeter Pantomime und schauspielerischer Überzeugungskraft. Chaplin war außerdem ein hervorragender Tänzer. Manche seiner Filme wurden wegen der Tanzszenen berühmt. – Auch Tanzen hatte er sich selbst beigebracht: Wann immer ein Ballett in der Stadt war, besuchte er die Vorstellungen, oft mehrere Male hintereinander, und merkte sich die Schritte aller Darsteller.

Abgesehen von seiner umfassenden Bewegungsintelligenz war Charlie Chaplin noch ein guter Komponist, ein überaus detailversessener Regisseur und ein respektabler Manager seiner Filme.

Sein Privatleben war skandalumwittert. Drei Ehen scheiterten. Erst mit 54 Jahren fand Chaplin eine Partnerin fürs Leben – die 18jährige Oona O'Neill, mit der er schließlich sechs Kinder hatte.

Wie viele Genies hatte auch Charlie Chaplin stets etwas Kindliches an sich. Nirgends wird das deutlicher als in seinem Meisterwerk »The Kid«, wo er mit einem vierjährigen Kind durchs Leben vagabundiert.

Muskelspiele

Wer eine neue Sportart oder einen neuen Tanzschritt erlernen will, hat anfangs größte Probleme, die Bewegungen richtig zu koordinieren. Denn am Beginn muß der Bewegungsablauf bewußt wahrgenommen und willentlich ausgeführt werden. Das ist sehr schwierig, weil unzählige Muskeln in der richtigen Reihenfolge und zur rechten Zeit dirigiert werden müssen. Wäre der Mensch im täglichen Leben darauf angewiesen, alle Bewegungen bewußt zu steuern, wäre er mit nur wenigen Tätigkeiten den ganzen Tag über beschäftigt.

Normalerweise muß aber kein Gedanke daran verschwendet werden, wie eine Bewegung ausgeführt wird. Sie läuft ohne nachzudenken vollautomatisch ab, gesteuert durch ein Programm im zentralen Rechner im Kopf. Atmen, Laufen oder Kratzen sind angeborene Programme des Zentralnervensystems. Im Laufe des Lebens kommen noch viele später eingelernte und eingeübte Bewegungsschemata hinzu. Die Körperbeherrschung wird durch kontinuierliches Training erworben, das Gehirn speichert die passenden Erregungsmuster, bis das Programm jederzeit wieder abrufbar ist.

Insgesamt 242 Gesichtsmuskeln verhelfen den Menschen zur Möglichkeit, nicht nur über Sprache miteinander in Verbindung treten zu können: Gestik und Mimik vermitteln häufig wesentlich deutlicher Informationen, als dies so manchem lieb ist. »Als Empfänger«, weiß der Verhaltensforscher John Dittami von der Wiener Universität, »wertet man die nichtverbalen Kommunikationskanäle höher ein und vertraut den Signalen, die durch Augenkontakt, Gesichtsausdruck und Gestik übertragen werden. Den Worten glaubt man häufig weniger.«

Die Steuerung des Gesichtsausdrucks wird tief im Gehirn vom vegetativen Nervensystem aktiviert. Die Bewegungsabfolgen der Gesichtsmuskeln sind angeborene Programme, wodurch sie sich der bewußten Beeinflussung weitgehend entziehen.

Bewegende Gedanken

»Wie lautet das Urteil?« fragte Christina Kagan mit schwacher Stimme und einem noch schwächeren Lächeln. »Werde ich wieder gesund werden?«

Die junge Frau litt an Neuritis, einer Entzündung der Nerven, und hatte dadurch jegliche Wahrnehmung für ihren Körper verloren. Keine Rückmeldung der Sehnen, der Muskeln und der Haut, die normalerweise pausenlos ihren Zustand kundtun, erreichte mehr jene Zentren im Gehirn, die für die Bewegung verantwortlich sind.

»Ich muß also«, sagte Christina Kagan langsam, »mein Sehvermögen, meine Augen in all den Situationen einsetzen, in denen ich mich bis jetzt auf meine – wie haben Sie das genannt? – Eigenwahrnehmung verlassen konnte. Ich habe schon bemerkt«, fügte sie nachdenklich hinzu, »daß ich meine Arme ›verliere‹. Ich meine, sie seien hier, aber in Wirklichkeit sind sie dort.«

In den ersten Wochen ihrer Krankheit konnte Christina sich überhaupt nicht bewegen. Sie lag teilnahmslos in ihrem Bett und aß kaum noch etwas. Sie war verzweifelt und in einem tiefen Schock gefangen.

Doch dann begann sie sich zu bewegen. Zuerst konnte sie nichts tun, ohne ihre Augen zu gebrauchen. Sobald sie sie schloß, brach sie hilflos zusammen. Jeden Teil ihres Körpers mußte sie mit ihren Augen überwachen. Die bewußt kontrollierten Bewegungen wirkten vorerst unbeholfen und künstlich.

Nach fast einem Jahr der Wiederherstellung konnte Christina schließlich die Klinik verlassen. Neurologisch hatte sich nichts geändert. Aber sie hatte gelernt, mit ihrer Behinderung umzugehen. Noch immer beschlich sie jedoch das Gefühl, ihr Körper sei tot, sei nicht wirklich, gehöre nicht ihr – sie war noch immer unfähig, eine Verbindung zwischen diesem und sich selbst herzustellen. »Es ist«, versuchte sie Worte für ihren Zustand zu finden, »als sei mein Körper sich selbst gegenüber blind und taub.«

»Apraxie« nennt die Fachsprache diese seltene, schwere Wahrnehmungsstörung, bei der durch eine Schädigung in der linken Hirnhälfte das Gefühl für den eigenen Körper völlig abhanden kommt und damit ein Teil der Körperintelligenz verlorengeht. Manchmal kommt es zu ähnlichen Problemen, wenn andere Hirnregionen wie Basalganglion oder Thalamus lädiert werden.

Nicht immer ist diese Bewegungsstörung so total wie bei Christina Kagan. Manche Patienten haben nur Probleme beim Ankleiden und können ihre Arme nicht in den Ärmel stecken, obwohl sie keineswegs gelähmt sind. Sie wissen auch, wozu Hosenbeine und Ärmel da sind, aber sie sind außerstande, die Bewegungen in der richtigen Reihenfolge auszuführen.

Menschen, deren motorische Zentren der rechten Hirnhälfte geschädigt werden, haben andere, vielleicht etwas weniger gravierende Probleme zu meistern: Sie können nicht zeichnen, sind unfähig, Puzzles zu legen und mit Bausteinen zu bauen. – Unter Streß können jedoch auch gesunden Menschen Fehler in der Bewegungsabfolge unterlaufen.

Auf der Suche nach den Hirnfunktionen haben Eduard Hitzig und Gustav Theodor Fritsch, ein Arzt und ein Amateurforscher aus Berlin, 1870 begonnen, das offene Hundehirn mit leichten Stromstößen zu reizen. Zum allgemeinen Erstaunen bewegte sich einmal ein Vorderbein, manchmal das Hinterbein, an manchen Punkten tat sich gar nichts. Erstmals wurde klar, daß das Großhirn nicht nur für das Denken zuständig ist, sondern auch für die Steuerung von Bewegungen. Viele Untersuchungen ähnlicher Art folgten, und mit der Zeit wurde es möglich, eine richtiggehende Landkarte für die Bewegung der Körperteile darzustellen, auf der die Areale für Zehen, Fuß, Bein, Hüfte, Rumpf, Schulter, Arm, Hand, Finger, Daumen, Hals, Kopf und Gesicht abgebildet sind.

Die Größe eines Rindenbereichs ist nicht davon abhängig, wie viele Muskeln für eine Bewegung damit gesteuert werden, sondern lediglich davon, wie präzise diese Bewegungen ausgeführt werden müssen. Die überproportional größten Flächen nehmen diejenigen Körperteile ein, deren Bewegungen besonders fein und vielfältig sind: Hand, Finger und Daumen sowie Gesicht, Augen und Zunge.

Die Großhirnrinde ist aber nur für die Abstimmung der Feinheiten der Körperbewegung zuständig. Ebenso wichtig für die Koordination von Bewegungen erweisen sich die tieferen Bereiche des Gehirns, wo die Nervenfasern in das Rückenmark übergehen: das Rauten- und Mittelhirn. Dort befindet sich das Archiv der gespeicherten Erregungsmuster für die Körperbeherrschung. Je dichter dieses Archiv gefüllt ist, desto ausgeprägter ist die kinästhetische Intelligenz – die Körperintelligenz. Wer über gute körperliche Kapazitäten verfügt, kann auch die kompliziertesten Bewegungsmuster geschickt und behende ausführen.

Ein Blick auf die Großhirnrinde zeigt, wie groß die individuellen Unterschiede der Körperintelligenz sind. Die sensorischen und motorischen Bereiche der Großhirnrinde sind von Mensch zu Mensch so verschieden wie deren Aussehen. Bei Menschen, die Tasteninstrumente perfekt beherrschen, sind die Bereiche, die die Finger steuern, wesentlich größer als bei Nichtpianisten.

Dabei geht die zentrale Steuerung der Bewegungen nicht nach einem fixen Schema und immer in der gleichen Art vor sich, sondern sie bezieht zu jeder Zeit die von den Sinnesorganen in den Muskeln dem Kleinhirn zugespielten Rückmeldungen über die Körperstellung und Berührungen der Haut mit ein. Ständig werden die Abläufe durch die Wechselbeziehung zwischen den motorischen Zentren im Gehirn und dem sensomotorischen Feedback durch das Körpergefühl in Stärke und Umfang nachjustiert.

Stellenwert der Bewegungsintelligenz

Die Bevorzugung von mathematisch-logischen und sprachlichen Kompetenzen hat im westlichen Kulturkreis dazu geführt, daß Körperintelligenz an Bedeutung verloren hat. Erst die Fitneß-Welle führte dazu, daß der »Body« in Kraftkammern und bei morgendlichen Joggingrunden in Form gebracht wird.

Schon die Griechen setzten Körperintelligenz auf dieselbe Stufe wie die kognitiven Intelligenzformen. Sie verehrten die Schönheit des anmutigen, durch künstlerisches und athletisches Training geformten menschlichen Körpers und suchten die Harmonie zwischen wohlgebildetem Körper und wachem Geist.

Heute sind in den westlichen Industriestaaten herausragende körperliche Kapazitäten gesellschaftlich weniger geschätzt. Lediglich im Spitzensport verhilft der geschickte Umgang mit dem Körper zu Rang und Namen. Doch Techniker am Steuerpult einer Maschine benötigen die Körperintelligenz genauso wie der Chirurg beim Operieren.

Tänzer, Schauspieler und in ganz besonderem Maß Pantomimen setzen die Kontrolle ihrer Körperbeherrschung, ihren besonderen Sinn für das »Timing« als Ausdrucksmittel ein. Kein menschlicher Körpereinsatz hat je größere Vollendung erreicht und wurde zu größerer Vielfalt entwickelt als der Tanz. Er gilt als die älteste Kunstform des Menschen überhaupt, die lange Zeit nach überlieferten Traditionen betrieben wurde. Anders als Malerei, Musik und Literatur hat der Tanz erst verhältnismäßig spät zu modernen Ausdrucksformen gefunden. Die amerikanische Tänzerin Isadora Duncan, Pionierin des modernen Tanzes, betrachtete den Körper vor allem als Ausdrucksmittel für emotionale Inhalte und bezog ihre tänzerische Ästhetik auf die griechische Mythologie und Kunst. Michail Baryschnikov, der wohl bekannteste Ballettänzer des 20. Jahrhunderts, vergleicht die Ausdrucksmittel des Tanzes mit »immer wieder neuen Sprachen, die alle Flexibilität und die Palette der Ausdrucksmöglichkeiten vergrößern«. Der Tänzer brauche davon soviel wie nur irgend möglich: »Es ist nie genug.«

Um diese Sprache des Körpers zu erlernen, ist vor allem eines wichtig: tägliches und stundenlanges Training des disziplinierten Körpereinsatzes. Jeder einzelne Muskel des Körpers muß dem Willen des Interpreten gehorchen.

Auch Glaubwürdigkeit zu vermitteln, ist die Kunst von Schauspielern und Tänzern. Nur mit dem Einsatz aller

Ausdrucksmöglichkeiten ihres Körpers, ihrer Muskulatur, können sie diffizile Stimmungen vermitteln, Charaktere mitsamt den typischen Bewegungsmustern darstellen. – Darstellung ist letztlich ein Vortäuschen von Kommunikation auf der nichtsprachlichen Ebene.

MATHEMATIK

Von Ideen überschwemmt: *Carl Friedrich Gauß*

Eigentlich hätten die Eltern des 1777 geborenen Carl Friedrich Gauß schon bald wissen müssen, daß sie eines der größten Wunderkinder der Geschichte auf die Welt gebracht haben. Mit drei Jahren schon konnte das Kind besser Kopfrechnen als sein Vater. Mit »Vater, die Rechnung ist falsch« bewahrte er diesen vor der Auszahlung zu hoher Löhne an seine Maurergesellen. Doch für umsichtige Förderung waren die Verhältnisse zu beengt. In der Volksschule für die niederen Schichten kamen damals 100 Kinder auf einen Lehrer, keine gute Ausgangsbasis für das angehende Genie.

Doch mit neun Jahren erweckte der Junge mit einem verblüffenden Rechenergebnis das Interesse seines Lehrers. Dieser verlangte von seinen Schülern, daß sie die Zahlen von 1 bis 100 zusammenzählen sollen. Kaum war die Aufgabe gestellt, legte Gauß auch schon das richtige Ergebnis vor. Der Neunjährige hatte blitzschnell die Summenformel für die arithmetische Reihe erkannt und mit einer einzigen Multiplikation – 101 x 50 – das richtige Ergebnis, 5.050, gefunden. Daraufhin spannte der Lehrer seinen begabten Schüler mit seinem mathematisch interessierten Assistenten Martin Bartels zusammen. Bartels ackerte mit dem kleinen Carl Friedrich nicht nur alle Mathematikbücher durch, die sie finden konnten, sondern er machte auch Herzog Carl Wilhelm Ferdinand von Braunschweig auf das vielversprechende Genie aufmerksam. Der Herzog empfing 1791 den bescheidenen und etwas schüchternen Knaben und finanzierte in der Folge seine weitere Ausbildung. Dieser rückte sofort in die zweite Klasse des Gymnasiums auf, erlernte schnell und mühelos die alten Sprachen und wechselte mit 19 Jahren an die Universität Göttingen.

Kaum hatte er zu studieren begonnen, entdeckte Gauß, wie das regelmäßigen Siebzehneck mit dem Zirkel und dem Lineal konstruiert werden kann, und löste damit ein Rätsel der Mathematik, das Wissenschaftler seit 2.000 Jahren geplagt hatte.

Mit 24 Jahren erlangte der Student Gauß seinen ersten internationalen Erfolg auf dem Gebiet der Astronomie: Er fand eine Formel zur Berechnung der Umlaufbahn des neu entdeckten Planeten Ceres. Diesem Umstand verdankte er 1807 einen Ruf als Professor für Astronomie und Direktor der Sternwarte nach Göttingen. Nachdem er auch in diesem Fach Wichtiges geleistet hatte, wandte der nun schon berühmte Professor sein Interesse der Geodäsie – der Landvermessung –, dann der Physik und schließlich im Alter der russischen Sprache zu. Russisch studierte er ausdrücklich deshalb, um seinen Geist auch im Alter rege zu erhalten.

Gauß hat an die 50 Formeln, Gesetze, Gleichungen, Verfahren und Methoden hinterlassen. Dabei stellte die zeitweilige Rückkehr zur reinen Mathematik für Gauß immer eine Erholung dar. Er war eines der seltenen Mathematikgenies, das auch ein überragender Rechenkünstler war.

Wie viele andere Genies hat sich Carl Friedrich Gauß fast alles selbst beigebracht. Mit seinem Wissensdurst und der Schnelligkeit seiner Auffassungsgabe kamen weder die Schule noch beschlagene Fachkollegen mit. Auch er selbst hatte zuweilen Mühe, seiner Kreativität Herr zu werden. Einem Freund erzählte er, daß ihm in seiner Jugend die Gedanken in solcher Fülle zugeströmt seien, daß er nur einen Teil davon aufzuzeichnen vermochte. Aus diesem jugendlichen Ideenfundus schöpfte er sein Leben lang.

Die Kraft der Symbole

Mathematik ist die älteste Wissenschaft überhaupt und hat sich gleichzeitig mit der Philosophie entwickelt. Bereits vor mehr als 2.500 Jahren war sie als wissenschaftliche Disziplin anerkannt, die nach festgelegten Regeln ausgeführt wird. Mathematik galt quasi als Universalwissenschaft, von der sich im Lauf der Zeit einzelne Fachbereiche als eigenständige Wissenschaften abgespalten haben. Diese Segmentierung begann im 18. Jahrhundert mit Physik und Astronomie und setzt sich bis in die Gegenwart fort mit der Etablierung der Informatik oder des in den letzten Jahren entstandenen Zweigs des »Scientific Computing« – des Wissenschaftlichen Rechnens.

Heute ziehen sich mathematische Anwendungen durch nahezu alle Wissenschaften. Selbst in der Geisteswissenschaft werden diffizile mathematische Modelle angewandt, wenn beispielsweise sprachwissenschaftlich überprüft werden soll, ob ein Schriftstück einem bestimmten Autor zugeschrieben werden kann oder nicht. Mit solchen Modellen können die Textstücke bezüglich der durchschnittlichen Länge der Wörter oder bezüglich der relativen Häufigkeit von hellklingenden Selbstlauten analysiert und verglichen werden.

Die Puristen unter den Mathematikern suchen sich ihre

Probleme um der Probleme willen und versuchen sie zu lösen. Manchmal existiert deshalb schon eine Lösung, noch bevor die dazugehörige Anwendung gefunden wird. So hat Johann Radon in Wien bereits 1917 eine Variationsrechnung erarbeitet, die erst mehr als 50 Jahre später eine praktische Umsetzung erlebte, die nun in der Medizin Millionen von Menschen zugute kommt: Die sogenannte Radon-Transformation ermöglicht heute durch die Computertomographie sehr exakte Diagnosen und Operationen.

Beim »Scientific Computing« wird genau umgekehrt vorgegangen: Der Wissenschaftler konsultiert für sein spezielles Problem einen Mathematiker, der es zum mathematischen Modell »skelettiert« und eine Lösung erarbeitet, die dem Forscher weiterhilft. Dabei nähern sich Mathematik und Spezialgebiete in der interdisziplinären Arbeitsweise wieder an: Mit Hilfe des Computers gelingt auch Nichtmathematikern der mathematische Zugang, und der Mathematiker setzt sich intensiv mit den wissenschaftlichen Problemen in Chemie, Biologie, Medizin oder Psychologie auseinander.

Abstrakte Welten

Mathematiker leben in einer abstrakten Welt. Die natürliche Sprache ist keine große Hilfe für sie. Nur mit der symbolischen Sprache der Mathematik läßt sich ein Problem genau abwägen, erfassen und exakt beschreiben. »Mathematik ist eine universelle Sprache«, charakterisiert der Wiener Mathematiker Hans Christian Reichel seine Wissenschaft. Sie übersetzt ein Problem in eine Sprache, die weltweit von allen Beteiligten verstanden wird. Genauigkeit und Intuition sind die unabdingbaren Eigenschaften hervorragender Mathematiker, deren größtes Ziel in der Lösung eines bis dahin als unlösbar geltenden Problems besteht.

Euphorie hat keinen Platz in der Welt der abstrakten Mathematik, eher gesunde Skepsis. Denn auch wenn am Anfang die Intuition, eine gewagte Idee steht, kein Faktum darf der Mathematiker akzeptieren und als wahr hinnehmen, solange er es nicht exakt bewiesen hat. Er muß seine Annahme von den allgemein anerkannten Grundprinzipien ableiten und ihre Richtigkeit exakt nachweisen. Auch nicht der geringste Fehler darf in der Beweiskette stecken.

Mit Rechenkunst hat höhere Mathematik nur wenig gemein. Ein mathematisches Genie muß nicht einmal gut rechnen können. Auf der anderen Seite ist das kunstvolle Jonglieren mit riesigen Zahlen allein kein Zeichen von mathematischer Hochbegabung. Neben dem Gefühl für Zahlen und der Gabe, mathematische Probleme zu lösen, sind auch die Fähigkeit zur Erfassung von Inhalten und zu ihrer Bearbeitung Teil der logisch-mathematischen Intelligenz. Jeder logisch-mathematisch Begabte hat unterschiedliche Ausprägungen und Schwerpunkte dieser Teilbereiche.

Rechnen ist kein Kinderspiel

Weil mathematische Begabung weder Wissen noch Erfahrung benötigt, um sich ihren Weg zu bahnen, fallen die in diesem Gebiet Hochbegabten in der Regel schon sehr früh auf. Die kleinen Mathematikgenies fangen ganz von allein an, sich Zahlen und Kenntnisse über einfache Rechenoperationen anzueignen. Eine Untersuchung der John-Hopkins-Universität in Baltimore zeigt, daß nur etwa ein Prozent aller Zwölfjährigen in Mathematik und Naturwissenschaften hochbegabt sind.

Neugier steht auch am Beginn der durchschnittlichen Entwicklung der mathematischen Intelligenz, die der Schweizer Entwicklungspsychologe Jean Piaget in seinen umfangreichen Untersuchungen sehr genau erforscht hat.

Hautnah erfährt das Baby vorerst im Umgang mit Bechern, Rasseln und Bällen, daß es viele verschiedene Objekte zu erkunden gibt. Schon bald schätzen die Kleinkinder eine kleine Anzahl von zwei oder drei Stück mengenmäßig richtig ein. Aber größere Objekthaufen ordnen Kinder oft falsch ein, weil sie sich durch die äußeren Eigenschaften leicht täuschen lassen. Eine längere Reihe von Bonbons, in der die Süßigkeiten in großen Abständen angeordnet sind, wird als größere Menge gesehen als eine kürzere Kette mit derselben Anzahl näher beieinander liegender Bonbons.

Auch wenn ein Kind schon Zählen gelernt hat, passieren diese typischen Fehler noch. Das Aufsagen der Zahlen kann auch eher Ausdruck der sprachlichen Fähigkeiten sein denn der mathematischen.

Spätestens mit dem Schulalter kommt die Erkenntnis, daß die Anzahl von Dingen völlig unabhängig davon ist, in welcher Reihenfolge gezählt wird. Schon bald benötigen die Kinder keine konkreten Objekte mehr und rechnen im Kopf. Dabei entdecken sie die logischen Gesetze, die hinter ihren ursprünglichen Zahlenspielereien stecken.

Mit dem Beginn der Pubertät werden die Kinder zu formalen mathematischen Operationen fähig. Sie lernen, nicht nur mit Zahlen zu rechnen, sondern mit Symbolen, Wörtern oder ganzen Symbolfolgen (Lösung von Gleichungen) umzugehen. Hypothesen können aufgestellt und Schlußfolgerungen gezogen werden. Auf dieser Stufe der Entwicklung haben Kinder die für die höhere Mathematik nötigen Grundvoraussetzungen zur Abstraktion erreicht.

Rechenmaschine Gehirn

Rechnen, logisches Denken und mathematische Fähigkeiten können im Gehirn nicht an einer speziellen Stelle lokalisiert werden. Vielmehr scheinen sie weit flexibler organisiert zu sein als Sprache und Musik.

Erkrankungen nur einer Gehirnregion vermögen das im Mathematikunterricht angeeignete Können kaum zu schädigen, allgemeinere Degenerationserscheinungen wie die Alzheimersche Krankheit hingegen sehr wohl. Wenn es um mathematische Problemlösungen geht, werden beide Hirnhälften gleichermaßen in komplexer und sich rasch ändernder Weise und in vielen Regionen der vorderen und hinteren Teile aktiv. Erst wenn beide Scheitellappen der Großhirnrinde geschädigt sind, verkümmert auch die mathematische Fertigkeit.

Rätselhaft sind ansonsten geistig behinderte Menschen, die ein enormes Gefühl für Zahlen entwickeln. Diese unter Fachleuten als »gelehrte Idioten« oder »Idiots savants« bezeichneten Menschen mit einseitigen Intelligenz-Defiziten sind zu extrem raschen und präzisen Rechen- und Gedächtnisleistungen fähig. Manche können zu jedem beliebigen Datum der letzten 100 Jahre den richtigen Wochentag angeben, andere wiederum führen atemberaubende Rechnungen mit extrem großen Zahlen aus. Sie multiplizieren große Zahlen im Kopf oder können die Quadratwurzel einer vielstelligen Zahl in kürzester Zeit ermitteln. Die Betroffenen selbst können nicht sagen, wie sie diese Leistung erbringen, und auch die Wissenschaft tut sich schwer, zu erklären, wie es zu diesen Ausnahmeerscheinungen kommt. »Möglicherweise«, meint der amerikanische Physiker und Autor Douglas Hofstadter in seinem Buch »Gödel, Escher, Bach«, »durchrast ihr Denken die Zwischenstufen mit dem gleichen Selbstvertrauen, wie der geborene Athlet eine komplizierte Bewegung rasch und elegant ausführt.« Jedenfalls erhalten die »gelehrten Idioten« ihre Ergebnisse nicht durch eine plötzliche Eingebung, auch wenn es ihnen selbst so vorkommt. Vielmehr müssen sie den Rechenvorgang schrittweise – wenn auch in unglaublicher Geschwindigkeit – durchführen.

MUSIK

Eine amerikanische Geschichte: *Leonard Bernstein*

Es war weder Zeit für eine Orchesterprobe, noch war er ausgeschlafen, denn er hatte bis in den Morgen hinein gefeiert. Dennoch war das Konzert am 14. November 1943 ein Riesenerfolg. Der 25jährige Leonard Bernstein stand statt des erkrankten großen Dirigenten Bruno Walter am Pult der New Yorker Philharmoniker. Die »New York Times« widmete dem Ereignis einen Leitartikel. »Es ist eine schöne amerikanische Erfolgsstory«, frohlockte der Rezensent der Zeitung. Nach diesem Konzert war Leonard Bernstein nicht mehr zu bremsen. Er dirigierte die besten Orchester der Welt, er konzertierte am Klavier, hielt Vorträge, schrieb Bücher und komponierte. 1957 entstand sein wohl berühmtestes Werk, das Musical »West Side Story«.

Bernstein wäre wohl schon mit drei Jahren am Klavier gesessen und hätte wie Mozart die Welt der Erwachsenen in Erstaunen versetzt, hätten seine Eltern seine Fähigkeiten geschätzt und gefördert. Doch Samuel Bernstein wollte nichts von den Flausen seines ältesten Sohnes wissen. Er war 1908 mit 16 Jahren aus Rußland, aus der engen Welt des Ghettos in Wolynien und vor der wachsenden Feindseligkeit gegenüber den Juden geflohen. In Amerika hatte er sich hochgearbeitet und schließlich die Kosmetikfirma »Samuel Bernstein Hair Company« gegründet.

Doch als Lenny zehn Jahre alt war, erbte die Familie ein Klavier, ein Ereignis von überragender Bedeutung für das schlummernde Genie des Kleinen: »Ich war unglücklich, bevor ich die Musik entdeckte«, sagte Bernstein. »Ich war ein kleiner, kränkelnder Junge. Dann passierte das mit dem Klavier. Plötzlich fand ich meine Welt. Ich wurde innerlich stark, ich wuchs, wurde sogar sehr groß. Das Geheimnis, die Erklärung ist, daß ich ein Universum fand, in dem ich sicher war: die Musik.«

Bernstein begnügte sich von Anfang an nicht mit dem Spiel nach Noten, er begann bald zu improvisieren und zu komponieren. Als der Vater den Kleinen einmal um zwei Uhr morgens am Klavier fand, entschuldigte dieser sich: »Ich muß das tun. Die Klänge sind in meinem Kopf, und sie müssen heraus.« Samuel Bernstein war nicht besonders glücklich, daß sein Sohn ein »armseliger Bettelmusikant« werden wollte.

Noch keine 14 Jahre alt, verdiente sich Bernstein heimlich in Tanzkapellen und mit Klavierstunden das Taschengeld, mit dem er seine Klavierlehrerin bezahlte. Allmählich fand sich der Vater mit der Passion seines Sohnes ab. Wenigstens schloß er die Schule »mit Auszeichnung« ab und konnte als 17jähriger an die renommierte Harvard-Universität in Cambridge geschickt werden. Er studierte Komposition, Philosophie, Literatur- und Sprachwissenschaft und schrieb Musikkritiken für die Universitätszeitschrift. Auch Harvard schloß der wißbegierige Student »cum laude« ab.

Noch einmal versuchte Samuel Bernstein den Sohn für das Familienunternehmen zu gewinnen, doch ohne Erfolg. Lenny schlug sich einen Sommer in New York durch und landete durch die Empfehlung des Dirigenten Dimitri Mitropoulos am Curtis Institute of Music in Philadelphia. Bereits im ersten Semester dirigierte er das Studentenorchester. Dirigieren sei ihm als »das natürlichste Ding der Welt« erschienen, erinnert sich Bernstein.

Bald nach seinem ersten landesweiten Erfolg am Pult der New Yorker Philharmoniker hatte er seinen unverwechselbaren Dirigentenstil gefunden. »Ein Dirigent muß erreichen, daß das Orchester die Musik so liebt, wie er sie liebt«, war seine Überzeugung.

Harmonien

Philip hatte es eilig. Schon in der 24. Schwangerschaftswoche wurde der gerade dreiviertel Kilogramm schwere Knabe geboren und muß nun im Brutkasten gut behütet weiterwachsen. Friedlich nuckelt der winzige Kleine an seiner rechten Faust. Er wird mit Musik verwöhnt: Die Kinderschwestern haben Miniboxen zu seinem Köpfchen ins Bett gelegt. Jetzt hört er wieder leise die beruhigende Musik, die seine Mutter schon während der Schwangerschaft so gerne gehört hat. In der Neugeborenen-Intensivmedizin ist längst bekannt, daß sich die Winzlinge schneller erholen, wenn Harmonien und Rhythmen sie begleiten.

Vielleicht ist die Musik eine Erinnerung aus vergangenen Tagen im Mutterbauch. Sehr wahrscheinlich aber liegt der Großteil der beruhigenden Wirkung einfach in der Musik selbst begründet. Jeder Mensch hat ein Gefühl für Musik – ob er »musikalisch« ist oder nicht. Musik hatte schon immer und in jeder Kultur ihren festen Platz.

Gehörlosen bleibt die musikalische Welt fast völlig verschlossen. Lediglich die Vibrationen rhythmischer Instrumente dringen in die stille Welt tauber Menschen ein.

Mit musikalischen Ausdrucksmitteln können Gefühle sehr unmittelbar weitergegeben werden: Entspannung und Erregung, Tragik und Spaß, gleichförmige Eintönigkeit und überraschende Wendungen, Naturerlebnis – alles läßt sich mit Musik ausdrücken und vermitteln. Der Zugang zum Menschen ist so direkt, daß selbst Patienten im Koma auf musikalische Darbietungen reagieren, etwa durch Veränderung des Herzschlags.

Die meisten Menschen mit ausgeprägter musikalischer Intelligenz begnügen sich damit, vorhandene Werke als Instrumentalist, Dirigent oder Sänger zu interpretieren. Nur wenige fühlen sich berufen, Neues zu schaffen. Bei diesen zeigt sich der Drang zum Komponieren oft schon sehr früh. Er wird für viele Komponisten so selbstverständlich wie Schlafen und Essen. – Richard Wagner sagte einmal im Scherz, er komponiere so selbstverständlich, wie eine Kuh Milch gibt. – Das wesentlichste Element dabei ist die entscheidende Idee, das Finden des Grundthemas. Danach folgt der oft durch Technik und Können bestimmte Prozeß des Variierens und Modellierens.

Musikalische Intelligenz ist in bestimmten Ausprägungen jedem Menschen gegeben. Gehörlose können noch immer die Vibrationen rhythmischer Instrumente wahrnehmen. Geistig und motorisch extrem beeinträchtigte Personen können sich unter dem Einfluß der Klänge kontrolliert bewegen und können sogar einfache Arbeiten durchführen, zu denen sie ohne diese Stimulanz nicht fähig wären. Autistische Kinder haben nicht selten ungewöhnliche musikalische Begabungen, ebenso wie manche »Idiots savants«. So konnte Harriet, ein geistig schwer beeinträchtigtes Mädchen, »Happy Birthday« auf Anhieb im Stil von Mozart, Beethoven, Verdi und Schubert auf dem Klavier wiedergeben.

Klangbilder formen

Obwohl – oder gerade weil musikalische Begabung sich schon sehr früh beim Kind entwickelt, kommt die Entwicklung dieser Intelligenz bei den meisten Menschen rund um das siebente Lebensjahr zum Stillstand.

Babys brabbeln vor sich hin, geben die verschiedensten Laute von sich, verbinden sie zu wellenartigen Melodien. Sie ahmen die Sprechmelodie von Mutter und Vater nach, treffen im Alter von nur zwei Monaten gezielt Tonhöhe, Lautstärke und melodische Eigenart der ihnen vorgesungenen Lieder. Mit vier Monaten stimmt dann auch die rhythmische Struktur.

Mit eineinhalb Jahren beginnen Kinder, selbständig Tonfolgen zu produzieren und Akkorde auszuprobieren. Die Kleinen erfinden Lieder oder geben eingängige Teile von Musikstücken wieder, die sie öfter zu hören bekommen. Ab dem dritten oder vierten Lebensjahr versiegt die Quelle der spontan erfundenen Lieder, die so beliebten kreativen Tonspiele des Babyalters werden weniger. Jetzt haben sich die gängigen Lieder und Melodien der jeweiligen Kultur durchgesetzt.

Anders als bei der sprachlichen Begabung zeigen sich individuelle Unterschiede in der musikalischen Intelligenz schon sehr früh. Während manche Zwei- oder Dreijährigen bereits ganze Lieder nachsingen können, bringen andere nur grobe Annäherungen zustande, haben Probleme mit dem Rhythmus und können auch mit vier oder fünf Jahren Melodien nicht fehlerfrei nachsingen.

Mit dem Schulalter haben die meisten Kinder eine Vorstellung darüber gewonnen, wie ein Lied zu sein hat. Sie achten auf die allgemeinen Merkmale einer Melodie – lauter und leiser, schneller und langsamer, auf die intuitiv erfaßbaren Charaktereigenschaften von Tonfolgen und darauf, ob Töne zusammengehören oder getrennt sind.

Mit höherem Alter erweitern sich zwar musikalisches Wissen und Repertoire der Kids, und sie lernen Notenlesen, aber die Musikalität entwickelt sich meist nicht mehr weiter. Nur Kinder mit besonderen musikalischen Fähigkeiten entwickeln ihre Begabung mit Hilfe intensiven musikalischen Unterrichts weiter.

Die Jahre des intensiven Lernens und Übens von komplexen klassischen Werken hinterlassen ihre unverkennbare Spur im Gehirn virtuoser Musiker. Während »Normalverbraucher« die Musikwahrnehmung vor allem in der rechten Hälfte des Großhirns verarbeiten, sind bei Berufsmusikern rechte und linke Seite gleichermaßen aktiv. Experten vermuten, daß Musik mit zunehmendem Können wie Sprache organisiert wird und (von den Sprachzentren unabhängige) Bereiche in der linken Hirnhälfte belegt. Ein Bereich im linken Schläfenlappen ist dabei für das gute Gehör eines Musikers zuständig: Bei Menschen mit absolutem Gehör ist dieser fast doppelt so groß wie bei Personen ohne die Fähigkeit, Töne exakt zu benennen. Für das Erkennen und Produzieren von Rhythmen, Melodien und Obertönen ist hingegen die rechte Hirnhälfte zuständig. Je enger die beiden Hirnhälften dabei zusammenarbeiten, desto größer ist die musikalische Leistung.

Moderne Techniken, mit denen Gehirnaktivitäten beobachtet werden, haben Zusammenhänge zwischen der elektrischen Hirnaktivität und dem Schwierigkeitsgrad verschiedener Musiksparten erkennen lassen. Je komplexer die Musik, desto weniger regelhaft sind die hirnelektrischen Aktivitätsmuster. Einfache rhythmische Wiederholungen erzeugen dagegen einfache und rhythmische EEG-Wellen.

Musik läßt Gehirnzellen tanzen

Bevor der Neurologe George Ojemann von der Klinik der University of Washington seine Patienten bei offenliegendem Gehirn operiert, testet er die wichtigsten Regionen, indem er die Nervenaktivität elektrisch mißt. So kann er feststellen, wo keinesfalls Gewebe entfernt werden darf, um nicht dadurch die musischen Fähigkeiten zu zerstören. Während dem Patienten bei Bewußtsein Musikstücke vorgespielt werden, tastet der Arzt mit einer Nadel die Oberfläche des Gehirns ab. Musik mit ausgeprägtem Rhythmus aktiviert die Neuronen im gleichen Takt. Stampfende Rockmusik steigert die Aktivität noch mehr. Klassische Musik hingegen verringert die Zellaktivität bis zur Hälfte des Wertes, den die Nervenzelle aufwies, bevor die Töne erklangen – sie beruhigt.

Die Aktivität der Neuronen ist ein direktes Abbild der gehörten Musik. Die einzelnen Nervenzellen haben dabei ganz unterschiedliche Aufgaben in der Musikwahrnehmung. Manche Zellen sind durch simple Reize wie reine Töne überhaupt nicht erregbar. Erst komplizierte Schallmuster, bei denen sich Schalldruck und Frequenz dauernd ändern, können sie anregen.

RAUM

Meister der räumlichen Dimension: *Pablo Picasso*

Noch bevor der kleine Pablo sprechen konnte, machte er sich durch Zeichnungen verständlich. Wenn er ein Stück des typischen spanischen Rundgebäcks haben wollte, zeichnete der Knirps Spiralen.

Schon mit vier Jahren verblüffte er mit seinen Scherenschnitten von Pflanzen und Tieren seine Umgebung, bald darauf sorgte er mit seinen Scherenschnitt-Porträts für Belustigung unter den Erwachsenen.

Pablo Ruiz' erstes Wort war nicht Mama, sondern »Piz«, Zeichenstift. Der im Oktober 1881 in Malaga als Sohn eines Zeichenlehrers geborene Pablo Ruiz y Picasso zeichnete niemals die typischen Kinderzeichnungen mit ihren verschobenen Dimensionen. Pablos Bilder waren von Beginn an von einem enormen räumlichen Verständnis geprägt. Sein erstes Gemälde zeigt den Hafen von Malaga mit Leuchtturm, das erste Ölbild einen Picador mit Pferd in der Stierkampf-Arena. Damals war Pablo gerade acht Jahre alt.

Doch Lesen, Schreiben und Rechnen blieben für Pablo unergründliche Geheimnisse. Nur Privatunterricht und gute Beziehungen verhinderten, daß der Junge als Schulversager auffiel. In der Schule kritzelte er nur herum und füllte die Ränder seiner Schulbücher mit Zeichnungen. Er »schrieb Bilder, wie andere ihr ABC schrieben«, bemerkte später seine Vertraute Gertrude Stein.

»Wenn ich als Schüler ungezogen war, schickte man mich in den Karzer«, schrieb der alternde Maler seine Erinnerungen über die Freude an Strafen nieder. »Dort gab es nur Bänke und weißgetünchte Wände. Ich hatte überhaupt nichts dagegen, dorthin geschickt zu werden, denn ich konnte einen Block Papier mitnehmen und pausenlos zeichnen. Diese Strafen waren für mich wie Ferien, und ich provozierte geradezu Situationen, in denen den Lehrern nichts anderes übrigblieb, als mich zu bestrafen.«

Sein Vater, der selbst die meiste Zeit mit Malen verbrachte, schickte Pablo in eine Kunstschule, als er elf Jahre alt war. Mit knapp 14 bestand der Junge die Aufnahmsprüfung für die Seniorenklasse der Kunstschule von Barcelona. Die zur Aufgabe gestellten Bilder, für deren Anfertigung die Bewerber immerhin einen Monat Zeit eingeräumt bekamen – und meist auch brauchten –, lieferte Pablo nach fünf Tagen ab.

Bald waren die Möglichkeiten, Pablo Picasso zu unterrichten, erschöpft. Mit 19 kam der junge Exzentriker nach Paris, wo seine Laufbahn als auch kommerziell erfolgreicher Künstler begann.

In jungen Jahren produzierte Picasso bis zu drei Bilder am Tag. Immer wieder trieb ihn seine Fähigkeit weiter, die vielen seelischen Turbulenzen und wechselnden Lebensgefährtinnen schienen seine Inspiration noch zu beflügeln. Kein Maler hat derart viele Stilrichtungen kreiert und geprägt wie er. Kaum hatte sich sein Publikum auf das Neue eingestellt, trieb »das Malen« den Künstler weiter. Die auf geometrische Grundformen reduzierte Darstellung von fünf Frauen führte zum Kubismus, den Picasso zwischen 1910 und 1916 gemeinsam mit Georges Braque entwickelte und der zum Wegbereiter für die abstrakte Kunst der Moderne werden sollte. Es war das einzige Mal, daß Picasso mit einem anderen Maler zusammenarbeitete. Sonst hatte er nur ein Tagebuch als Dialogpartner.

Noch mit 82 Jahren sagte Picasso: »Das Malen ist stärker als ich. Es macht mit mir, was es will.« Erklärungsversuchen zum Wesen seiner Begabung stand das Genie stets skeptisch gegenüber: »Alle wollen die Kunst verstehen. Warum versucht niemand, das Singen eines Vogels zu verstehen?«

Drei Dimensionen

Francis Crick ging in den »Eagle«, das Gasthaus auf der anderen Seite der Straße, und erzählte jedem, der es wissen wollte: »Wir haben des Geheimnis des Lebens entdeckt!« Jahrelang hatte der Molekularbiologe zusammen mit James Watson an dem kniffligen Problem gearbeitet, wie das Molekül des Lebens, die Desoxyribonukleinsäure, besser bekannt unter der Abkürzung »DNS«, aussähe. Die einzelnen Bestandteile waren entdeckt, mit Hilfe spezieller Untersuchungsmethoden mit Röntgenstrahlen hatte man die Abstände der einzelnen Atome untereinander vermessen – aber wie sah das lange Molekül aus?

Die Frage nach der räumlichen Anordnung der Bestandteile des Moleküls hatte den beiden jungen Forschern in den fünfziger Jahren keine Ruhe gelassen. Immer wieder erörterten sie in langen Diskussionen das scheinbar unlösbare Rätsel, entwickelten Hypothesen und verwarfen sie wieder.

Forschungsarbeit bedeutet auch immer, Mißerfolge wegstecken und neue Wege einschlagen zu müssen. Das scheinbar so komplizierte Molekül entzog sich allen gängigen Vorstellungen, wie eine so große Kette sich im Raum anordnen konnte. Francis Crick schreibt in seinem Buch »Ein irres Unternehmen«: »Wir hatten keine Ahnung, wie die Antwort lauten würde, aber wir hielten sie für so wichtig, daß wir entschlossen waren, lange und intensiv unter allen nur erdenklichen Gesichtspunkten darüber nachzudenken. Es gab sonst praktisch niemanden, der willens war, eine solche intellektuelle Anstrengung zu unternehmen. Derlei Diskussionen, die ja dazu tendieren, schier endlos zu sein, sind sehr anspruchsvoll und manchmal intellektuell ermüdend. Kein Mensch, der nicht ein überwältigendes Interesse an dem Problem hat, würde sie durchstehen.«

Zwei Jahre lang wälzten die beiden Forscher das Problem hin und her und versuchten auf verschiedensten Wegen der Struktur der DNS auf die Spur zu kommen. Ende 1951 bauten Watson und Crick eine ganze Reihe von großen Modellen, um sich das räumliche Bild vor Augen zu führen. Erst der Gedankensprung, bestimmte chemische Bestandteile nicht an der Innenseite der Struktur anzunehmen, sondern sie nach außen hin zu verlagern, brachte den Durchbruch. Nachdem sie zuvor unzählige unbrauchbare Modelle gebaut hatten, standen sie nun vor dem großen, endlich plausiblen Modell der Erbsubstanz. Entzückt formuliert Francis Crick: »Es ist das Molekül, das ›Form‹ hat, die wahre Schönheit der DNS-Doppelhelix.«

Die später für diese Leistung mit dem Nobelpreis ausgezeichneten Forscher James Watson und Francis Crick haben in mühsamer Kleinarbeit über Jahre schließlich doch den genetischen Code geknackt. Dabei ist ihnen eine Fähigkeit zugute gekommen, die jeder Mensch in gewissem Ausmaß besitzt: die Fähigkeit zu räumlichem Vorstellungsvermögen. Sie mußten sich verschiedenste räumliche Formen vorstellen, sie in Gedanken drehen und wenden, um ihre Einzelteile miteinander in Beziehung zu bringen.

»Die räumliche Intelligenz«, sagt der amerikanische Psychologe Howard Gardner, »ist ein ganzes Amalgam von Fähigkeiten.« Das aufmerksame Wahrnehmen der Umgebung, die Erinnerung an räumliche Gegebenheiten gehören ebenso dazu wie das Abschätzen von Richtung und Entfernung eines Gegenstands oder das Wissen, welche Lage der eigene Körper in der Umgebung einnimmt.

Der Mineraloge benötigt räumliche Intelligenz, um glänzende, bunte Kristalle mittels ihrer typischen, aber häufig komplizierten geometrischen Kristallisationsformen zu benennen. Der Architekt benötigt sie, um außergewöhnliche Raumlösungen zu entwerfen. Der Bildhauer könnte ohne herausragende räumliche Intelligenz keine formvollendeten Kunstwerke schaffen.

Räumliche Fähigkeiten sind in vielen Berufen von entscheidender Bedeutung. Sie allein garantieren zwar keine herausragende Kompetenz, zählen aber zu den unabdingbaren intellektuellen Voraussetzungen. Das Vermögen, sich geometrische Figuren vorzustellen, sie in Gedanken dreimal um verschiedene Achsen zu drehen und dann unter einer Reihe von Figuren die ursprüngliche herauszufinden, wird in sehr vielen gängigen Intelligenztests überprüft.

Die räumliche Intelligenz ist eine der Grundintelligenzen, die jeder Mensch hat, ähnlich der sprachlichen Intelligenz. Nur das Ausmaß ist von Mensch zu Mensch verschieden. Selbst Blinde verfügen über eine Vorstellung des Raumes. Sie orientieren sich aber nicht mittels der Augen, die durch ihre parallele Anordnung räumliches Sehen ermöglichen, sondern sie ertasten ihre Umwelt. Das haben Untersuchungen an der Universität von Pennsylvania eindeutig ergeben: Ein blind geborenes Mädchen von zweieinhalb Jahren war zum Beispiel fähig, den richtigen Weg zwischen zwei Gegenständen zu finden, nachdem es beide Gegenstände zuvor von einem dritten Punkt aus angesteuert hatte. Das kleine Mädchen mußte also einen Weg einschlagen, den es noch nie zurückgelegt hatte. Dasselbe Mädchen konnte außerdem mit vier Jahren an Hand eines ertastbaren Lageplans eine im Zimmer versteckte Belohnung auffinden.

Fühlen, sehen, hören

So vielfältig wie die Fähigkeiten, die die räumliche Intelligenz ausmachen, so vielfältig sind auch die daran beteiligten Sinne. Mit einem »guten Auge« können Richtung, Entfernung und Größe eines Hindernisses abgeschätzt und die Geschwindigkeit eines herannahenden Fahrzeugs festgestellt werden.

Neben diesem zweifellos wichtigsten Sinnesorgan für die räumliche Orientierung spielt auch der Tastsinn eine wesentliche Rolle: Mit seiner Hilfe lassen sich Größe und Umriß, Kanten und Rundungen eines Objekts feststellen. Ein Würfel aus Kunststoff fühlt sich anders an als eine Kugel aus Marmor. Skulpturen verlocken dazu, ihren Formen mit den Händen nachzuspüren, um ein vollständigeres Bild zu erhalten, als allein durch Betrachten möglich wäre.

Auch das Ohr vermittelt eine Vorstellung über den Raum, in dem man sich bewegt. Die gedämpften Töne in einem engen Zimmer verschaffen auch bei verdeckten Augen eine andere Vorstellung als der Widerhall der Schritte in einer gotischen Kathedrale. Und im Straßenverkehr kann man sich leichter zurechtfinden, wenn man die Richtung, aus der die Fahrgeräusche kommen, mit berücksichtigt.

Wichtig für die Bewegung im Raum ist auch die Wahrnehmung, welche Lage der eigene Körper in der Umgebung einnimmt. Eine Unzahl von Sensoren im ganzen Körper gibt dem Gehirn laufend die Positionsdaten durch, das Schwergewichtsorgan im Ohr vermittelt die Haltung, die der Kopf gerade einnimmt. Aus all diesen Daten »errechnet« das Hirn die Lage des Körpers. Auch wenn es vollkommen dunkel ist, man ist sich immer im klaren, ob man liegt oder sitzt oder auf dem Kopf steht. Das ist auch nötig, um all die anderen Sinnesempfindungen, die eine räumliche Vorstellung vermitteln, richtig zu deuten.

Die Umgebung begreifen

Die räumliche Orientierung entwickelt sich bei Kindern schon sehr früh, indem sie ihre Umgebung aktiv erkunden. Sie erforschen zuerst die Gegenstände, die man ihnen in ihr Bettchen legt. Später werden sie selbst mobil und können im Zimmer herumkrabbeln. Mit der Zeit können sie sich ihre kleine Welt auch vorstellen, sie brauchen nicht zu sehen, um zu wissen, wo der geliebte Teddybär sitzt.

Ab dem Schulalter ist ein Kind fähig, sich auch vorzustellen, wie ein Gegenstand für jemand anderen aussieht, der einen anderen Blickwinkel einnimmt – eine wesentliche Entwicklung der räumlichen Intelligenz. Erst der Jugendliche kann auch mit abstrakten Räumen oder mit formalen Raumgesetzen umgehen, wie sie im Mathematik- und Geometrieunterricht benötigt werden.

Die räumlichen Fähigkeiten finden sich im Gehirn vor allem im hinteren Bereich der rechten Hälfte der Großhirnrinde. Erkrankungen oder Verletzungen in dieser Region beeinträchtigen das Erkennen von Gegenständen oder Gesichtern beträchtlich. Kleine Details finden keine Beachtung, weil mit der räumlichen Intelligenz auch das Vermögen verbunden ist, sich auf Einzelheiten zu konzentrieren.

Patienten mit geschädigter rechter Hinterhauptsregion

nehmen die linke Seite eines Bildes nicht wahr. Statt eines Kreises kritzeln sie nur einen Halbkreis aufs Papier. Der deutsche Maler Anton Rederscheidt erlitt einen rechtsseitigen Infarkt: Seine Selbstporträts zeigten daraufhin nur ein halbes Gesicht. Mit zunehmender Genesung nach einigen Monaten vergrößerte sich das Gesichtsfeld, und nach der Heilung war der Künstler wieder fähig, sein ganzes Antlitz wahrzunehmen.

Daß bei rechtsseitiger Läsion des Gehirns nicht nur die Wahrnehmung der linken Seite gestört ist, sondern auch das Vorstellungsvermögen, zeigt ein anderes Beispiel. Patienten wurden auf den Mailänder Domplatz geführt. Danach wurden sie gebeten, sich den berühmten Platz von einem bestimmten Standort aus vorzustellen und die Gebäude zu schildern. Die Patienten konnten alle Objekte auf ihrer rechten Seite beschreiben, aber keines auf der linken. Bat man sie, sich vorzustellen, daß sie auf der gegenüberliegenden Seite des Platzes stünden, konnten sie alle vorher ausgelassenen Bauten beschreiben – aber keines der zuvor klar geschilderten Häuser.

Der Orientierungssinn gehört auch im Tierreich zu den fundamentalen Intelligenzen, aber nur der Mensch kann die räumliche Intelligenz für geistige Höchstleistungen einsetzen, die über die Orientierung hinausgehen. Ein hervorragendes räumliches Vorstellungsvermögen ist zum Beispiel eine der Voraussetzungen für extreme Leistungen im Schachspiel. Es bringt die Fähigkeit mit sich, Züge und ihre Folgen vorherzusehen, Spielvariationen mit den unzähligen, im Gehirn gespeicherten Stellungen zu vergleichen. So gelingt es den großen Schachmeistern, viele Partien gleichzeitig mit verbundenen Augen zu spielen. Diese intellektuelle Höchstleistung gelingt durch die herausragende räumliche Vorstellungskraft. Aber das zur Schau gestellte Kunststück ist eigentlich nur Abbild der bei Schachkönnern üblichen Arbeitsweise. Ein deutscher Großmeister stellt klar: »Ein Teil jeder Partie wird blind durchgespielt. Der einzige Unterschied ist, daß man vor dem Schachbrett sitzt, dessen Anblick leicht die Berechnung umwerfen kann.«

Räumliche Intelligenz ist aber auch eine unabdingbare Voraussetzung für künstlerische Leistungen. Howard Gardner attestiert dem Wunderkind Pablo Picasso ein hervorragendes visuelles Gedächtnis, das alle Eindrücke auf Dauer und stets abrufbar speicherte. Die hervorragende räumliche Intelligenz des vielseitigen Künstlers »gab ihm die visionäre Kraft, die herrschende künstlerische Auffassung von Raum und Zeit zu überwinden« (Gardner).

SOZIALE INTELLIGENZEN

Die große Seele: *Mahatma Gandhi*

Ein kleiner, spärlich bekleideter Mann in Sandalen bezwang das koloniale England und führte Indien in die Unabhängigkeit: Mohandas Gandhi. Der Mahatma, die große Seele, besaß am Höhepunkt seines Wirkens ein derartiges Charisma, daß er Millionen Inder mobilisierte – zum Beispiel beim berühmten Salzmarsch, einer Protestaktion gegen die Einhebung von Salzsteuern. Vierundzwanzig Tage pilgerten die indischen Massen 390 Kilometer zum Meer, um Gandhi dabei zuzusehen, wie er verbotenerweise aus dem Wasser eine Prise Salz zum Himmel hob. Mit dieser Geste löste er die indische Unabhängigkeitsbewegung aus. – Was für ein Talent brauchte dieser Politiker für seine Mission, und wie hat er seine Fähigkeiten entwickelt?

Mohandas Gandhi wurde 1869 in Porbandar am Arabischen Meer geboren. Seine Familie entstammte der

Händlerkaste, also der unteren Mittelschicht. Seine Mutter Putaliba war sehr religiös und fastete oft. Manchmal legte sie das Gelübde ab, so lange zu fasten, bis die Sonne wieder schiene. Ihr kleiner Sohn wartete dann ungeduldig vor der Tür, bis er die Sonne sah. Als sein Vater erkrankte, scharten sich oft Freunde und Priester verschiedener Glaubensrichtungen um sein Bett. Mullahs lasen aus dem Koran, Parsen trugen die Lieder des Zarathustra vor und diskutierten mit den Anwesenden über ihren Glauben.

Mohandas war ein schüchterner Junge und ein höchst mittelmäßiger Schüler. Aber er hatte schon als kleiner Knirps ein untrügliches Moralempfinden. Wegen seiner Wahrheitsliebe schlossen ihn die anderen Kinder bald von allen Streichen aus – denn er konnte vor den Erwachsenen nicht lügen. Doch obwohl er der Jüngste war, war er als Schiedsrichter und Streitschlichter bei den anderen Kindern immer gefragt.

Gandhi wurde mit 13 Jahren verheiratet und ging später als Jurastudent nach London, weshalb er aus seiner Kaste ausgeschlossen wurde. Dem rebellischen Geist machte das nichts aus. Er lernte das europäische Gesellschaftssystem kennen, studierte die unterschiedlichen Religionen und schloß sich in London einer Gruppe von überzeugten Vegetariern an. Der Aufenthalt in England machte den jungen Rechtsanwalt zu einem überzeugten Inder und sensibilisierte ihn für die Anliegen seines Volkes. Doch noch immer war Gandhi zu schüchtern, um öffentliche Reden zu halten.

Das änderte sich erst in Südafrika, wo der junge Anwalt zwanzig Jahre seines Lebens verbrachte. Eine Reise nach Pretoria wurde zum Schlüsselereignis. Obwohl im Besitz eines Billets erster Klasse, wurde Gandhi in die dritte Klasse der Bahn verwiesen, als ein Weißer das Abteil betrat. Gandhi beharrte auf seinem Recht und mußte den

Zug verlassen. Frierend verbrachte er die Nacht am Bahnhof und schwor sich, für die Rechte seines Volkes zu kämpfen. In kürzester Zeit hatte er die Inder von Pretoria versammelt, und zum ersten Mal in seinem Leben hielt er eine Rede, die die Menschen aufrüttelte.

In den folgenden Jahren wurde er zum Führer der Inder in Südafrika und zu deren spirituellem Leitbild. Sein Erfolg als Anwalt genügte ihm nicht mehr. Als Mittdreißiger kehrte er dem Berufsleben den Rücken und gründete ein Kloster. Auf der sogenannten Tolstoi-Farm verwirklichte er zum ersten Mal seine Vorstellung von einem asketischen, moralisch vorbildlichen Leben. Zurück in Indien, wurde er nicht müde, durch sein Vorbild an Bedürfnislosigkeit und Gewaltverzicht zu wirken. Er benötigte nur alle paar Tage drei bis vier Stunden Schlaf, schrieb, dachte nach und organisierte die brillantesten Protestaktionen, die je ein Freiheitskämpfer erdacht hat.

Seine Aktionen waren wie eine Ballettchoreographie bis ins kleinste Detail durchgeplant. Meistens endete die gewaltfreie Konfrontation damit, daß Gandhi für sein Anliegen fastete, so seinen Gegner zum Einlenken zwang und damit international für ein gewaltiges Presseecho sorgte. Mit seiner gewaltfreien Methode erzielte er nicht nur konkrete Erfolge, er gab auch seinem Volk das Selbstbewußtsein zurück.

Gandhi hatte einen Stein ins Rollen gebracht. Doch nachdem Indien unabhängig geworden war, versank es in einem blutigen Bürgerkrieg. Gandhi wurde von einem fanatischen Hindu ermordet.

Die »sozialen« oder »personalen« Intelligenzen, wie Howard Gardner die für das Zusammenleben der Menschen wichtigen Fähigkeiten nennt, sind die Intelligenzen der Gefühle: Sie umfassen Selbstbeherrschung, Eifer und Beharrlichkeit und die Gabe, sich selbst zu motivieren. Zu den personalen Intelligenzen zählen besondere menschliche Kapazitäten wie Führungskunst, die Gabe, Beziehungen zu pflegen und Freunde zu erhalten, die Konfliktlösungsfähigkeit und die Kompetenz der sozialen Analyse.

Howard Gardner hat zwei wesentliche Seiten des Selbstsinns ausgemacht: die nach innen gerichtete intrapersonale Intelligenz und die nach außen gerichtete interpersonale Intelligenz oder den sozialen Sinn. Beiden gemeinsam ist die Deutung von Gefühlen und Emotionen und der kulturell geprägte Umgang damit.

Inter- und intrapersonale Intelligenz sind miteinander verknüpft, denn nur wer seine eigenen Gefühle zu deuten weiß, kann mit den Emotionen der anderen etwas anfangen. Andererseits benötigt der Mensch auch die Reaktionen der Gesellschaft auf die eigenen Gefühlsregungen und Handlungen, um sich ein Bild von sich selbst machen zu können. Der Spiegel der sozialen Beziehungen eröffnet eine tiefere Einsicht in das Selbst, in die eigene Natur und das eigene Temperament. Was Gardner als zwei grundsätzlich zu trennende Formen der personalen Intelligenz versteht, faßt Peter Salovey, Psychologe aus Yale, lieber unter der Bezeichnung »emotionale Intelligenz« zusammen. Er ortet fünf Bestandteile dieser menschlichsten aller Fähigkeiten:

– Die Selbstwahrnehmung: Grundlage der emotionalen Intelligenz ist das Erkennen der eigenen Gefühle.

– Den richtigen Umgang mit den eigenen Emotionen: Dies ist die Kunst, Herr über die eigenen Gefühle zu sein, sich von ihnen nicht unterkriegen zu lassen und zu verhindern, daß Trübsal einem die Denkfähigkeit raubt; die Fähigkeit, sich selbst wieder zu beruhigen, Angst, Schwermut und Gereiztheit wieder abzubauen. Menschen, die keine geeigneten Strategien dafür haben, laufen ständig mit bedrückenden Gefühle herum, während jene, die geschickt ihre Gefühle bearbeiten, sich wesentlich rascher von den Rückschlägen erholen, die das Leben bietet.

– Die Umsetzung von Emotionen in die Tat: Als Aufmerksamkeit, Selbstmotivation und Selbstbeherrschung sind sie Grundlage für jeden Erfolg, weil sie die Fähigkeit bilden, Frustrationen zu ertragen und Lusterlebnisse hinauszuschieben. Die Fähigkeit, Impulse zu unterdrücken, ist die Basis von Willen und Charakter.

– Die Empathie: Diese Gabe, zu erfassen, was der andere fühlt, ist die Grundlage der Menschenkenntnis und des Altruismus. Wer einfühlsam ist, vernimmt eher die versteckten, nicht ausgesprochenen Signale der Wünsche und Bedürfnisse des anderen. Immerhin 90 Prozent der emotionalen Mitteilungen erfolgen nicht über die Sprache, sondern werden durch den Klang der Stimme, durch Gesten und Körperhaltung kommuniziert. Wo das Gespür für Not und Verzweiflung eines anderen fehlt, gibt es keine Fürsorge.

– Den Umgang mit Beziehungen: Das Wissen über die Gefühle anderer wird genutzt, um »sozial intelligent« zu handeln, das Verhalten den verschiedenen Situationen anzupassen und die eigenen Ziele durchzusetzen. Die sozialen »Stars« sind überall beliebt und sind für Teamarbeit wie geschaffen.

Emotion

Die intrapersonale Intelligenz ist der Schlüssel zur Selbsterkenntnis. Menschen mit hervorragenden intrapersonalen Kompetenzen strahlen eine innere Zufriedenheit aus, weil sie Zugang zu ihren eigenen Gefühlen haben und ihr Leben so gestalten, daß es mit ihren wahren Empfindungen übereinstimmt. Sie erkennen ihre Gefühle von Lust und Unlust, und weil ihnen ihre Emotionen und Gefühle klar sind, können sie sich den Mitmenschen auch mitteilen und ihre Gefühle als Hilfsmittel zur Steuerung ihres persönlichen Verhaltens in der Gesellschaft sinnvoll einsetzen.

Verblüffend ist, daß schon Kleinkinder diese fünf Schritte zur Weisheit bewältigen. Babys lernen durch die Zuwendung ihrer Eltern, was Emotionen sind: Eine Mutter beantwortet die Freude ihres Lieblings mit einem langgezogenen »JaaaAAaa«, wobei die Tonhöhe gleichzeitig mit dem Lächeln des Kindes ansteigt und wieder abfällt. So zeigt sie ihm, daß sie die Gefühle des Kleinen verstanden hat, und stimmt sich mit seinen Gefühlen laufend ab. Klappt diese erste, wichtige Abstimmung zwischen Mutter und Kind nicht, vermeidet das Baby künftig Emotionsäußerungen.

Chemie der Gefühle

Für die meisten Menschen sind Gefühle dennoch höchst individuelle seelische Vorgänge, die schwer zu beschreiben und schon gar nicht zu berechnen sind. – Jedenfalls anders als Denkprozesse etwa während eines Schachspiels, die ein Computer simulieren kann.

Doch Gefühle sind für verstandesmäßiges Denken unerläßlich. Noch bevor im Gehirn das Für und Wider einer logischen Entscheidung erwogen worden ist, legen sich die Gefühle in einer bestimmten Richtung fest. Was gefühlsmäßig nicht stimmt, wird aus den Überlegungen ausgeblendet. Limbisches System, Großhirnrinde und andere Gehirnregionen wie Mandelkern (ein Teil des limbischen Systems) und Präfrontallappen wirken gleichberechtigt am Gefühlsleben mit. Von der Steuerung dieser Hirnareale hängt es ab, ob ein Mensch personale oder emotionale Intelligenz besitzt oder nicht.

»Somatische Marker« nennt der amerikanische Neurologe Antonio Damasio die Emotionen, die Entscheidungen »aus dem Bauch heraus« ermöglichen. Immer folgt jedoch eine anschließende Analyse durch das rationale Hirn. Der Vorteil liegt darin, daß nicht mehr alle möglichen Varianten durch das komplizierte, streng logische Verfahren geschleust werden müssen. Einige wenige Kosten-Nutzen-Überlegungen genügen für eine rasche Entscheidungsfindung.

Auch nach Meinung der Psychologen Dietrich Dörner und Katrin Hille von der Bamberger Universität sind Gefühle nichts anderes als Informationsverarbeitungsprozesse.

Ärger etwa äußert sich durch intensive Aktionen und durch eine derart starke »Konzentration« auf das den Ärger auslösende Ereignis, daß die Wahrnehmung und das Denken ungenau werden.

Trauer hingegen geht meist einher mit intensiver Denk- und Erinnerungsarbeit. Trauernde sind oft passiv, ziehen sich in sich selbst zurück und grübeln.

Psychologen sind der Ansicht, daß Gefühle die biologische Funktion haben, dem Menschen bei der Bewältigung seiner Bedürfnisse zu helfen; und zwar indem sie Energien freisetzen, die wiederum Ideen und das Finden von Wegen zur Problemlösung fördern. Gefühlsgesteuert ist die Suche nach neuen Lösungen für unerwartete Konflikte erfolgreicher als die Steuerung durch reines Denken.

Patienten, bei denen der vorderste Gehirnlappen lädiert ist, fehlt der Zugang zum emotionalen Erfahrungsbereich. Sie sind deshalb auch völlig ungerührt, zeigen keinerlei Gefühle. Diese bedauernswerten Menschen haben alle ihre gefühlsmäßigen Lektionen vergessen.

Ähnliche Mängel gibt es auch bei Menschen, die keine augenscheinlichen Hirnverletzungen davongetragen haben. Sie finden keine Worte für ihre Gefühle. Ehepartner stört an ihnen, daß sie nie auf deren Emotionen eingehen oder eigene Gefühle erkennen lassen. Herzklopfen, Schwitzen und ein flaues Gefühl im Magen können sie nicht als Angst einordnen. Sie wissen nur, daß sie sich »schrecklich« fühlen. Sie weinen, haben aber keinen Schimmer davon, warum. Alexithymie (»a« steht für Mangel, »lexis« für Wort und »thymus« für Gefühl) nennt die Wissenschaft diese Störung, die wahrscheinlich auf eine Unterbrechung der Verbindung zwischen dem limbischen System und der Großhirnrinde zurückzuführen ist.

Empathie

Wenn der neunmonatige Michael ein anderes Baby hinfallen sieht, treten ihm Tränen in die Augen, und er krabbelt fort, um sich von seiner Mutter trösten zu lassen. Das Leid des anderen schmerzt auch ihn. Die 15 Monate alte Michaela versucht, ihre weinende Freundin zu beruhigen, indem sie ihr eine Puppe bringt. Wenn das nichts nützt, holt Michaela auch noch eine Schmusedecke.

Schon Säuglinge regt es auf, wenn sie andere Babys weinen hören. Sie spüren, daß mit dem anderen etwas nicht stimmt. Dieser Sensor für die Befindlichkeit von Mitmenschen ist eine der zentralsten Errungenschaften des Menschen und ermöglicht das weitgehend reibungslose Zusammenleben in der Gesellschaft.

Experten halten die mitfühlende Reaktion der Kleinen für den ersten Vorboten der Empathie, der Fähigkeit, die Gefühle anderer Menschen richtig zu deuten und danach zu handeln.

Wer die Stimmungen, Temperamente, Motive und Absichten seiner Mitmenschen richtig zu deuten weiß, verfügt über ein hohes Maß an interpersonaler Intelligenz. Es ist die Fähigkeit, andere Menschen zu verstehen: was sie motiviert, wie sie arbeiten, wie gemeinsam vorgegangen werden kann. Jeder Mensch benötigt in seinem täglichen sozialen Umgang mit anderen Menschen diese Fähigkeit – Lehrer genauso wie Verkäufer oder Politiker, Ärzte genauso wie Anwälte und Priester.

Die Gabe, auf andere einzugehen, kann sich als wesentlich wichtiger erweisen als die im IQ festgestellte Meß-Intelligenz. Howard Gardner: »Viele, die einen IQ von 160 haben, arbeiten für Leute mit einem IQ unter 100, weil sie selber über eine geringe, der Arbeitgeber jedoch über eine hohe interpersonale Intelligenz verfügt.« Wer kein gutes Einfühlungsvermögen hat, trifft in seinem Leben immer wieder die falsche Wahl – sei es nun beim Lebenspartner oder im Beruf.

Talente erkennen

Judy, ein ruhiges, vierjähriges Mädchen mit dunklen Augen, wird von ihrer Mutter jeden Tag in die Vorschule gebracht. Anders als die aufgeweckten Kameraden und Kameradinnen, zögert sie, bei den Spielen ihrer Freunde und Freundinnen mitzumachen. Wie ein Mauerblümchen steht sie da und schaut erst einmal den anderen Kids der Gruppe zu.

Da ertönt das Zeichen zum »Klassenspiel«. Die Gruppe schart sich um eine Puppenhaus-Version ihres eigenen, echten Klassenzimmers; auf die Holzfiguren haben die Kinder ihre Fotos aufgeklebt. Die Lehrerin ermuntert Judy, die Figuren in den Teil des Raumes zu stellen, wo die anderen Kinder am liebsten spielen – in die Malecke, zu den Bausteinen, in die Puppen- oder in die Bücherecke. Dann soll sie die Jungen- und Mädchenfiguren so gruppieren, daß sie zeigen, wer mit wem in der Gruppe am liebsten spielt.

Judy weiß genau, welche Kinder mit wem am dicksten befreundet sind und welche Beschäftigung sie bevorzugen. Mit Hilfe der Bilderfiguren zeichnet das kleine Mädchen eine vollständige Karte der sozialen Beziehungen in ihrer Klasse und beweist damit ihr Talent der Menschenkenntnis. So erkannt, wird Judys personale Intelligenz in der Eliot-Pearson-Vorschule auf dem Campus der Tufts-Universität in Pennsylvania als für das weitere Leben besonders wichtige Gabe gefördert werden.

Doch ihre besonderen Fähigkeiten – ihr soziales Wahrnehmungsvermögen, mit dem sie später vielleicht als Managerin Erfolg haben wird – wurden nur erkannt, weil in dieser Vorschule das Projekt »Spektrum« organisiert wurde. Ein Projekt, so ihr Mentor Howard Gardner, mit dem das »Spektrum der Talente« weit über die in Schulen übliche Konzentration auf Lesen, Schreiben und Rechnen hinaus erkannt und gefördert werden soll.

Das ist auch eine der wesentlichen Aussagen, die der Erfolgsautor Daniel Goleman in seinem Buch »Emotionale Intelligenz« trifft: Die Erziehung formt zu einem großen Teil die personalen Intelligenzen. Wer in seiner Kindheit und Jugend das Management von Emotion und rationellem Denken nicht gelernt hat – nämlich seine Impulse, seine Wut- und Angstanfälle zu zähmen –, ist auch nicht in der Lage, sein geistiges Potential voll auszuschöpfen. »Defizite in emotionaler Intelligenz«, meint Goleman, »zeigen sich in einer Reihe von Risiken, die von Depression über die Gewalttätigkeit bis zu Eßstörungen und Drogenkonsum reichen.« Deshalb plädiert der Psychologe dafür, emotionale Intelligenz in der Schule vermehrt gezielt zu vermitteln.

Michael Kearny:
Descartes' Reinkarnation

»McDonald's«, ertönt es piepsig von der Rückbank des amerikanischen Mittelklassewagens. Cassidy Kearny dreht sich zu ihrem achtmonatigen Sprößling um. Michael sitzt gemütlich im Kindersitz und blickt interessiert auf die an ihm vorbeiziehende »Highway-Landschaft«. Die Mutter sieht im Hintergrund gerade noch das Gebäude des »McDonald's-Drive-In« verschwinden. »Wie bitte?« sagt sie mehr zu ihrem am Steuer sitzenden Mann als zu ihrem Sohn. »Habe ich da eben ›McDonald's‹ gehört?«

Nicht die Tatsache, daß der kaum ein dreiviertel Jahr alte Knirps überhaupt schon Worte artikulieren kann, wundert die verblüffte Mutter. Schließlich hat Michael bereits mit vier Monaten zum ersten Mal »Daddy« und bald darauf auch »Mummy« gesagt. Und Daddy, ein Marineoffizier, und Mummy, eine Sekretärin, fanden das hinreißend und überhaupt nicht abnormal. Sie hatten vorher noch nie etwas mit Babys zu tun gehabt und dachten sich selbst dann noch nichts, als ihr Winzling bald Sätze aus zwei, drei Worten zu plappern begann – vorzugsweise die Kombination »Wohin gehen?« und »Was zu essen?«. Erst durch die völlig perplexe Verwandtschaft wurden die jungen Eltern darauf aufmerksam gemacht, daß Michael auffallend früh dran wäre mit seinem Sprechvermögen. Aber die Kearnys machten sich darüber keine großen Gedanken. Sie begannen freudig, mit dem kleinen Michael zu sprechen, und der Dreikäsehoch plapperte eifrig zurück.

Wo in aller Welt hatte Michael aber jetzt den Namen der Fastfood-Kette her? »Wie kommst du auf McDonald's?« fragt die Mutter ihren Sohn nochmals, ohne sich wirklich eine Antwort zu erwarten. »Shell«, piepst Michael vor sich hin und blickt weiter aus dem seitlichen Autofenster, als die Familie gerade an einer großen »Shell«-Tankstelle vorbeifährt. Mutter Kearny erstarrt. »Er liest«, flüstert sie ungläubig. »Kevin, unser Sohn kann lesen.« Der Vater beschwichtigt, Michael habe sich wahrscheinlich einfach die Firmensymbole gemerkt. Allerdings können sich die Eltern nicht erinnern, vor ihrem Sohn jemals bewußt eine Verbindung zwischen dem Logo von »Shell« und dem dazugehörigen Firmennamen hergestellt zu haben.

Des Vaters Zweifel zerstreuen sich noch am selben Abend. Michael sitzt vor dem riesigen Fernsehbildschirm und lauscht andächtig der Werbung. Er kräht »Kellogg's«, als die Cornflakes-Packung erscheint, und »Levis«, als ein knackiger Po in Bluejeans das Bild füllt. In beiden Fällen wird der Produktnamen nur geschrieben und nicht genannt. Kevin Kearny ist verwirrt, aber immer noch nicht überzeugt. Er holt eine Zeitung mit Anzeigen. »Was steht hier?« fragt er seinen Sohn und deutet auf die abgebildeten Sportschuhe. »Adidas«, antwortet Michael problemlos. Michael kann lesen – nun ist auch der Vater sicher.

Der acht Monate alte Knirps schien von seiner neuen Fähigkeit selbst ganz begeistert zu sein. Er las öffentliche Aufschriften und Firmen- und Produktnamen. Auch die Eltern begannen, sich über die außergewöhnliche Fähigkeit ihres Sohnes zu freuen. Wenn er solchen Spaß am Lesen hatte, sollte er doch gleich gebräuchlichere Worte lernen. Mutter Kearny kaufte ein Buch mit dem Titel »Wie Sie ihrem Baby Lesen beibringen«. Es waren große Bilder darin mit den jeweiligen Begriffen: »Mummy, Daddy, Auge, Nase, Ohren ...«. In der Einleitung stand, daß Babys bis zu einem Wort täglich lernen können. Michael kümmerte sich freilich nicht darum, was in der Einleitung stand – er lernte jeden Tag fünf Wörter. Nach drei Monaten beherrschte er die insgesamt 500 Begriffe aus dem Effeff. Irgendwie schaffte es der Knirps schließlich auch, Worte, für die er noch nie ein Bild oder ein Symbol gesehen hatte, rein phonetisch aufzuschnappen und in geschriebener Form wiederzuerkennen. Also begannen die Eltern, ihrem Sohn richtige Bücher zu kaufen. Nur wenn Oma und Opa anreisten, verschwand die Lektüre in der untersten Schublade. Sie hätten es doch nicht verstanden, daß der Zweieinhalbjährige schon lesen konnte. Ganz im Gegenteil, sie wären schockiert gewesen – so wie damals, als der Kleine und seine Eltern Tante Margaret und Onkel John ins mexikanische Restaurant ausgeführt hatten. Michael hatte darauf bestanden, seine eigene Speisekarte zu bekommen, er hatte sie eigenständig durchgelesen, hatte das Angebot an Tacos kommentiert und hatte dann dem Kellner seine Wünsche mitgeteilt.

Die Tante und der Onkel waren sehr erstaunt gewesen. »Wie alt ist euer Sohn jetzt?« hatten sie Michaels Eltern gefragt und fassungslos fortgesetzt: »Zwei? Das gibt es nicht. Kein Zweijähriger kann natürlicherweise so sprechen, und schon gar nicht kann er eine Speisekarte lesen. Ihr dressiert ihn. Der arme Junge, laßt ihn doch Kind sein! Ihr macht ihn ja zur Marionette!« Die Tante und der Onkel waren merklich irritiert gewesen. Cassidy und Kevin Kearny hatten ihre Lehre daraus gezogen. Sie hatten ihren Sohn beschworen, sich in der Öffentlichkeit so unauffällig wie möglich zu benehmen.

Und Michael folgte. Schließlich spürte er auch die Befremdung der Menschen um ihn herum, wenn er wortgewaltig drauflosplapperte und schließlich sogar zu rechnen begann. Seine neue Fähigkeit entsetzte zunächst selbst die Eltern. »Warum bringst du ihm Rechnen bei?« fragte Kevin Kearny verärgert seine Frau. »Tu ich doch gar nicht«, antwortete sie. »Warum fragt er mich dann nach Additionen und Subtraktionen?« wollte der Vater wissen. Doch darauf hatte auch die Mutter keine Antwort.

Die Kearnys beschlossen, ihren Sohn testen zu lassen. Sie

wandten sich an die John Hopkins University in Baltimore und bekamen ein ganzes Paket mit Testaufgaben zugesandt, die Michael lösen sollte. Der Dreikäsehoch ließ tatsächlich keine einzige Frage unbeantwortet, und die Kearnys waren zum ersten Mal restlos beeindruckt. »Wie ist das möglich?« fragten sie in der Universität nach. »Wir haben unserem Kind niemals das Rechnen beigebracht.« Michael verfüge über die Begabung, so erfuhren die Eltern, mit bloßer Logik Lösungen zu finden, obwohl er die Zusammenhänge nicht verstehe und sie auch nicht erklären oder begründen könne. »Darum werden wir nie erfahren, wie er das eigentlich macht. Wir wissen es selbst auch nicht«, mußten die Experten gestehen. Die unbefriedigende Antwort veranlaßte die Eltern zu eigenen Spekulationen. »Wir dachten damals, es müsse sich wohl um die Reinkarnation von Descartes handeln. Wir hatten keinerlei Erklärung, und in unseren Familien hat es so etwas auch noch nie gegeben. Vielleicht gibt es das eben doch, daß Leute zurückkehren auf die Erde und ihr Wissen der Welt wieder zur Verfügung stellen«, äußern die Kearnys ihre Vermutungen – und wollten es auf eine objektive Probe ankommen lassen.

Michaels IQ sollte getestet werden. An der Universität in San Francisco legten die Psychologen dem Viereinhalbjährigen irrtümlich den Stanford-Binet-Test für Sechsjährige vor. Den Quiz-Show-erprobten Michael brachte das freilich nicht aus der Fassung. Im Gegenteil: Er lieferte ein Ergebnis ab, das weit über dem höchsten Meßwert dieses Tests lag. Die Psychologen bezifferten Michaels IQ mit 325. Damit dürfte die »Reinkarnation Descartes'« selbst das verblichene »Original« übertrumpft haben. »Wir waren schockiert«, erinnert sich Kevin Kearny. »Ich hatte Tränen in den Augen. Wir wußten nicht, ob wir dem Umgang mit unserem Sohn gewachsen sein würden.«

Während der Dreikäsehoch Fremden gegenüber das harmlos-kindliche Öffentlichkeits-Ich zur Schau stellte, wurde er zu Hause zum energiestrotzenden Wissensakkumulator.

Würde er jemals Freunde finden? Würde er eines Tages eine Frau haben und eine Familie gründen? Würde er einen adäquaten Job finden, und würde er jemals mit Gleichaltrigen normal kommunizieren können? Fragen über Fragen gingen den besorgten Eltern durch den Kopf.

Sie suchten weiter Rat bei Spezialisten. Aber in den meisten Fällen begegneten sie nur hilflosem Achselzucken, und im besten Fall wünschte man ihnen »Viel Glück!« zum Abschied. Denn soviel stand fest: Die Zukunft mit einem Kind wie Michael würde anstrengend werden. »Menschen wie er«, analysiert der Intelligenzforscher Howard Gardner, »schrauben sich selbst in die Höhe, man kann sie nicht stoppen. Man kann nicht sagen: Michael Kearny, entspanne dich für die nächsten paar Jahre und ruhe dich auf deinen Lorbeeren aus. Er hat enorme Energien, und die können entweder für Sinn oder Unsinn eingesetzt werden. Kinder wie Kearny treiben sich selbst voran.«

Howard Gardner weiß auch, daß manche Dinge nicht einfach mit Intelligenz und Logik zu lösen sind, sondern der Lebenserfahrung bedürfen. Also empfahl er den Kearnys, Michael unbedingt mit Gleichaltrigen zusammenzubringen. Und das hatten die Eltern nun auch vor.

Michael war sehr zufrieden mit der Entscheidung von Mummy und Daddy, ihn in einen Montessori-Kindergarten zu bringen. Er mochte selbst endlich Kameraden finden. In dem Apartment-Block zu Hause hatte es bisher mit dem Gewinnen von Freunden nicht so richtig geklappt. Mit den älteren Kindern hatte er körperlich nicht mithalten können, und die gleichaltrigen oder gar jüngeren hatten in geistig völlig ungerührt gelassen. Im Kindergarten, so erwartete Michael, werde es Jungen und Mädchen geben, mit denen er spielen könne und von denen er gleichzeitig auch intellektuell gefordert werden würde. Aber Michael stellte bald fest, daß seine Erwartungen etwas überzogen waren. Ganz besonders ärgerten ihn die Proteste einiger Eltern, die da behaupteten, ein dreijähriger Knirps wie er würde das Niveau der Kindergartengruppe drücken. Dabei fühlte sich Michael geradezu überqualifiziert für den Kindergarten. Immerhin konnte er lesen, schreiben, addieren und subtrahieren, und jedes Wort, das er aussprechen konnte, wußte er auch zu buchstabieren. Das sollte ihm erst eines der größeren Kinder nachmachen.

Mutter und Vater Kearny dachten ähnlich. Sie zögerten nicht lange, den Transfer ihres Sprößlings von der Kindergruppe in die erste Stufe der Montessori-Schule vorzunehmen. Der Dreieinhalbjährige war der intellektuellen Herausforderung spielend gewachsen. Nur die Mittagspause geriet ihm zum Problem, denn wie zu Hause im Wohnblock waren ihm die Fünf- und Sechsjährigen körperlich überlegen und hatten keine große Lust, sich mit dem Knirps abzugeben.

Michael entwickelte eine Strategie. Er überließ den Gefährten nicht nur sein Mittagessen, um sich beliebt zu machen, er versprach der Kindermeute auch, den heimischen Kühlschrank zu plündern und die kulinarischen Leckereien hinauszuschmuggeln. Im Nu war Michael von appetitreichen kleinen Gourmets umgeben. Doch das erfolgversprechende Konzept wurde von der Mutter durchkreuzt. Sie ertappte ihren Sprößling auf frischer Tat, als dieser gerade die letzten drei Dosen Cola aus dem Haus transportieren wollte. »Freunde kann man sich nicht kaufen«, erklärte sie dem Sohn. Und Michael verstand.

Von nun an hielt er sich an die Lehrer. Für sie brauchte er keine räuberischen Streifzüge zu unternehmen, um mit ihnen die Pausen verbringen zu dürfen. Der netteste Lehrer schaute sogar tolerant darüber hinweg, daß Michael aus seinem Schinkensandwich nur den Schinken herauszog und den Rest verschmähte. Und darüber hinaus konnte er sich mit ihm auch noch über die Planeten, das Sonnensystem und das Meer unterhalten.

Ausgelastet fühlte sich Michael vom Stoff der Schule freilich nicht. Was immer er dort lernte – wenn er nach Hause kam, forderte er noch mehr Hirnfutter von den Eltern. Und die gaben sich redlich Mühe, ihren Sohn zu beschäftigen. »Solange er was zu lernen hatte«, erinnert sich die Mutter, »war er ein ruhiges, freundliches und glückliches Kind. Sobald er aber unterbeschäftigt war, verwandelte er sich zur hyperaktiven Nervensäge.« »In solchen Stunden«, meint Kevin Kearny, »hätte man ein Endlosband mit den Worten ›Hör auf zu sprechen‹ und ›Greif das nicht an‹ abspulen müssen. Es waren geradezu Synonyme für den Namen ›Michael‹.«

Das Montessori-Programm erlaubte jedem Kind, nach seinem individuellen Tempo voranzuschreiten. Michael absolvierte den Kindergarten und die erste Schulstufe innerhalb eines Jahres. Doch nach diesem Jahr wurde Vater Kevin nach Kalifornien versetzt, und die Familie übersiedelte mit ihm. Die Eltern wollten Michael wieder in einer Montessori-Schule unterbringen, aber die Suche nach einer solchen Einrichtung blieb erfolglos. In diesem Staat wurde die Schulpflicht äußerst strikt gehandhabt, vor dem abgeschlossenen fünften Lebensjahr wurden keine Kinder im Unterricht zugelassen. Die Kearnys waren verzweifelt. Michael war inzwischen über vier Jahre alt und seine Fähigkeiten in Lesen, Schreiben und Rechnen entsprachen jenen eines Schülers der fünften Schulstufe. Die Eltern konnten Michaels Lernwut kaum mehr kanalisieren. Sie schafften haufenweise Bücher heran, kauften einen Computer und ließen Michael, so oft er wollte, die Game-Shows im Fernsehen anschauen. Und das wollte Michael tatsächlich sehr oft. »Da sind fixe Denker am Werk«, meint er. »Sowohl der Showmaster als auch die Kandidaten müssen sehr schnell schalten. Es entspricht dem Tempo, mit dem auch mein Hirn arbeitet. Wenn ich groß bin, möchte ich auch Quizmaster werden.«

Aber Michael war noch lange nicht groß. Und die Quizmaster mußten – neben den Fernsehkollegen – im Moment noch die Eltern spielen. Weil Michael unmöglich noch zwölf Monate untätig herumsitzen konnte, bis er endlich in die Schule aufgenommen wurde, ließen sich die Kearnys für viel Geld die Unterlagen für die fünfte Schulstufe einer Heimunterrichtsinitiative aus Virginia zusenden. Damit hofften sie, ihren Jungen ein Jahr lang auf Trab halten zu können. – Mitnichten! Nach vier Monaten verlangte das »Turbohirn« Nachschub. Und weitere elf Monate später hatte Michael auch den Stoff der sechsten, siebenten und achten Schulstufe in seine Ganglien eingespeist. Gerade noch rechtzeitig, bevor die Familie wegen der von ihm verursachten Ausgaben in eine finanzielle Krise schlitterte, wurde Michael sechs Jahre alt und durfte in die High School eintreten – zusammen mit der Mutter, denn eine erwachsene Begleitperson mußte der Knirps immer an seiner Seite haben. Also drückte Cassidy Kearny gemeinsam mit ihrem Sohn die Schulbank, jeden Tag, vier Jahre lang. Er saß in der vordersten Bankreihe, hörte nur zu und memorierte alles in seinem Kopf, während die Mutter sich dezent im Hintergrund hielt und sämtliche Mitschriften erledigte, weil Michael das motorisch noch nicht schaffte. Zu Hause befaßte sich der Junior maximal zwei Stunden mit dem Stoff, dann krähte er bereits nach »Extra-Works«. Die Mutter hingegen saß oft bis zwei Uhr in der Früh über den Büchern und studierte die kommenden Lektionen ein. »Ich lernte für den Fall voraus, daß Michael eine Frage haben könnte. Dann wollte ich nicht dumm dastehen, sondern die Antwort parat haben. Deshalb glaubt mein Sohn jetzt auch, daß ich sehr intelligent bin«, lacht Cassidy Kearny.

Freilich war ihr in dieser Zeit oft auch recht wenig nach Lachen zumute. Schließlich hielt sich die Begeisterung mancher Lehrer über ihren jüngsten Schüler sehr in Grenzen. Nicht nur, daß er ihnen mehr Arbeit bereitete, weil er ständig weiterführende Fragen stellte und nie genug Aufgaben bekommen konnte. Gleichzeitig bestand auch immer die Gefahr, daß er einen Lehrer kräftig blamierte. »Das kann ganz schön langweilig sein«, erzählt Michael, »wenn da einer vorne bei der Tafel steht und in einer vollen Stunde kompliziert ausführt, was ich selbst in fünf Sätze fassen könnte. Und das sage ich den Lehrern dann auch.«

Die revanchierten sich dann subtil. Etliche Lehrer wollten einfach nicht glauben, daß Michael ohne Tricks und Schummeln bei den Tests so gut abschneide. »Da steht einer die ganze Zeit hinter mir«, ärgert sich das Miniatur-Genie, »und beobachtet jeden meiner Handgriffe, um sicher zu sein, daß hier alles mit rechten Dingen zugeht und ich ja nicht schummle. Da kann man sich manchmal schon recht schwer konzentrieren.« Noch schlimmer war es, wenn Michael eine Aufgabe anders löste als nach der im Buch vorgeschriebenen Methode. »Die behaupteten dann, das Ergebnis sei falsch«, ärgert sich Michael noch heute. »Aber die Antwort war nicht falsch. Ich hatte lediglich einen anderen Lösungsweg angewendet.«

Michaels Noten waren und blieben trotz aller Widrigkeiten vorzüglich, und nach vier Jahren hatte er seinen High-School-Abschluß – einschließlich eines Eintrags im »Guiness-Buch der Rekorde«. Noch nie hatte ein Neunjähriger die High-School abgeschlossen, schon gar nicht mit ausgezeichnetem Erfolg

Doch Michael dachte erwartungsgemäß keinesfalls daran, nun eine Verschnaufpause einzulegen. Er hatte jetzt das College im Visier. Die Familie mußte wieder einmal umziehen, und der Rektor der Universität von West-Florida schluckte kräftig, als Michael in Begleitung seiner Eltern inskribieren wollte. Aber wer könnte schließlich einen ausgezeichneten High-School-Absolventen ablehnen? Michael entschied sich für ein Anthropologie-Studium. »Als ich mit meinen Eltern hierher kam«, grinst Michael, »dachten alle, daß die beiden die Studenten sind und keinen Babysitter für mich gefunden haben, aber inzwischen wissen sie schon, daß ich der Student bin.« Michael fühlte sich hier sogar besser aufgehoben als auf der High-School. »Ich werde hier besser behandelt als zuvor in der Schule«, freut er sich. »Niemand hier sagt: Schau dir mal die kleine Intelligenzbestie an. Die Leute sind nicht so eifersüchtig. Es ist besser mit ihnen auszukommen.«

Nur mit seinem Tempo konnten sie nicht ganz mithalten. Mit zehneinhalb Jahren hatte das Genie seine Anthropologie-Semester hinter sich gebracht – und stand nun ein zweites Mal im »Guiness-Buch der Rekorde« – als jüngster Universitätsabgänger der Welt.

Aber der nimmersatte Lernroboter will weiter studieren. Auch wenn ihn das immer weiter weg führt von Seinesgleichen. »Ich habe natürlich nichts weiter gemein mit den älteren Studenten, außer eben den Studienstoff«, räsoniert Michael. »Ansonsten bin ich schon lieber mit Gleichaltrigen zusammen. Mit denen will ich all den Kinderkram machen, Videogames spielen, Fernsehen und so.« Wo aber soll er diese Gleichaltrigen nur treffen? Ein Problem, dessen Lösung Michael seinen Eltern überläßt. »Es ist weniger anstrengend, das College für ihn zu organisieren«, stöhnt Kevin Kearny, »als seine Freizeitaktivitäten. Schließlich geht es darum, ihn irgendwohin zu bringen, wo Intellekt keine Rolle spielt, wo es um rein körperliche Dinge geht, wo es überhaupt keine Rolle spielt, welche Ausbildung du hast, wo er Jungs und Mädchen trifft, mit denen er seinem Alter entsprechende Beziehungen haben kann.« Also besuchte Michael zunächst ein Baseballteam, dann verschiedene Gymnastikkurse, und jetzt macht er gerade

Karate – allerdings allein mit seinem schwarzbegurteten Lehrer.

Was soll's. Michael ist mit seinem Kopf schon ganz bei seinem neuen Studium. Heute ist sein erster Tag in der Mathematikklasse der Universität von West-Florida. Lässig lehnt er zwischen zwei gestandenen Männern in seinem Stuhl und kneift die Augen hinter den dicken Brillengläsern leicht zusammen, wenn er nach vorne zur Tafel blickt. Dort steht die Professorin und schreibt komplizierte Formeln an die Tafel: »Progr.1 const, var., local x, proc I, xI = integer x=y«. Michael schreibt eifrig mit, verharrt einmal kurz und reibt sich die Nase, dann schreibt er gleich wieder weiter. Er hat den gerade erläuterten Gedankengang der Lehrerin verstanden – »Gibt es dazu noch Fragen?« wendet diese sich an die Studenten. Michael jedenfalls hat keine Fragen.

Das einzige, immer näher rückende, noch ungelöste Problem scheint zu sein: Wie wird Michael einmal ohne seinen Vater auf den Campus kommen, wenn er selbst hier als Professor unterrichten wird, aber noch zu jung ist, den Führerschein zu machen?

Geniale Geschichte

Intelligenz ist, verkürzt gesagt, die Fähigkeit, neu auftretende Probleme zu lösen. Die Sprache, die geplanten Bewegungen der Hände, Musik und Tanz haben – jede Fähigkeit für sich und auch jede die andere begünstigend – den menschlichen Intellekt entstehen lassen.

Aber wie kam es, daß der Mensch solche Fähigkeiten entwickelte? Entstand die menschliche Intelligenz dadurch, daß wir einfach mehr von dem besitzen, was auch die Tiere haben? Tatsächlich ist der am höchsten entwickelte Teil des Gehirns, die Großhirnrinde, beim Menschen wesentlich besser ausgebildet als bei den Tieren: Ausgebreitet mißt die Hirnrinde des Menschen vier DIN-A4-Seiten, die des Schimpansen eine Seite, ein normaler Affe bringt es gerade auf eine Hirnrinde mit der Fläche einer Postkarte, eine Ratte auf die einer Briefmarke.

Die größenmäßige Unterscheidung mag eine Erklärung für die unterschiedlichen Voraussetzungen für intelligente Leistungen sein, als Erklärung für die Entstehung von Intelligenz reicht sie bei weitem nicht aus.

Soziales Zusammensein gibt dem menschlichen Individuum die Chance, sinnvolle Entdeckungen anderer nachzumachen und damit am Erfolg teilzunehmen. Doch davon profitieren alle Herdentiere, ohne dem intellektuellen Status eines Menschen auch nur nahezukommen. Es müssen also zusätzliche Faktoren eine Rolle spielen.

Tatsächlich ist bis jetzt rätselhaft, wie die Evolution in 400 Millionen Jahren aus den kleinen Nervenbläschen im Kopfpanzer der Rundmäuler allmählich das menschliche Gehirn hat werden lassen; genauso wie die Wissenschaftler noch immer darüber brüten, wie sich aus der komplexen Artenvielfalt ein Wesen wie der Mensch entwickeln konnte, dessen Gehirn derart komplexe Fähigkeiten besitzt.

SCHRITTE DER MENSCHWERDUNG

Die Größe des Gehirns allein ist nicht ausschlaggebend für seine Fähigkeiten. Das menschliche Hirn ist zwar größer und komplizierter gebaut als das vieler Tiere, aber etliche Tiere wie etwa Elefanten oder Wale haben wesentlich mehr Hirnmasse. Auch die Zahl der Nervenzellen ist nicht ausschlaggebend für die intellektuelle Überlegenheit der menschlichen Art: Die Großhirnrinde der Ratte enthält pro Kubikmillimeter 100.000 Nervenzellen, die des Menschen dagegen pro Kubikmillimeter nicht einmal halb soviel. Doch die Neuronen im menschlichen Hirn sind vielgliedriger und komplexer verdrahtet. Was diese Vernetzung fördert oder hemmt, ist mittlerweile an Versuchen mit den kleinen Nagern geklärt: Ratten, die in den ersten Wochen ihres Lebens von allen Umweltreizen abgeschirmt wurden, haben wesentlich weniger Vernetzungen zwischen den einzelnen Hirnzellen als jene Artgenossen, die mit Gleichaltrigen und Muttertieren in engem Kontakt und in einer an Reizen reichen Umgebung aufwuchsen.

Wissenschaftler wie der amerikanische Biologe Christopher Wills haben herausgearbeitet, welche Faktoren die Entwicklung des menschlichen Intellekts ermöglicht haben: Im Gegensatz zu den anderen Lebewesen durchläuft das Gehirn des Homo sapiens große Strecken seiner Entwicklung erst nach der Geburt. Während dieser Entwicklungsphasen ist das Baby weit komplexeren und vielschichtigeren Reizen ausgesetzt als alle Tiere, deren Gehirne sich zum überwiegenden Teil in der von Umweltreizen weitgehend abgeschirmten Gebärmutter entwickeln und vernetzen.

Die Chance, daß Umwelteinflüsse die Fähigkeiten des menschlichen Gehirns sehr stark mitprägen können, war offenbar eine wichtige Voraussetzung für die Entwicklung der Komplexität menschlicher Fähigkeiten. Im Babyalter werden Erfahrungen und Eindrücke in den letzten, entscheidenden Entwicklungsschub des Gehirns mit eingebracht.

Wechselnde Umweltfaktoren sorgten nach und nach für die Ausprägung und Verbreitung bestimmter Fähigkeiten. Obendrein konnten Erfindungen des Menschen selbst die Umwelt derart beeinflussen, daß neue, komplexere Fähigkeiten bevorzugt wurden

Der Biologe Christopher Wills erklärt das an einfachen Beispielen: Die Erfindung von Pfeil und Bogen hat etwa eine Selektion von neuen Genen in Gang gesetzt. Höchstwahrscheinlich waren auch schon davor komplexe Fähigkeiten im Genpool der Menschheit angelegt, hatten aber für die vor Verwendung von Pfeil und Bogen übliche Fertigkeit, mit Wurfspeeren umzugehen, keine wesentliche Bedeutung. Bis zur Einführung von Pfeil und Bogen waren Jäger mit dem kräftigsten Wurfarm – eine sehr kleine Gruppe – im Vorteil gegenüber ihren Gefährten.

Die neue Technik setzte nicht mehr hauptsächlich den kräftigen Wurfarm voraus, sondern vor allem andere Qualitäten. Die Menschen, die besser mit Fähigkeiten wie Gleichgewichtssinn, Feinmotorik und vor allem mit der für das Zielen unerläßlichen räumlichen Intelligenz ausgestattet waren, konnten als Bogenschützen mehr der bewegten Ziele in großer Entfernung treffen, sie waren daher in der Nahrungsbeschaffung im Vorteil, und ihr Genpool konnte sich in der Folge durchsetzen.

Somit kann der Mensch, vereinfacht gesagt, durch seine intellektuelle Leistung selbst seine Entwicklung vorantreiben. Die enorme genetische Vielfalt der menschlichen Art und die Fähigkeit des Gehirns, von Bereicherungen zu profitieren, machen Rückkopplungen zwischen Gen und Umwelt möglich. Das menschliche Gehirn will lernen, und es überwindet dabei fast jedes Hindernis – denn »Lernen ist genau die Zweckbestimmung, die das Gehirn auf der jüngsten Etappe seiner Evolution erhalten hat« (Wills).

Darwins Irrtümer

Mehr als ein Jahrhundert galt Charles Darwins Werk »Über die Entstehung der Arten« als Bibel der Biologen. Die gesamte Evolution, war der britische Theoretiker überzeugt, basiere auf einem einfachen Gesetz. UV-Strahlung und natürliche Radioaktivität verursachen in allen lebenden Zellen Veränderungen der Erbsubstanz. Die Natur entscheidet dann darüber, welche dieser Mutationen sich in den folgenden Generationen durchsetzt. Lebewesen, denen der Zufall einen Startvorteil im Überlebenskampf bescherte, haben größere Chancen und verdrängen daher mit der Zeit ihre nichtprivilegierten Artgenossen.

Darwins Fehler, so meint ein Team von Harvard-Biologen, sei es gewesen, daß er sämtliche Veränderungen als Laune der Natur gesehen habe – ein naheliegender Schluß für die Beurteilung eines Wissenschaftlers, der 100 Jahre vor der Geburt der Gentechnik gelebt hat.

Bis heute erklären die Darwinisten den langen Weg vom Einzeller zum Menschen als permanente Abfolge von Mutation und Selektion. Nur – und das belegen 1991 im Wissenschaftsblatt »Science« publizierte Experimente – sind schon primitive Lebewesen in der Lage, ihr genetisches Geschick selbst in die Hand zu nehmen.

Die neuen Gesetze der Evolution wurden beim Haustier der Biologen, dem Bakterium »Escherichia Coli«, beobachtet. Es gibt unterschiedliche Stämme dieser Bakterie: solche, die Zucker abbauen, und solche, die das nicht können. Setzt man jedoch Bakterien, die den Zucker nicht abbauen können, in Zuckerlösungen, beginnen auch sie nach einiger Zeit Zucker zu spalten; und zwar in einem Tempo, das mit genetischen Änderungen durch Zufallsmutationen nicht erklärbar ist.

Die Genforscher wollten der Sache auf den Grund gehen und beobachteten die Kleinstlebewesen bei ihrer »Lernarbeit«: Dazu hatten sie mit ihren biochemischen Scheren aus den zum Zuckerabbau fähigen Bakterien das Zukkerabbau-Gen komplett entfernt. Prompt begannen die Bakterien wie von unsichtbaren Kräften getrieben, andere DNA-Stücke in ihren Genen zu aktivieren. Trotz der Amputation konnten die Bakterien bald wieder Zucker abbauen, wenn auch viel komplizierter.

Solche »raschen und zielgerichteten Mutationen«, so der Wiener Arzt Johannes Huber in seinem Buch »Im Bannkreis der Sphinx«, »machen es wahrscheinlich: Es gibt eine Kommunikation der Gene mit der Umgebung.«

Die Darwinsche Lehre wurde inzwischen auch noch in einem anderen wichtigen Punkt relativiert. Eine Mutation, die zunächst Nachteile schafft, muß nicht immer zum Untergang führen. Als Darwin das Kernstück seiner Theorie formulierte, vollzog sich eine solche Mutation ganz in seiner Nähe. Bei Manchester entdeckten Schmetterlingssammler schwarz gefärbte Birkenspanner.

Diese blieben freilich eine seltene Erscheinung. Weil sie für ihre Feinde besser als ihre weißen Artgenossen auszumachen waren, endeten die meisten als Vogelfutter. Als Darwins Buch »Über die Entstehung der Arten« 100 Jahre alt wurde, war dieser genetische Nachteil allerdings zu einem Vorteil geworden. Der Ruß aus den umliegenden Industriegebieten hatte den hellen Flechtenbewuchs der Bäume vernichtet, so daß nunmehr die weißen Falter stärker auffielen. Neun von zehn Birkenspannern rund um Manchester sind inzwischen schwarz.

Selbst krankmachende Genveränderungen können mitunter auch ihre guten Seiten haben – dann nämlich, wenn die Umwelt neue Herausforderungen beschert. Die Sichelzellenanämie zum Beispiel ist zwar eine schwere und bislang unheilbare Blutkrankheit des Menschen. Sie kann allerdings nur dann ausbrechen, wenn beide Eltern das defekte Gen an die Nachkommen weitergeben. Weit häufiger kommt es vor, daß Menschen nur ein defektes (und ein gesundes) Gen erben. Dann kommt die Krankheit nicht zum Ausbruch. In den Tropen sind Menschen mit diesem Gendefekt im Vorteil: Sie sind gegen die »Königin der Krankheiten«, die Malaria, immun, weil sich der Malaria-Erreger in den sichelförmigen Blutzellen der »Erbkranken« nicht vermehren kann. In Afrika hat der natürliche Selektionsprozeß dazu geführt, daß dieser »Erbschaden« weit verbreitet ist.

»Welche Mutation vorteilhaft ist«, faßt der Wiener Humanbiologe Horst Seidler die Erkenntnisse zusammen, »stellt sich mitunter erst nach vielen Generationen heraus.« Erst eine große genetische Vielfalt ermöglicht es komplizierten Lebewesen, mit den Herausforderungen der Umwelt fertig zu werden.

Eva war Afrikanerin

Weil in praktisch allen Erdteilen Überreste menschlicher Vorfahren gefunden wurden, konnte lange Zeit nicht geklärt werden, welcher dieser Urmenschen der Vorfahr des modernen Homo sapiens gewesen war. Erbittert stritten die Anthropologen, ob Adam ein Chinese, ein Europäer oder Afrikaner war. Die Kompromiß-Theorie, wonach sich Menschen unabhängig voneinander in allen drei Kontinenten entwickelt haben sollen, war schon deshalb nicht schlüssig, weil eine derart ähnliche Entwicklung außerhalb jeder Wahrscheinlichkeit wäre.

1987 nahm sich erstmals ein Genforscher-Duo dieses Themas an und legte bald überzeugende Fakten auf den Tisch: Eva, die gemeinsame Urmutter aller heute lebenden Menschen, meinen die US-Wissenschaftler Rebecca Cann und Alan Wilson, habe vor rund 200.000 Jahren in Afrika gelebt.

Bei der Ahnenforschung machten sie sich eine Besonderheit menschlicher Zellen zunutze. In jeder Körperzelle kreisen winzige Mitochondrien um den Kern, die ihre Wirtszelle mit Energie versorgen. Diese »Organellen« sind eine Art zelleigener Bakterien: Sie haben ihr eigenes Erbgut, können sich selbständig vermehren, haben aber ansonsten auf den Organismus keinen Einfluß.

Da der Mensch die Mitochondrien stets von der mütterlichen Eizelle erbt, so folgerten Cann und Wilson, müßten im Plasma jeder Zelle direkte Abkömmlinge einer gemeinsamen Urmutter zu finden sein.

Allerdings werden die Kopien nicht immer originalgetreu vererbt. Durchschnittlich alle 200 Generationen unterläuft der Natur ein kleiner Kopierfehler, der dann an alle nachfolgenden Generationen weitergegeben wird. Weil diese Mutationen in regelmäßigen Abständen passieren, stellen sie gleichsam ein molekulares Protokoll der Evolution dar. Wilson und Cann brauchten nur noch die Zahl der festgestellten Mutationen mit der Mutationsgeschwindigkeit zu multiplizieren, um auf Evas Geburtsdatum zu kommen.

Ihr Geburtsort wurde mit ähnlichen Methoden gefunden. Genforscher verglichen die Struktur der Mitochondrien verschiedener Völker miteinander. Die Überlegung dahinter ist simpel: Jene Bevölkerungsgruppe, bei der sich die meisten Mutationen in den Mitochondrien finden lassen, muß am längsten Zeit gehabt haben, sich zu entwikkeln. Oder anders herum: Je weniger breit die genetische Vielfalt eines Volkes ist, desto später hat es sich in der Evolutionsgeschichte vom Hauptstamm abgespalten und seine eigene Entwicklung begonnen.

Der genetische Vergleichstest von mehr als 1.000 Menschen aus allen Teilen der Welt machte auch die letzten Zweifler sicher: Afrikaner, so zeigte sich in vielen unabhängigen Studien, haben eine doppelt so große genetische Bandbreite wie alle anderen Völker. Von Afrika aus hat sich der moderne Mensch über die Kontinente verbreitet.

Intelligente Tiere

Daß nur der Mensch lernfähig ist und Erfahrungen an Artgenossen weitergeben kann, hat sich längst als Klischeevorstellung von der intellektuellen Überlegenheit des Homo sapiens entlarvt. Doch ob Tiere »denken«, also intellektuelle Leistungen vollbringen können, ist immer noch fraglich.

An Beispielen zum Staunen mangelt es nicht: Rotkehlchen etwa, die sonst nur Insekten aufpicken, lernen vom Eisvogel, wie man fischt; die Maus lernt den tödlichen Mechanismus der Mausefalle auszutricksen, um unversehrt an den Käse zu gelangen; Wellensittiche kombinieren nach einigen Versuchen, daß die Punkteanzahl auf einer Pappkarte jene Futterschüssel kennzeichnet, in der sich die Futterkörner befinden; der Seelöwe erkennt ein Symbol auch dann noch, wenn es um 135 Grad gedreht und dabei auch noch spiegelverkehrt ist. – Für derlei Vermögen reicht den Wissenschaftlern als Erklärung genetisch automatisiertes Verhalten und Prägung nicht mehr aus. Steckt dahinter also vielleicht doch ein einsichtiges Verhalten? Erst dann nämlich würden die Kognitionsforscher den Tieren eine Denkleistung bescheinigen.

Zebras und Antilopen zeigen beispielsweise keinerlei Fluchtreaktion, wenn sich ein satter Löwe in ihrer Nähe aufhält. Kleine Verhaltensunterschiede des Feindes lassen sie offenbar ihre Rückschlüsse ziehen. Dazu – so einige Forscher – gehört die Auswertung vielfältigster Signale und Faktoren, was vermutlich Denkleistungen voraussetzt.

Ein bayrisches Bienenvolk, das nach Süditalien transferiert worden war, hatte Schwierigkeiten mit seinem traditionellen Wabenbau. Das aus Wachs bestehende Gebilde zerfloß regelmäßig unter der mediterranen Sonne. Schließlich aber schauten die bayrischen Bienen ihren italienischen Artgenossen »über die Flügel« und lernten, die Waben aus einer hitzebeständigen Harz-Wachs-Mischung zu errichten.

Geht mit diesen Lernleistungen aber tatsächlich ein Antizipieren und Reflektieren des Handlungsablaufs einher? Zumindest für die Primaten scheint festzustehen, daß sie mit einer ausgeprägten Lernfähigkeit zur Welt kommen. Die Ausrichtung des Interesses kann dann individuell verschieden sein und orientiert sich an den Notwendigkeiten des Umfelds. So konnte zum Beispiel an Orang-Utans in freier Wildbahn nie beobachtet werden, was Schimpansen geradezu berühmt gemacht hat: das Verwenden von Werkzeugen zur Futterbeschaffung. Dabei mag es allerdings eine nicht unwesentliche Rolle spielen, daß Orang-Utans dieses Werkzeug meist gar nicht benötigen. Nüsse etwa, die Schimpansen je nach Sorte mit verschieden harten Steinen aufhämmern, zermalmen Orang-Utans mit den Backenzähnen. Und auch auf Angeln, mit denen Schimpansen Termiten oder Bienen aus ihrem Bau fischen, können die Orang-Utans verzichten. Ihnen reichen ihre großen Hakenhände zum Ausgraben der Nester aus dem Boden. Diese offenkundig biologisch vorgegebenen Fertigkeiten bedeuten allerdings noch lange nicht, so wissen die Forscher heute, daß Orang-Utans deshalb nicht imstande wären, erfinderisch zu werden, sobald dies die Situation erfordere.

In Experimenten reagieren die ansonsten eher phlegmatischen Primaten mit ebenso viel Geschick und Flexibilität wie ihre Schimpansen-Vettern: Wenn vor ihrem Käfig eine Schüssel mit Saft drapiert wird, kauen sie sich aus Blättern einen Schwamm zum Aufsaugen der Flüssigkeit, und wenn in ihrem Blickfeld eine Banane in mit herkömmlichen Mitteln unerreichbarer Höhe aufgehängt wird, suchen sie sich lange Zweige oder stecken sich kürzere Stäbe zusammen.

Bleibt immer noch die Frage, ob die Tiere ihr Handeln tatsächlich im vorhinein geistig strukturieren. Auch dafür gibt es bereits beeindruckende Hinweise: Um an einen Leckerbissen heranzukommen, muß Buschi, das sechsjährige Orang-Utan-Kind im Zoo von Osnabrück, mehrere Kisten in einer bestimmten Reihenfolge mit einem Werkzeug öffnen, um jeweils die nächstfolgende Verriegelung knakken zu können. Buschi sitzt bis zu einer halben Minute lang hochkonzentriert vor den Kisten und schaut zwischen diesen hin und her, als würde es die Lösungsmöglichkeiten durchdenken. Dann macht es sich an die Arbeit und führt die gesamte Abfolge an »Handgriffen« bis zum Ziel in einem Zug aus. Zwar ist nach wie vor unklar, wie weit sich Buschi den kompletten Handlungsablauf tatsächlich vorgestellt hat, die Tatsache allerdings, daß Menschenaffen ihr Wissen generalisieren und auf neue Situationen übertragen können, läßt doch ein gewisses Problemverständnis vermuten. Dieses unterscheidet sie auch gravierend vom Krisenmanagement anderer Tiere, denen der stereotype Umgang mit bestimmten Werkzeugen sozusagen in die Wiege gelegt ist und die beim Lösen spezifischer Probleme schematisch vorgehen. Hinter dem Dammbau eines Bibers oder dem Nestbau einer Schwalbe steht keinerlei schöpferische Kraft, die Phantasie und Kreativität der Bauherrn voraussetzen würde. Schon gar nicht verfügen weniger hoch entwickelte Tiere über eine Art Ich-Bewußtsein, das gezielte Denkoperationen erst möglich macht.

Nur bei Primaten wurde bislang beobachtet, daß sie sich in ihrem Spiegelbild wiedererkennen. Nachdem etwa Tuan, Buschis Artgenosse, eine Woche lang mit seinem Konterfei im Spiegel konfrontiert worden ist, beginnt er langsam zu begreifen, mit wem er es da zu tun hat. Er hält in seinen stereotypen Drohgebärden plötzlich inne, sobald er sein Bild sieht, öffnet und schließt einige Male hintereinander bedächtig den Mund und wischt später sogar einen weißen Farbfleck weg, dem ihn ein Pfleger unbemerkt auf seine Stirn getupft hatte.

Daß der Affe mehrere Tage brauchte, um sich in seinem Bild zu erkennen, ist kaum verwunderlich: Auch Menschenkinder müssen diese Selbstwahrnehmung langsam lernen. Sie erlangen das dafür notwendige Vorstellungsvermögen erst gegen Ende des zweiten Lebensjahres.

Die Selbstwahrnehmung der Primaten hat eine Gruppe von Wissenschaftlern veranlaßt, ihr Augenmerk auch noch auf andere Fertigkeiten der Menschenaffen zu richten als auf deren bloßes technisches Geschick. Beobachtungen in freier Wildbahn ergänzen die Forschungsergebnisse um beachtliche Beispiele:

Die gefinkelten Täuschungsmanöver, mit denen Schimpansen die Konkurrenz austricksen, oder ihre raffinierten Strategien, ein Weibchen für sich zu gewinnen, lassen das technische Vermögen dieser Tiere nur noch als ein Verstandesmerkmal unter mehreren erscheinen. Viele Experten vertreten heute sogar die These, daß die hohe geistige Kapazität der Primaten ihre evolutionsgeschichtlichen Wurzeln in deren Sozialverhalten hat. Allerdings wagt noch niemand klar zu definieren, wie weit diese Kapazitäten reichen. Die Fähigkeit zu abstrahieren, zu generalisieren, zu antizipieren, strategisch und planvoll vorzugehen sowie ein einfühlendes Verständnis für Artgenossen zu entwickeln, ihre Wünsche und Absichten zu erfassen und ihre Gedanken manipulieren zu können, wird im wesentlichen nur den Menschenaffen zugeschrieben. Bei den kleineren »Tieraffen« scheinen zumindest das strategische Handeln und das empathische Verstehen zu fehlen. Und im übrigen Tierreich ist das Vermögen zu einsichtigem Handeln mit Sicherheit weit geringer entwickelt.

Umstritten bleibt bis heute, inwieweit die Kommunikation der Tiere untereinander in ihrer Komplexität mit der menschlichen Sprache vergleichbar ist. Fledermäuse etwa erkennen ihre Kinder selbst im Getümmel hunderter Artgenossen am Geschrei, Bienen »erzählen« ihren Kolleginnen mit Hilfe des komplexen »Bienentanzes«, in welcher Entfernung und in welcher Richtung eine ergiebige Blütenweide zu finden ist. Vögel stehen durch ihren Gesang in ständigem Kontakt mit den Artgenossen.

Doch wirkliches Sprachvermögen setzt die Fähigkeit voraus, Begriffe in unterschiedlicher, dem jeweiligen Anlaß entsprechender Reihenfolge sinnvoll zu verknüpfen und damit Grammatik zu erlernen. Und das galt lange Zeit als Domäne der Menschen – bis in die siebziger Jahre dieses Jahrhunderts, als Primatenforscher erkannten, daß Menschenaffen durchaus über ein Grundverständnis für Symbolik verfügen. Ende der Siebziger wurden Berichte veröffentlicht, wie ein Gorilla und ein Schimpanse die Taubstummensprache lernten. Anfang der Achtziger lernten zwei Schimpansen im Sprachlabor der Georgia State University Computerspiele, und 1982 überraschte der junge Schimpanse Kanzi am Sprachforschungszentrum derselben Universität die Forscher: Der Sprachunterricht, der zwei Jahre lang eigentlich seiner »Adoptivmutter« gegolten hatte, trug bei ihm überraschende Früchte. Kanzi, der beim Unterricht seiner Mutter immer anwesend gewesen war, hatte wie ein Menschenkind, ganz nebenbei, ohne Drill oder süße Belohnungen, durch bloßes Beobachten gelernt, was sich seine Mutter partout nicht merken konnte: abstrakte Symbole für Substantiva und Verben der Kunstsprache »Yerkish«. Er tippte in den Yerkish-Computer das Symbol für »Ball« und deutete auf einen Ball in seiner Nähe. Er drückte das Zeichen für »Apfel« und fischte aus einem Früchtekorb den Apfel heraus. Heute beherrscht der mittlerweile elfjährige Bonobo-Schimpanse 200 der 256 Symbole, bildet aus zwei bis drei von ihnen satzähnliche Aussagen, die den ersten Sprechversuchen von Kleinkindern gleichkommen, und beweist damit nicht nur, daß er sich ausdrücken, sondern auch, daß er verstehen kann.

Auch Orang-Utans haben inzwischen bewiesen, daß sie fähig sind, Taubstummen-Symbole oder eine andere Symbolsprache zu erlernen und anzuwenden.

Daß auch Meeressäuger mit Begriffen umgehen können, bewies der Delphinologe Louis Herman im Delphin-Labor im Kewalo Basin von Hawaii. Seine Meeressäuger verstehen über 1.000 Befehle und beherrschen auch immer wieder neue Kombinationen dieser Befehle und damit die Syntax eines Satzes. Zwar wurde Walen und Delphinen immer schon eine sehr hohe Sprachbegabung zugeschrieben, bisher war es aber nicht gelungen, in ihren vielfältigen »Gesängen« sprachliche Strukturen zu finden.

Sind die gelehrten Delphine von Louis Herman nun ein Beleg dafür, daß auch Meeressäuger bewußte Gedanken haben? Wäre die Größe eines Gehirns ein relevantes Kriterium für Denkleistung, so müßten Delphine und Wale die Intelligenz des Homo sapiens bei weitem übertrumpfen. Doch ihre Gehirnwindungen ähneln in ihrem einfachen Aufbau eher denen von Fledermäusen als denen von Menschen.

Daß die Größe des Gehirns ausschlaggebend sei, haben auch andere Beispiele widerlegt: Der Papagei »Alex« gilt in der Fachwelt als das animalische »Wunderkind« schlechthin. Er plappert nicht nur Worte nach, die ihm seine Betreuer vorsprechen, er versteht auch, wenn die beiden Trainer sich über ihn unterhalten, und weiß, wovon die Rede ist. Er versteht abstrakte Begriffe, und sein Kombinationsvermögen kann mit jenem von Menschenaffen ohne weiteres mithalten. Er beherrscht die Begriffe für 80 verschiedene Gegenstände und kann sieben Farben sowie fünf Formen unterscheiden. Wird ihm ein grünes und ein blaues Dreieck vor den Schnabel gehalten und gefragt: »Was ist gleich?«, so krächzt das Tier: »Form.«

Schließlich haben amerikanische Zoologen darauf aufmerksam gemacht, daß selbst Bienen mit ihren Miniatur-Gehirnen die Fähigkeit besitzen, ein grobes Bild von Blütenarten in ihrem Gedächtnis zu speichern.

Daß Menschen als einzige Wesen »denken« können, ist durch diese Beobachtungen wohl widerlegt. Zumindest in diesem Punkt kommt Charles Darwin zu späten Ehren: Das geistige Potential von Menschen und Tieren wies für ihn nur einen graduellen, nicht aber einen grundsätzlichen Unterschied auf.

ERFINDUNG ALS MOTOR DER EVOLUTION

Trotz all dieser Erkenntnisse bleibt offenkundig, daß die intellektuelle Kapazität des Menschen sich von jener von Affen oder anderen klugen Tieren abhebt.

Es brauchte bestimmte Voraussetzungen, um den Entwicklungssprung zum Homo sapiens möglich zu machen. Die Verschlechterung der klimatischen Bedingungen könnte eine solche Voraussetzung gewesen sein. Für Millionen von Jahren hatte sich bei den Primaten an der für die Intelligenz ausschlaggebenden Fläche der Großhirnrinde nichts geändert, erst bei den Schädelknochen der Vormenschen vor 2,5 Millionen Jahren ist ein deutliches Wachstum festzustellen – damals begannen die großen Eiszeiten.

Die Frühmenschen standen damals vor einer existenziellen Herausforderung: Sie mußten in den verbliebenen warmen Monaten genug Nahrung erjagen, um das ganze Jahr davon leben zu können. Eine verbesserte Jagdtechnik und das Wissen um die Lagerung von Nahrungsmitteln waren nötig, um überleben zu können.

Der Mensch mußte seine körperlichen Nachteile mit Intelligenz wettmachen, um Tiere erjagen zu können. Das Werfen von Gegenständen war das wichtigste Hilfsmittel bei der Jagd – und gleichzeitig der Motor bei der Entwicklung der Intelligenz. Erst waren es ausgesuchte Steine, dann Faustkeile, Holzspeere, Speere mit Steinspitzen, Wurfstöcke und schließlich Pfeil und Bogen. Je weiter man von den Jagdopfern entfernt bleiben konnte und dennoch traf, desto größer war der Erfolg. Um aber von weiter weg zu treffen, muß man das Wurfgeschoß schneller losschleudern. Eine Bewegung, die sorgfältig geplant werden muß, denn hat die Hand den Stein einmal losgelassen, kann nichts mehr korrigiert werden. Das Gehirn hat an einer derartigen ballistischen Bewegung schwer zu arbeiten. Wessen graue Zellen die komplizierten Rechenvorgänge besser beherrschten, war im Vorteil.

Auch die Sprache habe sich, so schreibt der amerikanische Neurophysiologe William Calvin, durch die Verbesserung der Wurftechnik entwickelt. Denn im Gehirn gibt es ausgeprägte Verbindungen zwischen den Bereichen, die für die Sprache zuständig sind, und jenen, die beispielsweise das Handgelenk steuern. Beide Regionen der Großhirnrinde haben sich gegenseitig befruchtet. Daraus wiederum entstand eine Fähigkeit, die uns mehr als alles andere von den Tieren unterscheidet – die Fähigkeit zur komplexen Abstraktion, zum Vorausdenken und zum Verarbeiten von Erfahrungen.

Geschriebene Sprache

Genau diese intellektuelle Leistung ermöglichte auch den nächsten Quantensprung in der Evolution – die Erfindung der Schrift.

Zunächst waren es einfach gezeichnete Bilder, die es erstmals möglich machten, Eindrücke und Erlebnisse anderen Menschen zugänglich zu machen, ohne sie ihnen persönlich zu erzählen. Der Mitteilungsdrang der Steinzeitmenschen ließ aus einfachen, heutigen Kinderzeichnungen ähnlichen, Strichgebilden allmählich »naturalistisch« nacherzählte Geschichten werden.

Waren einmal die Fähigkeiten, Zeichen an die Wand zu ritzen und zu malen, verbreitet, war der nächste Schritt nur eine Frage der Zeit: Mit Eifer wurden Bilder nicht nur für Gegenstände und Lebewesen, sondern für einzelne gesprochene Worte und schließlich für Silben gesucht. Die ersten schriftartigen Symbole finden sich bei den Sumerern, die im vierten und dritten vorchristlichen Jahrtausend Mesopotamien besiedelten. Im fruchtbaren Land zwischen Euphrat und Tigris entstand schon 8000 vor Christus die erste primitive Schrift. Bis 3000 vor Christus entwickelte sich daraus die Keilschrift, die schon 1.200 unterschiedliche Zeichen umfaßte. Etwas später entstand mit den Hieroglyphen im alten Ägypten die erste Schrift, in der es Zeichen für ganze Worte und Zeichen für Silben gibt.

In China wurde in der Shang-Dynastie zwischen dem 18. und dem 12. Jahrhundert vor Christus die auf bildhaften Zeichen für einzelne Worte beruhende Schrift eingeführt.

Der Geniestreich, für einzelne Laute Buchstaben zu entwickeln, gelang in Europa: Vermutlich im 9. Jahrhundert vor Christus entwickelten die Griechen das erste Alphabet. Letztendlich gehen alle Schriften der modernen westlichen Welt auf dieses Mutteralphabet der Griechen zurück.

Griechisches Denken bestimmt

Mit der Fähigkeit, alles Erlebte und Erlernte über Generationen an alle Nachkommen schriftlich zu überliefern, konnten sich die intellektuellen Fähigkeiten vervielfachen. In den Jahrhunderten vor Christi Geburt warfen geniale Persönlichkeiten in Griechenland Fragen auf, die bis heute unser Weltbild bestimmen. Die meisten Wissensgebiete der Gegenwart weisen Wurzeln bis zu den griechischen Denkern auf.

Thales von Milet, den man später den ersten Philosophen und ersten Naturwissenschaftler nannte, wurde 625 vor Christus in Milet, dem damaligen geistigen Zentrum der griechischen Welt, geboren. Ob er auch das erste »Wunderkind« war, ob sich seine logisch-mathematische Hochbegabung schon früh zeigte, ist nicht überliefert. Thales beschäftigte sich mit einer Art Physik und kam zu dem Schluß, es gebe einen einzigen physikalischen Urstoff, der allen Dingen zugrunde liege: das Wasser. Damit konnte Thales von Milet erstmals Welt und Kosmos erklären, ohne sich auf Mystik und Götter berufen zu müssen. Seine intellektuelle Leistung begründete ein neues Weltverständnis.

Der große Mathematiker Pythagoras und Aristoteles, dessen Philosophie das abendländische Denken lange Zeit bestimmen sollte, ergänzten das Vermächtnis der Griechen.

Die Suche nach Gott

Doch in den folgenden Jahrhunderten sollten viele der intellektuellen Fähigkeiten der Griechen wieder in den Hintergrund treten. »Wir wissen, daß das weltliche Mittelalter ohne die Intelligenz, die Genialität und Kreativität sehr vieler seiner begabtesten Menschen auskommen mußte«, urteilt der amerikanische Historiker Charles van Doren. Ihre Fähigkeiten waren während der tausend Jahre, die vom klerikal bestimmten theokratischen Staat und einem mächtigen Papsttum beherrscht wurden, nicht gefragt.

Kreativität und Intellekt konnten sich nicht in der Naturwissenschaft, sondern ausschließlich in Theologie, Mystik und Spiritualität entfalten. Das griechische Wissen sollte erst in der Renaissance wiederentdeckt werden.

Comeback der Weltlichkeit

Das Ende des Mittelalters kündigte sich durch eine banal erscheinende Entdeckung an: Der Florentiner Maler Giotto bediente sich zu Beginn des 14. Jahrhunderts in der räumlichen Darstellung als erster des Kunstmittels der Perspektive.

Die Perspektive war viel mehr als ein einfacher grafischer Behelf, um eine möglichst genaue Abbildung der räumlichen Wirklichkeit zu erreichen. Sie war Ausdruck eines Paradigmenwechsels, Symbol für ein Weltverständnis, das den Menschen wieder in den Mittelpunkt des Kosmos rückte. Damit feierte die Weltsicht der Griechen ihr Comeback, was auch der Religion in der Welt einen neuen Stellenwert bringen sollte. Ihr Einfluß auf das Denken und die Wissenschaften nahm seit dem Ende des Mittelalters kontinuierlich ab.

Die Renaissance brachte die Wiederentdeckung der Antike, die Neubelebung der klassischen Sprachen des Altertums und eine enorme Wissensexplosion mit sich. Auf den geistigen Grundlagen, die die Griechen 800 Jahre zuvor geschaffen hatten, entstanden die modernen Naturwissenschaften.

Die Bedeutung der Dimensionen

Die Auseinandersetzung mit dem perspektivischen Raum war für den Fortschritt des Wissens wesentlich. Das »Universalgenie« Leonardo da Vinci dürfte auf jeden Fall über eine ausgeprägte räumliche Intelligenz verfügt haben. Durch einen Kunstgriff gelang es ihm, seine »Mona Lisa« so zu malen, daß sie immer den Betrachter anblickt, egal, an welcher Stelle er steht. Er gab sich mit einer Disziplin nicht zufrieden, sondern lieferte auch als Erfinder, Architekt und Erforscher der Natur herausragende Leistungen. Seine in technischen Zeichnungen festgehaltenen Ideen haben viele Erfindungen, wie den Fallschirm, den Hubschrauber und den Raddampfer, vorweggenommen.

Leonardo selbst beschrieb das Geheimnis seines Talents mit dem »saper vedere«, dem Sehenkönnen. Durch Beobachtung habe er ein »universales« Wissen von der Welt erworben. Wie visionär und genial Leonardos Denken war, zeigt sich auch in einer Einsicht, die später Galilei und Newton aufgreifen und zu einem der wichtigsten Entwicklungsschritte in der Naturwissenschaft machen sollten. Leonardo erkannte, daß das oberste Prinzip des Kosmos nicht, wie das aristotelische Denken lehrte, die Ruhe sei, sondern Ruhelosigkeit und Kraft.

Den Geheimnissen der Natur auf der Spur

Im 16. Jahrhundert hatte Galileo Galilei erkannt, daß die physikalische Welt mit Mathematik beschrieben werden könne. Zunächst brachte er sich selbst in Schwierigkeiten, als er am päpstlichen Hof beweisen wollte, daß sich die Erde um die Sonne drehe und nicht umgekehrt. Doch die Entwicklung, der Autorität der Kirche die Dynamik der

Naturwissenschaften entgegenzusetzen, hat Galilei wesentlich mit ausgelöst.

Isaac Newton erblickte knapp ein Jahrhundert später in Lincolnshire das Licht der Welt. Noch vor dem Abschluß seines Studiums entwickelte er ein neues System von Bewegungsgesetzen, in denen er das geistige Erbe von Galilei auf geniale Weise wie Puzzleteile zusammenfügte.

Ein Zeitgenosse Newtons war Blaise Pascal. Er brachte sich die Mathematik schon als Zwölfjähriger selbst bei und schrieb mit 16 Jahren eine Abhandlung über Kegelschnitte. Mit 19 Jahren erfand er eine Rechenmaschine, die ihn alsbald berühmt machen sollte.

Geburtsstunde des Genie-Begriffs

Der Übergang vom 18. zum 19. Jahrhundert in Europa könnte als Genie-Zeitalter bezeichnet werden. Literatur und Musik bekamen einen neuen Stellenwert. Davor, zur Zeit des Barocks, besaßen Hofdichter und Hofkomponisten keine Autonomie. Mit dem Entstehen der bürgerlichen Gesellschaft und der bürgerlichen Lesekultur entstand auch das freie Schriftstellertum. Und die zunehmende Säkularisierung wertete den Menschen als Schöpfer auf. Der Genie-Gedanke war geboren, und jeder Gebildete setzte sich mit dem neuen Lieblingsthema auseinander. Georg Friedrich Lichtenberg, ein scharfzüngiger Aphoristiker, kleidete in Worte, was die Menschen damals plagte – das Werk »Trostgründe für die Unglücklichen, die keine Original-Genies sind« sollte Spott zum Thema zusammentragen.

GELEGENHEIT MACHT GENIAL

Jede Zeit hat ihre Wunderkinder. Der namenlose Erfinder von Pfeil und Bogen hat der Entwicklung der Menschheit eine entscheidende Prägung gegeben, die großen Denker Griechenlands auch. Während des Mittelalters waren weltoffene, auf Nutzbarmachung der Natur ausgerichtete Fähigkeiten weniger gefragt – je nach grundlegender Ausrichtung einer Gesellschaft werden bestimmte intellektuelle Fähigkeiten erkannt, akzeptiert und gefördert.

Doch selbst wenn die herausragenden Fähigkeiten eines Menschen auch in die Vorlieben und Anforderungen der jeweiligen Zeit passen, bedeutet das keineswegs, daß die Begabungen auch tatsächlich genutzt werden. Zufall und Herkunft entscheiden mit darüber, wer seinen Platz als Genie in der Geschichte findet und wessen Begabung weitgehend ungenützt bleibt.

Ein Beispiel dafür ist der geniale Mathematiker Srinivasa Ramanujan Alyangar aus dem indischen Madras. Er war schon 15, als ihm zufällig ein Buch mit mathematischen Formeln in die Hände fiel. Es handelte sich dabei um eine Bestandsaufnahme des mathematischen Wissens seiner Zeit, der Jahrhundertwende zum 20. Jahrhundert. Das Buch bestand nur aus Zahlen und mathematischen Zeichen: 6.000 Formeln und keine Erklärungen. Ein Jahr später hat das 1887 in einem indischen Dorf bei Madras geborene Kind die Beweise für alle Formeln gefunden – ohne Hilfe. Ramanujan war wohl eines der größten mathematischen Naturtalente. In einer Umgebung, die von moderner Mathematik praktisch nichts wußte, eignete er sich diese komplexe Materie selbst an.

Doch nach seiner Übersiedlung nach England hatte der junge Mann keine Möglichkeit mehr, sein Talent zu nutzen. Er starb mit 32 Jahren an Tuberkulose. – Als sein Lehrer an das Sterbebett seines genialen Schülers eilte, fragte Ramanujan ihn, mit welchen Taxi er gekommen sei. Zur Taxinummer 1792 erklärte der Schwerkranke seinem verblüfften Lehrer, daß dies die kleinste Zahl sei, die auf zwei verschiedene Arten als die Summe zweier Kubikzahlen dargestellt werden könne. Der Lehrer brauchte lange, um die Sache nachzuprüfen.

Srinivasa Ramanujan war in der »falschen« Gegend der Welt aufgewachsen. Doch auch in Europa selbst blieben und bleiben die Fähigkeiten ganzer Bevölkerungsgruppen ungenutzt – lange Zeit gehörten die Frauen dazu.

Mozarts Schwester Nannerl zum Beispiel war sehr begabt, erhielt im Unterschied zum Bruder aber nicht die nötige Förderung. Noch viel bedrückender ist die Geschichte von Clara Wieck, die schon mit neun Jahren ihr erstes Klavierkonzert gab. Der unbeirrbare Goethe hörte dieses Wunderkind und urteilte: »Sie hat mehr Kraft als sechs Knaben.« Doch all das half ihr wenig. Ihr Mann, Robert Schumann, wurde ein berühmter Komponist. Über seine Frau, die ihm sechs Kinder gebar, schrieb er: »Clara kennt selbst ihren Hauptberuf als Mutter, daß ich glaube, sie ist glücklich in den Verhältnissen, wie sie sich nun einmal nicht ändern lassen.«

Da hatte das Sprachwunderkind Jean-François Champollion mehr Glück: Ihm war es noch vergönnt, die ägyptische Hieroglyphenschrift zu entziffern. Champollion starb 1832 im Alter von nur 41 Jahren. »Jeder außergewöhnliche Mensch hat eine gewisse Sendung, die er zu vollführen berufen ist«, sagte Goethe. »Hat er sie vollbracht, so ist er auf Erden in dieser Gestalt nicht weiter vonnöten, und die Vorsehung verwendet ihn wieder zu etwas anderem.« Goethe brauchte offenbar lange für seine »Sendung«. Er wurde 82 Jahre alt.

Die Faszination des Genialen

Die Menschen sind seit jeher von jenen Mitmenschen fasziniert, die eine herausragende Begabung haben; seit gut 2.000 Jahren ist diese Bewunderung jedenfalls protokolliert. Der griechische Philosoph Plato sah die Hochbegabten für das Herrscheramt auserwählt, während die Mutigen zu Kriegern werden sollten. Die Begabtesten sollten zuerst Mathematik, dann Philosophie studieren, um gebildet und weise ab dem 50. Lebensjahr für das höchste Amt im Staat vorbereitet zu sein.

Der Kirchenreformer Martin Luther wollte, daß den Hochbegabten die Möglichkeit einer längeren Ausbildung gewährt würde, damit sie Lehrer und Prediger werden könnten. Luther forderte Schulzwang für die Hochbegabten. Und der Philosoph Johann Gottlieb Fichte – ein Zeitgenosse Goethes – wollte erreichen, daß nur die Hochbegabten, egal aus welcher gesellschaftlichen Schicht sie stammten, zu den gelehrten Studien zugelassen werden.

Zum Gegenstand von Forschungen wurden Hochbegabte erstmals vor etwa 100 Jahren. Noch vor der Jahrhundertwende wurden die ersten Intelligenzprüfungen entwikkelt. 1921 erhielt einer der Väter der Intelligenzforschung, Louis Terman, den Auftrag, 1.000 hochbegabte Kinder ausfindig zu machen und ihre Entwicklung ein Leben lang zu verfolgen. Die als »Terman-Studie« bekannt gewordene Untersuchung ist bis heute das umfangreichste Forschungsvorhaben geblieben (siehe Seite 87).

Kleine Genies, große Genies

Ein Wunderkind braucht eine Gesellschaft, die es wahrnimmt, eine Kultur, in der seine Leistungen als etwas Besonderes gelten, und Eltern, die die Begabung ihres Sprößlings erkennen und fördern.

Einer der gewieftesten Förderer war Leopold Mozart. Er opferte seine eigene Karriere dem berühmten Sohn Amadeus. Leopold Mozart blieb Vizekapellmeister und stellte das Komponieren bald ein. Schon über die Fortschritte des Vierjährigen führte der Vater Buch, und nach zweijährigem Drill ging er mit seinem Wunderkind auf Tournee. Vater Mozart wußte: »Nichts schlägt so sehr in Bann, nichts phasziniert die Menschen so, wie ein Kind, das Leistungen eines Erwachsenen vollbringt.« Deshalb scheute er sich auch nicht, auf den reißerischen Plakaten, die die Konzerte ankündigten, das Alter seines Wolferls um ein Jahr herabzusetzen.

Doch daß aus einem Wunderkind ein erwachsenes Genie wird, ist keineswegs sicher. Bisweilen stellen sich die speziellen Fähigkeiten als Frühbegabung heraus, oft verlieren sich die genialen Eigenschaften mit der Pubertät.

Der 1800 geborene Karl Witte nährte als Kind die höchsten Erwartungen. Mit noch nicht zehn Jahren begann er Mathematik zu studieren, mit 14 promovierte er in Philosophie, mit 18 in Mathematik und mit 20 in Jura. Doch als das Wunderkind erwachsen wurde, waren seine Leistungen zwar immer noch überdurchschnittlich, aber nicht mehr wirklich herausragend. Witte wurde Ordinarius in Breslau und lebte dort als Gelehrter, bis er mit 83 Jahren hochgeehrt starb. Er hat Dantes »Göttliche Komödie« übersetzt, aber geniale Leistungen hat er keine vollbracht.

Umgekehrt waren viele der größten Genies gar keine Wunderkinder und gingen doch in die Annalen ein. Albert Einstein etwa lernte so spät sprechen, daß seine Eltern zu glauben begannen, das Kind sei behindert. Er galt als schlechter Schüler mit Lern- und Konzentrationsproblemen. Als 15jähriger verließ er das Gymnasium und machte die Aufnahmeprüfung für das Züricher Polytechnikum. Wegen unzureichender Ergebnisse in den modernen Sprachen, der Zoologie und Botanik fiel er durch. Erst der Direktor der Universität, an der er mit 34 Jahren dann schließlich Professor werden sollte, erkannte das mathematische Talent Einsteins und bewegte ihn dazu, das Abitur nachzuholen. – Weder die Eltern noch die Lehrer hatten Einsteins spezielle Begabung erkannt, und auch das Schulsystem hatte dem Kind offenbar zu wenig Raum geboten, seine Fähigkeiten zur Geltung zu bringen.

INTELLIGENZ IN ANDEREN KULTUREN

Welche Fähigkeiten sich in einer menschlichen Gesellschaft entfalten und weiterentwickeln, hängt stark von den jeweiligen kulturellen Prägungen und den Erfordernissen ab, die Umwelt und Gesellschaftsstruktur an die einzelnen Menschen stellen.

In den westlichen Industriestaaten mit dem hohen technischen Standard und der extrem arbeitsteilig organisierten Produktion von Gütern gelten vor allem kognitive Fähigkeiten wie Rechnen, Sprache und formale Logik als besondere Begabungen.

Bewegungsintelligenz oder musikalische Intelligenz sind in anderen Kulturen weit höher bewertet als bei uns.

In Indien etwa gelten Tolpatschigkeit und körperliche Ungeschicklichkeit als Unreife, dementsprechend selbstverständlich entwickelt sich die Bewegungsintelligenz dort anders – sich anmutig bewegende Menschen gehören zum indischen Straßenbild.

Auch die Menschen auf Bali lernen, sich mit großem Geschick und mit Anmut zu bewegen. Sie lernen ihren Körper bis zum kleinsten Muskel kennen und können gezielt

Körperteile anspannen und loslassen. So setzt ein Europäer, um einen Nagel aufzuheben, meist seinen ganzen Körper ein, ein Balinese nur die Muskeln, die dafür nötig sind. Tanz, Schauspiel und die einprägsame Gamelan-Musik gehören zum Alltag der Menschen. Auch die Kleinsten sind bis spät in die Nacht bei den Tempelfesten und Tanzveranstaltungen dabei. Kein Wunder, daß sie, noch bevor sie sprechen lernen, ein Gefühl für Rhythmus und Dramatik entwickeln.

Die Tanzschüler lernen durch Nachahmen von Vorbildern: Dabei tritt der Lehrer hinter die Schüler und bringt Arme und Finger der Kleinen in die richtige Stellung. Er hilft den Köpfen, genau dem Takt des Trommelrhythmus zu folgen, und korrigiert die Haltung der Körper. Dies wird so lange wiederholt, bis im Schüler das Gefühl für den Tanz erwacht – bis der Tanz in ihn eindringt und von ihm Besitz ergreift.

Die Trennung zwischen Körper und Geist, wie sie die abendländische Geistesgeschichte prägt, ist in vielen anderen Kulturen nicht üblich. In Europa besteht diese folgenreiche Trennung seit fast zwei Jahrtausenden. Im Griechenland der Antike galt der Körper noch als schöner und ebenbürtiger Partner des gebildeten Geistes. Auch wenn es heute Menschen mit herausragenden körperlichen Leistungen gibt, ist doch das allgemeine Niveau der Körperintelligenz in den westlichen Industriestaaten der Welt am geringsten.

Auch in den afrikanischen Kulturen wird mit dem Körper anders umgegangen. Für die Anang in Nigeria zum Beispiel gehören Tanzen, Singen, Schnitzen und Weben zu den wichtigsten Grundkenntnissen. Jedes Kind erlernt sie wie selbstverständlich, die Mütter singen und tanzen mit ihren kaum eine Woche alten Säuglingen, und die Väter bauen schon Trommeln für die Kleinen, bevor diese sitzen können. Bereits mit zwei Jahren lernen die Kinder in der

Gruppe tanzen, singen und Instrumente spielen. Mit fünf können sie bereits hunderte Lieder auswendig, mehrere Schlaginstrumente spielen und komplizierte Tänze aufführen. Die Anang behaupten, alle Menschen seien mehr oder weniger musikalisch begabt.

Auch sprachliche Intelligenz auf hohem Niveau gibt es keineswegs nur in der westlichen Zivilisation. In schriftlosen Kulturen gibt es Sänger mit einem überragenden Sprachgedächtnis. Mündlich überlieferte Epen erfordern ein Sprachtalent, das sich offenbar verliert, wenn die Menschen schreiben und lesen können. Die Kirgisen, ein Bergnomadenvolk, rühmen sich, das längste Volksepos der Weltliteratur zu haben. In der umfangreichsten bisher aufgezeichneten Version zählt das Manas-Epos eine halbe Million Verse und ist damit zwanzig Mal so lang wie die »Ilias« und die »Odyssee« zusammen und mehr als doppelt so lang wie das indische Volksepos »Mahabarata«. Es wird von Sängern in einem rhythmischen Sprechgesang vorgetragen. Ursprünglich gingen diese »Manaschis« von Weideplatz zu Weideplatz und sangen unter freiem Himmel. Die Sänger mit dem besten Gedächtnis und dem größten Improvisationstalent wurden wie Schamanen verehrt. Wenn sie sangen, strömten Menschen aus dem ganzen Land zusammen, oft lauschten sie einem berühmten Sänger mit kurzen Pausen mehrere Tage und Nächte.

Ein berühmter Manas-Sänger bat einmal den kirgisischen Autor Tschingis Aitmatov, er möge ihm ein Sprachstudium bezahlen. Der Schriftsteller lehnte mit den Worten ab, daß er dem Sänger davon abrate, schreiben und lesen zu lernen, denn das würde sein herausragendes Sängertalent zerstören.

Die Schriftsysteme des Ostens, also Chinesisch oder Japanisch, verwenden Bildzeichen, die westlichen Sprachen haben ein phonetisch strukturiertes Alphabet. Im Westen hängt die Lesefähigkeit deshalb von den Gehirnregionen ab, die Sprachlaute verarbeiten, im Osten von jenen Zentren, die bildhaftes Material erkennen. Vielleicht ist das mit ein Grund, warum in China den bildenden Künsten ein so hoher Stellenwert zukommt. In China heißt Schreiben »Bilder malen«. Für Schreiben und Malen gibt es auf Chinesisch nur ein Wort.

Über eine visuelle oder räumliche Intelligenz, um die sie Europäer nur beneiden können, verfügen die Eskimos. Um in der Region des ewigen Eises überleben zu können, müssen sie auch schon minimale Kontraste weit besser erkennen können als etwa die Europäer; sie müssen winzige Unterschiede bei Schneewehen erkennen, minimale Risse im Eis als Warnung rechtzeitig sehen und die Wetterlage einschätzen, indem sie kaum wahrnehmbare Muster aus Dunkel und Hell in den Wolken deuten.

Die Puluwat auf den Karolinen-Inseln im Pazifik wiederum haben eine räumliche Begabung, von der ein europäischer Segel-Profi nur träumen kann. Für die Bewohner der unübersichtlichen Inselwelt Mikronesiens ist Orientierung beim Segeln lebensnotwendig. Bereits die Kinder lernen, Boote zu steuern, die Sternenkonstellationen zu erkennen und gefährliche Riffe an Hand der Farbe des Wassers auszumachen. Ihre Lehre ist erst abgeschlossen, wenn sie aus dem Gedächtnis die Sterne aufzählen können, die zwischen einer beliebigen Insel und ihren Nachbarinseln auf- und untergehen. Wenn sie später mit ihren Booten allein unterwegs sind, müssen sie die Geographie ihrer komplizierten Inselwelt wie ein Abbild im Gedächtnis haben.

Die Fähigkeit, kleinste Details wahrzunehmen, ist offenbar bei vielen sogenannten primitiven Völkern überaus stark ausgeprägt. Die Gikwe-Buschleute aus der Kalahari-Wüste im südlichen Afrika können aus der Fährte einer Antilope ihre Größe, ihr Geschlecht, ihre Statur und ihre Stimmung ablesen.

GENIES DER ZUKUNFT

Mit dem zu Ende gehenden Industriezeitalter werden auch die intellektuellen Anforderungen an die Menschen der westlichen Industriestaaten einen grundlegenden Wandel erleben.

Für die breite Masse ändern sich die Voraussetzungen für die Teilnahme an der Gesellschaft radikal: War der Erwerb formalen Wissens (Lehre, Diplome, akademische Titel) in der Industriegesellschaft Voraussetzung für reguläre Arbeit und – zumindest in Zeiten wirtschaftlicher Konjunktur – zugleich eine Art Garantie auf einen Arbeitsplatz, so zählt der Besitz von bestimmtem Wissen in Zukunft kaum noch. Die Fähigkeit, neue Probleme analysieren und lösen zu können, gewinnt gegenüber dem Eigentum an lexikalischem Wissen oder formaler Intelligenz, wie es durch den IQ ausgedrückt wird, immer mehr an Bedeutung.

Die größte Erfindung des 20. Jahrhunderts, der Computer, ebnete den Weg für eine neue Wissensexplosion, deren Auswirkungen erst im 21. Jahrhundert zu spüren sein werden.

Der allgemeinen Ratlosigkeit über die gesellschaftlichen Folgen des herannahenden Informationszeitalters hat der Schriftsteller John Updike 1995 in seinem Beitrag für die Frankfurter Buchmesse Ausdruck verliehen. In einem fiktiven »Dialog im Cyberspace« läßt er Johannes Gutenberg, den Erfinder des Buchdrucks aus dem 15. Jahrhundert, und den Software-Milliardär Bill Gates über Bücher und Computer diskutieren. Gutenberg ist so irritiert wie die heutigen Vertreter jener Generation, die ihr Wissen noch seiner Erfindung verdanken: »Ihr sprecht von diesem weltumspannenden Internet, als reichte es über das menschliche Gehirn hinaus. Aber der Mensch ist immer noch das Maß aller Dinge.« Gates, genervt über die Belehrungsversuche, antwortet symptomatisch für die Computer-Generation: »Auch dieses Problem kann irgendwann behoben werden.«

Die Informationsgesellschaft erfordert flexiblere, wendige Menschen als »Mitspieler« im globalen Wettbewerb – und hat ihre massiven Schattenseiten: Wer nicht mitkann, wird an den Rand der Gesellschaft gedrängt. Für die Mitspieler wird es allerdings ebenfalls härter: Ihr Talent, ihr Wissen, aber auch ihre Flexibilität sind gefragt, Arbeitsplatzsicherheit gibt es kaum, viele werden ihre Dienste als kleine selbständige Unternehmer anbieten müssen, die Realität des globalen Marktes wird für große Konkurrenz sorgen. Denn durch die weltweite Vernetzung und die Möglichkeit des unbeschränkten Datentransfers wird es immer unbedeutender, wo die Software produziert wird und wo die Daten verarbeitet werden. Die Kompetenz, die in der unübersichtlichen Welt der Datenhighways und der zersplitterten Gesellschaft immer wesentlicher wird, ist soziale Intelligenz.

Die Genies der Zukunft werden – das ist zumindest zu hoffen – den Rahmen ihrer Vorgänger verlassen. Das 19. und das 20. Jahrhundert waren geprägt von Genies, deren Wissen und Fähigkeiten entscheidend dazu beigetragen haben, die Natur bis an die Grenze des Verträglichen – und gelegentlich darüber hinaus – zu benutzen und zu verändern. Atomtechnologie und zuletzt Gentechnologie haben die Menschen in die Lage versetzt, der Erde bis in die genetische Struktur aller Lebewesen ihren Stempel aufzudrücken.

Vier Jahrzehnte nachdem der britische Biochemiker Francis Crick und sein amerikanischer Kollege James Watson das Geheimnis der Vererbung entschlüsselt und die DNA-Strickleiter des Gencodes für alle Lebewesen entdeckt haben, hat das Wissen um die Geheimschrift des Lebens und ihre Veränderbarkeit bereits große Teile der Industrie grundlegend verändert. Biotechnologie beherrscht bereits Pharmamarkt und medizinische Forschung; Saatgutkonzerne, Tierzüchter und Nahrungsmittelindustrie investieren Milliarden in die Genforschung. »Das neue Gold ist das genetische Material dieses Planeten«, beschreibt der US-amerikanische Gentechnik- und Sozialkritiker Jeremy Rifkin den Trend. »Wir erleben gerade den Übergang von den fossilen Brennstoffen, der Energiebasis der industriellen Revolution, zu den genetischen Ressourcen, der Energiebasis für die biologische Revolution« – einer Revolution, die sich nicht nur die Natur untertan macht, sondern »Leben selbst als Rohstoff begreift und zum Rohstoff reduziert« (Rifkin).

Aus dem Blickwinkel der Nachhaltigkeit im Umgang mit der Natur waren das 19. und das 20. Jahrhundert eine »einzige unverantwortliche Party« (William Calvin).

Vielleicht beginnt die Wissensexplosion des 21. Jahrhunderts mit der Einsicht in die Verantwortung, die wir Menschen für unsere Mitmenschen und die Erde, auf der wir leben, haben. Dann könnten die Erfindungen der Genies der Zukunft – ähnlich wie die Erfindung von Pfeil und Bogen – die Voraussetzung für eine intelligentere, nachhaltige und verantwortliche Gesellschaft schaffen, in der nicht plumper Raubbau, sondern die vernünftige Nutzung der Ressourcen begünstigt wird.

Frank Prager: »Wenn ich bloß wüßte, wie ich denke«

»Schach«, sagt Frank Prager. Er sitzt entspannt am Sofa, nippt an seinem Milchglas und schielt dabei über den Glasrand auf das Spielbrett. Seine Mutter weicht mit dem König zurück. Frank braucht nur ein paar Sekunden, um zu erkennen, daß er die Mutter neuerlich bedrohen kann. Er deutet die Diagonale an, die sein Läufer gleich einschlagen würde.

»Puh«, sagt Maike Prager, »da habe ich aber schön langsam ein kleines Problem.«

»Mmh«, meint der Sohn zustimmend, »nicht nur ein kleines.«

Die Mutter erlaubt es sich, ein bißchen zu grübeln – zu lange nach Franks Ermessen. Er gibt ihr einen Tip, eigentlich schlägt er sogar zwei Zugvarianten vor. Der Zwölfjährige kann sie einfach nicht für sich behalten, auch wenn er weiß, daß ihm seine Mitteilsamkeit die Sache nicht leichter macht. Ohne Unterlaß fixieren seine Augen das Spielfeld, nicht einmal wenn er sein Milchglas hinstellt oder wieder in die Hand nimmt, hält er es für nötig, seinen Blick von Königin, Springer und Co. zu wenden. Stattdessen ist er offensichtlich ganz und gar damit befaßt, in seinem Kopf einzelne Spielstrategien zu managen. Maike Prager verliert ihren Turm, und nach vier weiteren Zügen ist sie schachmatt. Gönnerhaft erklärt ihr Frank, durch welche Züge sie das Unheil hätte verhindern können.

Aber die Informatikerin hat sich mittlerweile daran gewöhnt, immer öfter gegen ihren Sohn beim Schachspielen zu verlieren. Daß er ein heller Kopf ist, hat sich schon früh abgezeichnet. Kaum konnte er lesen, wollte er schon über die gesamte Erdgeschichte Bescheid wissen: Wie entsteht ein Vulkan? Woher kamen die Dinosaurier, wieso waren die so groß, was haben sie gefressen, und warum sind sie jetzt weg? Was ist ein elektromagnetisches Feld, weshalb kann ich das nicht sehen, und was passiert, wenn ich da drin bin? Frank stellte Fragen ohne Ende, kaum hatte er eine formuliert, fiel ihm schon die nächste ein, und während er ungeduldig das Ende der Antwort hörte, ging ihm bereits das übernächste Problem durch den Kopf. »Es gab Leute«, erzählt Maike Prager, »die haben mich gefragt, warum ich überhaupt noch mit ihm rede, weil diesen Drang ständig und alles zu fragen, den versuchte er überall durchzusetzen. Man mußte schon seine Mutter sein, um den Jungen ertragen zu können.« Mit der Zeit eilte Frank der Ruf voraus, eine unbequeme Nervensäge mit weltrekordverdächtigem Sprechtempo zu sein.

Nur Oma hatte Frank durchschaut. »Der Junge ist ziemlich begabt«, bemerkte sie ihrer Tochter gegenüber. Oma war selbst Lehrerin gewesen, sie kannte sich aus mit Kindern. Neugierig sind sie alle und voller Wissensdrang. Aber ihr Enkel wollte mehr wissen als eine ganze Schulklasse zusammen, und er wollte es früher wissen, und er wollte für sein Alter ganz ungewöhnliche Dinge wissen. Biologie, Geographie und Geschichte waren seine Lieblingsthemen. Auch Maike Prager zweifelte nicht mehr daran, daß ihr Sohn ein kleiner Schlaumeier sei. »Die anderen haben nur gesagt, man will halt in seinem eigenen Kind immer was Besonderes sehen«, erinnert sie sich an die gedämpfte Anerkennung, die ihrem Jungen im Bekanntenkreis entgegengebracht wurde.

Und nicht nur bei den Freunden der Mutter war die Wertschätzung gegenüber Frank begrenzt. Auch im Kindergarten war er ein unbeliebtes Kind. Er wollte sich partout nicht an bestimmte Gepflogenheiten anpassen. Das »Großmaul« wurde hin- und hergeschubst und am Ende immer weggeschubst. Wer hatte schon Lust, sich stundenlang rechthaberische Epiloge über Dinosaurier und Vulkane anzuhören. Frank spürte die Ablehnung, die ihm entgegenschlug, nur erklären konnte er sich diese nicht. Die Erzieherinnen waren Frank auch keine große Hilfe. Sie ergriffen eindeutig für die netten, braven Kinder Partei, mit denen ganz problemlos oder zumindest »normal« umgegangen werden konnte und die sie nicht permanent mit Fragen nervten. Frank kämpfte sich durch die Kindergartenzeit. Es wäre ja nicht allzu lange, und dann käme ohnehin die Schule. Und dort würde schon alles anders werden.

Es wurde alles noch schlimmer. Frank war erstaunt, mit welchen Lappalien er sich hier in manchen Fächern befassen mußte. Vor allem die Rechenaufgaben langweilten ihn schrecklich – es waren zu wenige, sie waren zu leicht, und er hatte viel zu lange Zeit, sie auszuführen. In anderen Bereichen blockte die Lehrerin einfach seine Wißbegierde ab. Frank fragte, wie eine Mondfinsternis funktioniere. Die Lehrerin sagte: »Das lernen wir jetzt gerade nicht.« Frank fragte: »Was stellt man sich unter Gravitation vor?« Die Lehrerin antwortete: »Das wirst du später erfahren.« Frank benannte der Reihe nach sämtliche Erdzeitalter, und niemand interessierte sich dafür. Frank war frustriert, und er war ein Dickkopf. Seine Mutter berichtet: »Er wollte halt mit seinem Wissen auch nach außen und auf seine Fragen auch Antworten bekommen, und wenn er die nicht gekriegt hat, ist er auch mal aggressiv geworden. Es war bestimmt nicht leicht mit ihm.« Maike Prager ging in die Schule und sprach mit der Lehrerin: »Ich habe sie gebeten, ihm gesonderte Aufgaben zu geben, damit er den Unterricht nicht schmeißt und damit er gefordert wird. Sie ist dann wirklich ein bißchen mehr auf ihn eingegangen und die Situation hat sich etwas gebessert.«

Der Deutschunterricht blieb weiterhin ein Greuel für Frank. So spielerisch er Mathematik betrieb und so sehr er sich für Naturwissenschaften interessierte, so wenig Gefühl hatte er für Sprachen. Seine Rechtschreibung war eine Katastrophe und sein Schriftbild ein Chaos. Deutsch lag ihm eben nicht, und Frank sah gar nicht ein, warum er sich trotzdem damit beschäftigen sollte. Er konnte sich verständlich machen, und er konnte lesen, das reichte ihm eindeutig. Warum sollte er Aufsätze schreiben, und wozu brauchte er all diese Regeln, um die Grammatik zu beherrschen? »Frank«, sagte die Mutter beim Abendessen, »kannst du dir für das morgige Diktat wenigstens ein paar Regeln merken, die in der deutschen Sprache logisch sind? Du magst doch logische Dinge, nicht? Oder präg dir diese paar Eselsbrücken ein, die ich dir erklärt habe. Hast du's verstanden? Wirst du das tun?« »Mmh«, brummte Frank abwesend, um gleich darauf ganz geistesgegenwärtig fortzufahren: »Du, Mutti, rate mal, was ich gerade ausgerechnet habe ...« Die Mutter seufzte. Für Dinge, die ihn nicht interessierten, war der Junge nicht zu motivieren.

Maike Prager suchte die Lehrerin erneut auf. »Lassen Sie den Jungen Methoden lernen«, bat sie die verdutzte Pädagogin, »oder lassen Sie ihn einfach lernen, sich Wissen anzueignen, er soll bloß nicht für Noten lernen müssen.« Das waren freilich fromme Wünsche. Die Lehrerin gab sich Mühe, aber das nützte nicht viel. Frank war ein überaus schwieriger Schüler. Er wollte ständig beschäftigt werden, er mußte überall seinen »Senf« dazugeben, manchmal stotterte er leicht, er wurde aggressiv, wenn er nicht bekam, wonach ihm gerade war, und begriff überhaupt nicht, warum ihn keiner mochte. Frank hatte nach wie vor keine Freunde, und er sollte auch keine bis zum Ende der Grundschulzeit finden.

In der neuen Klasse im Gymnasium setzte sich das Drama fort. Frank hatte es satt, immer ausgegrenzt zu werden, und er beschloß, seine Klassenkameraden zu beeindrucken – zunächst mit seinem Wissen. Frank war jedem gegenüber neunmalklug, stritt, wenn er glaubte, recht zu haben, und verärgerte seine Lehrer mit unerwünschtem Eifer: In Mathematik bekamen die Schüler Vordruckhefte mit Aufgaben für ein halbes Jahr. Frank rechnete sie innerhalb einer Woche durch. Doch das Lob der Lehrerin blieb aus. Statt dessen gab es einen Eintrag für die Mutter. Erstens, so wurde ihr mitgeteilt, habe Frank Aufgaben gelöst, die im Lehrplan noch nicht vorgesehen wären, und zweitens hätte er den jeweils geforderten Lösungsweg nicht eingehalten. »Das hat er nicht verstanden«, erinnert sich Maike Prager, »er hat mir die Mitteilung nicht gezeigt, sondern meine Unterschrift gefälscht. Das ist natürlich furchtbar mißlungen, mit seiner Schrift. Und das Dumme war, daß er gerade in diesem Fach schon oft sehr unangenehm aufgefallen ist, weil er da halt immer sehr unterfordert war. Nach diesem Vorfall hat er nun auch in Mathe nicht mehr ausgepackt, sondern versucht, den Unterricht zu stören, und er hat in der Schule allmählich auch dieses Interesse verloren.«

Zu Hause schmökerte Frank weiterhin in Lexika, studierte den Globus, verschlang Geschichtsbücher und las ein Geographiebuch nach dem anderen. »Ich habe vielleicht schon eine bessere Allgemeinbildung als andere«, gibt sich Frank im heimischen Umfeld ganz bescheiden. »Ich suche mir aus den Lexika die Sachen raus, die mich interessieren, und die lese ich mir dann eben durch. Ich wollte auch mal Geograph werden, aber da kann man kaum Geld verdienen. Da kriegt man vom Staat das Geld, und vom Staat kriegt man halt ziemlich wenig Geld. Und außerdem schauen die immer nur auf die Zensuren. Deshalb sind Zensuren wichtig – zum Jobsuchen. Ich finde das nicht okay, die sollten nicht so sehr auf die Zensuren gucken, die sollten mehr darauf achten, wie man *jetzt* ist.«

Aber auf Frank hörte ja keiner, und außerdem hatte er im Moment noch ganz andere Probleme. Weit mehr als die Zensuren interessierte ihn in der Schule nur noch eines: Wie gewinne ich endlich einen Freund? Mit seinem Allgemeinwissen hatte Frank nicht Eindruck schinden können, jetzt kämpfte er mit Ellenbogen und Fäusten um einen Gefährten – eine Strategie, die sich freilich als höchst kontraproduktiv erwies. Frank wurde nach Strich und Faden verdroschen. »Zu Hause ist er immer ruhiger geworden«, erzählt die Mutter, »und sein Stottern nahm auffällig zu. Irgendwann ist er dann mal damit rausgerückt, daß ihn die anderen öfter verprügelten.« Maike Prager machte sich sofort auf in die Schule. Die Lehrerin regte eine gemeinsame Unterredung mit allen Eltern und Lehrern an. In dieser Besprechung schlug Franks Mutter blankes Unverständnis entgegen. Ihr Sohn sei verhaltensgestört, sagten die Lehrer. Er störe den Unterricht und bedrohe die Kinder, meinten die Eltern. Er solle in die Hauptschule wechseln, sind sich alle einig. »Ich habe versucht, klarzumachen, daß der Junge wirklich unterfordert ist«, erzählt Maike Prager, »aber alle haben nur argumentiert, das sei nicht gut möglich bei seinen schlechten Noten. Ich habe weiter versucht, ihnen zu erklären, daß seine Intelligenz nicht alle Bereiche betrifft, weil er ja echte Probleme in Deutsch hat. Dann wollte ich noch vermitteln, daß seine schwachen Leistungen nicht unbedingt eine Frage der Noten seien. In dem Moment, wo ein Kind keine Antworten mehr auf seine Fragen bekommt, blockt es halt ab und bemüht sich nicht mehr. Aber ich bin nur auf Intoleranz gestoßen, und Frank ist als Sündenbock übriggeblieben.«

Wenig später sah die Lehrerin im Fernsehen eine Sendung über hochbegabte Kinder. Es fielen ihr viele Ähnlichkeiten zu ihrem »Sorgenschüler« auf, und sie empfahl Franks Mutter, sich an einen Psychologen zu wenden.

Maike Prager war gerade an einem Tiefpunkt angelangt. Die Mutter eines Mitschülers von Frank – selbst Direktorin an einer anderen Schule – hatte angerufen. Am gemeinsamen Eltern-Lehrer-Abend hatte sie noch zu wenig Luft ablassen können. Jetzt begann sie zu zetern, als wäre der

Junge eine Bedrohung für die gesamte Rostocker Schulöffentlichkeit. Er würde ununterbrochen provozieren, meinte sie, und sie würde schon dafür sorgen, daß Frank in der Schule ihres Sohnes nicht mehr lange sein Unwesen treiben könne.

Maike Prager war sprachlos und verzweifelt. Sie konnte nicht mehr schlafen. Sie weinte die halbe Nacht lang und grübelte über das Schicksal ihres Sohnes nach. Sie würde ihn aus der Schule nehmen. Am nächsten Tag schloß Maike Prager zuerst eine Rechtsschutzversicherung ab, und dann rief sie eine Psychologin an.

Kathrin Prante ist Schulpsychologin am Albert-Einstein-Gymnasium der Jugenddorf-Christophorusschule in Rostock. »Als Frank bei uns hier auftauchte«, erinnert sich die Expertin, »hatte er bereits jede Lust am schulischen Lernen verloren, er hatte keinerlei Vertrauen mehr in seine Leistungen, und er litt ganz schrecklich unter seiner Außenseiterrolle.« Die Psychologin wollte dem Jungen den Aufstieg in die nächsthöhere Klasse ermöglichen.

Aber zunächst wurde Frank getestet. Einerseits sollten seine bildungsunabhängigen Problemlösungsfähigkeiten und seine Denkstrategien untersucht werden, andererseits das bildungsabhängige Wissen. Nach den Tests war alles klar, Frank ist ganz eindeutig hochbegabt. Nur ein Prozent seiner Altersgruppe schafft die gleichen geistigen Leistungen wie er. »Er hat eine ganz, ganz hohe Auffassungsgabe und eine hohe Fähigkeit, logisch zu denken«, faßt die Psychologin das Ergebnis zusammen. »Er nimmt Dinge unheimlich schnell auf, kann ganz schnell lernen und verarbeitet auch gleich alles – was ihn interessiert.«

Und im Moment interessierte Frank alles. Die bloße Vorstellung, daß er seine alte Schule verlassen könne und gleich ein Klasse überspringen dürfe, verwandelte den frustrierten, lustlos gewordenen Jungen in eine hochmotivierte »Lernmaschine«.

Das letzte Monat vor den großen Sommerferien saß er nun in der sechsten Klasse der Hochbegabtenschule, bereitete sich auf jede einzelne Stunde vor, machte all seine Hausaufgaben und lernte seine neuen Mitschüler und Lehrer kennen. »Es kann alles nur besser werden«, dachte Frank. Aber jetzt waren erst mal große Ferien.

In diesem Sommer fuhr Maike Prager mit ihrem Sohn nach Schottland. Frank genoß die Reise. Die Mutter hatte in ihrem ganzen Leben nicht so viele Burgen besichtigt wie in diesen Tagen. Ihr zwölfjähriger Sohn schleppte sie von einem alten Gemäuer zum nächsten. Sie selbst hätte die Relikte auch gar nicht gefunden. Mehrmals versuchte sie, sich in dem wirren Straßennetz zu orientieren, schaute auf den Plan und verfuhr sich doch gleich wieder. Dann nahm Frank die Sache in die Hand. Mit dem Autoatlas auf dem Schoß, navigierte er die Mutter durch ganz Schottland. Wie hatte es doch in Franks Schülereinschätzung gestanden? »Seine Auffassungsgabe reicht mitunter nicht, um eine Aufgabenstellung umfassend genug zu erfassen und seine Lösung dann zusammenhängend darzulegen – zum Beispiel in Geographie.« Ob die Lehrerin jemals versucht hatte, in Schottland, zwischen unzähligen Hügeln, eine Burg zu finden?

»Die alte Lehrerin hat zunächst nicht erkennen können, daß der Frank über außergewöhnliche Fähigkeiten verfügt«, versucht die Psychologin Kathrin Prante für deren Situation Verständnis zu zeigen. »Sie sah nur seine Defizite, seine nicht vorhandenen Lerntechniken, seine Art, sich in den Mittelpunkt zu stellen, seine Alterskameraden zu dominieren, und seine Unfähigkeit, sich in sie hineinzuversetzen. Daß er das nicht wollte, daß ihm das gar nicht bewußt war und daß er vielleicht Hilfestellung gebraucht hätte, hat sie nicht gesehen. Aber das ist auch schwierig für Lehrer, die während ihrer Ausbildung sehr, sehr wenig über hochbegabte Kinder erfahren, im Prinzip gar nichts.«

Die Ferien sind vorbei, und Franks anfängliche Euphorie hat sich schnell gelegt. Er sitzt in der siebenten Klasse – ganz allein in der ersten Reihe, gleich vor dem Lehrerpult. »Wir spielen heute Computer«, sagt der Mathematiklehrer, »auf der Festplatte läuft ein bestimmtes Programm ab. Frank, würdest du bitte mal an die Tafel gehen und versuchen herauszufinden, welches Programm das sein könnte.« Der Lehrer schreitet die Gänge zwischen den Tischreihen ab und fragt nach Summen und Differenzen und Quadraten und siebenten Teilen von einer unbestimmten Zahl. Während die Schüler in den Bänken leise vor sich hinrechnen, schreibt Frank seine Ergebnisse an die Tafel. Am Schluß hat er eine lange Schlange von Zahlen notiert. Aber keine davon ist richtig. Da und dort kann ein Schüler ein hämisches Grinsen nicht verbergen. »Da hast du wohl das falsche Computerprogramm aktiviert«, meint der Lehrer ganz neutral. Er geht die Aufgaben nochmals durch. Beim ersten Beispiel kommt eine Gleichung mit einer Unbekannten »x« heraus, beim zweiten auch, beim dritten ebenfalls. Beim vierten Beispiel hebt Frank seine Hand und nennt das richtige Resultat. Jetzt hat er das Prinzip begriffen. »Ich denke oft bei etwas, daß das viel schwieriger ist«, erklärt Frank sein Dilemma, »und dann denke ich mir dazu die viel schwierigere Lösung aus, aber in Wirklichkeit ist es dann die einfache Lösung, und deshalb ist es öfter falsch, was ich rechne. Da komme ich mir öfter schon ziemlich blöd vor. Ich weiß, ich kann es, und ich mache es trotzdem falsch.«

Aber wenn es nur das wäre! Niemand von den Lehrern hat schließlich das Gefühl, Frank sei mit dem Stoff der siebenten Klasse überfordert. Sein Problem bleiben weiterhin die Kameraden, daran hat sich nichts geändert. Die Pausen zwischen den Unterrichtsstunden sind oft die schlimmste Zeit. Wenn alle johlend in den Hof hinunterlaufen und unten gemeinsam tratschen, Fangen spielen und herumtoben, trottet Frank allein durch die Menge. Manchmal stellt er sich zu einer ballspielenden Gruppe, aber er gehört trotzdem nicht dazu. »Ich werde auch oft verkloppt«, sagt Frank mit gesenktem Blick, »oder man bombardiert mich mit schlechten Sachen, oder man sagt Dinge über mich, die überhaupt nicht stimmen. Und beim Sportfest, da haben sie mich nicht mitmachen lassen, nur weil ich da bei einer Sache nicht so gut war. Aber die anderen, die noch schlechter waren als ich, die haben sie schon mitmachen lassen.« Warum das so ist, darüber kann Frank nur rätseln. »Weil sie mich halt nicht leiden können«, spekuliert er, »weil ich anders denke als die. Wenn ich wüßte, wie ich denke, dann hätte ich das schon längst geändert.«

»Es war natürlich klar«, bleibt Kathrin Prante realistisch, »daß sich allein durch den Schulwechsel und den Aufstieg in die nächste Klasse nicht alle Probleme sofort erledigen würden.« Frank hat weiterhin ganz große Schwierigkeiten, sich in andere hineinzuversetzen. Der Unterschied ist, daß jetzt Lehrer da sind, die ihm das erklären können. »Und ganz, ganz langsam«, erzählt die Psychologin, »können wir sehr, sehr angenehme Fortschritte erkennen. Frank zeigt erstmals Interesse, von den Großen auch akzeptiert zu werden, nicht nur auf der Leistungsebene, sondern vor allem auf der sozialen Ebene, und er hat von sich aus Ehrgeiz entwickelt, da etwas zu verändern, Fragen zu stellen, was er anders machen könnte, um sich dann anders zu verhalten.«

Auch Maike Prager hat keine Zweifel daran, daß es mit ihrem Sohn nun tatsächlich bergauf geht. »Er ist natürlich noch lange nicht fertig mit sich und der Welt«, meint sie, »aber ich sehe da schon sehr viel Land. Unlängst, als er früh morgens in die Schule ging, hat er das erste Mal ein Lied gepfiffen.«

Die Begleiter

Kinder sind von Natur aus neugierig. Sie wollen ständig lernen, sich erproben, neue Fähigkeiten erwerben und diese laufend verbessern. Ihr Wissensdurst ist kaum zu stillen.

Auch die Kulturtechniken wie Lesen, Schreiben und Rechnen erlernen die Kinder gerne und eifrig, sie sind stolz darauf, sich Fähigkeiten aus der »Welt der Großen« anzueignen – wenn man sie nur läßt.

Kinder lernen verschieden. Manche nähern sich dem Neuen eher über logische Verknüpfungen, andere eher über räumliche Vorstellungen oder über die Sprache. Und auch die Geschwindigkeit ist individuell.

Ihre höchstpersönliche Art zu lernen, ihr Tempo, mit dem sie sich das Wissen über diese Welt erobern, wird meist schon im Elternhaus, jedenfalls aber in der Schule ignoriert. Statt Interessen und Begabungen zu erkennen und zu fördern, werden Kinder mit formalisiertem Wissen versorgt, das in keinem für sie erkennbaren Zusammenhang mit dem bisher Erlebten steht.

Das Resultat ist in mehrfacher Hinsicht unzureichend: Enorme Begabungsreserven gehen unerkannt verloren, aus Hochbegabten werden Leistungsverweigerer, und Fähigkeiten zur sozialen Problemlösung müssen verkümmern.

Geborene Genies

Menschen kommen mit einem hochentwickelten sensorischen und motorischen Reaktionssystem auf die Welt. Alle gesunden Babys können differenziert schmecken und erkennen schon am vierten Lebenstag den Geruch ihrer Mutter wieder. Neugeborene hören auch gut. Sie identifizieren die Stimmen, die sie bereits im Bauch der Mutter gehört haben, und es ist ihnen möglich, Sprachmelodien und -muster zu erkennen. Ihr Saugreflex ist stärker, wenn sie ihrer Muttersprache lauschen können, als wenn sie Worte einer fremden Sprache hören.

Von Geburt an herrscht das Prinzip Neugier, die Lust am Lernen. Hört ein Neugeborenes ein Geräusch immer wieder, so verliert es daran zunehmend das Interesse. Bei einem neuen Geräusch reagiert es dagegen sofort wieder neugierig und aufmerksam.

Die Fähigkeit, Ursache und Wirkung miteinander logisch zu verknüpfen, ist schon in den ersten Lebenstagen ebenso vorhanden wie die Lust daran, etwas bewirken zu können. Man kann zwei Tage alten Kindern beibringen, daß Musik spielt, wenn sie langsam saugen, und daß bei schnellerem Saugen die Musik stoppt: Babys schalten so die Musik mit Begeisterung selbst ein und aus.

Sehen, Hören oder Tasten sind offenbar schon von Geburt an miteinander verknüpft. Babys können ein sprechendes Gesicht, bei dem Lippenbewegung und Töne übereinstimmen, von einem Gesicht unterscheiden, bei dem sich die Lippen nicht synchron zu den Lauten bewegen.

Was im Kopf von Neugeborenen wirklich vorgeht, ist bislang nicht geklärt. Bekannt ist, daß im Schädel des Fötus Milliarden von Nervenzellen mit Verästelungen und Ärmchen ausgebildet und zum Gehirn zusammengeschlossen werden. Hauptsächlich nach der Geburt »verdrahten« sich die feinen Ärmchen untereinander, während das Baby begreift und erfaßt. Im Laufe eines Lebens wächst das Gehirn auf das Dreifache, bis seine vielen Nervenzellen das organische Substrat einer Persönlichkeit ergeben. In den Nervenzellen speichern sich Wissen und Erfahrungen – die Gewohnheit, mit Messer und Gabel zu essen genauso wie die Empfindungen der ersten Liebesnacht oder das Wissen um die Bedeutung von Lateinvokabeln. Im Gehirn verbinden sich Gedächtnis und Gefühle, tauschen sich Fertigkeiten, Kreativität und Phantasie, Empfindungen und Gewohnheiten aus.

Wie die unglaublichen Lernprozesse vom Säugling zum Klein- und Schulkind, vom Jugendlichen zum Erwachsenen exakt funktionieren, ist noch weitgehend unbekannt. In einem Punkt sind sich die Wissenschaftler aber einig: Das Gehirn organisiert sich selbst, nur die Grundregeln sind vorgegeben. Die Strukturen entstehen – »verdrahten« sich – erst in der Auseinandersetzung mit der Umwelt und beim Lösen von Aufgaben. Dabei können sich sämtliche Teile des Netzes gegenseitig beeinflussen.

Denken und Bewußtsein sind obendrein wesentlich mit sozialen Prozessen verknüpft. Allein kann kein Kind, kein Mensch Sprache und Kultur entwickeln.

Von Mensch zu Mensch

Der soziale Kontakt bestimmt von Beginn an die Entfaltung der menschlichen Fähigkeiten. Schon nach zwei Wochen können Säuglinge bekannte Gesichter von unbekannten unterscheiden. Hier verkehrt sich jedoch das Prinzip Neugier ins Gegenteil – das Vertraute erweckt mehr Interesse als das Fremde; das Interesse nach Vertiefung von Sozialkontakten, nach Vertrautheit und Geborgenheit ist ebenfalls prägend für die intellektuelle Entwicklung.

Den Wunsch nach »Rückversicherung« kann man vom Babyalter bis zum fünften Lebensjahr am Blickkontakt beobachten. Er ist wie eine ständige Frage des Kindes: Verstehe ich, was ich wahrnehme und erlebe, richtig? Deute ich die Dinge und Geschehnisse richtig? So schaut ein Kind zum Beispiel einem vorbeifliegenden Vogel nach, den ihm der Vater zeigt. Im selben Moment sucht es den Blickkontakt zu diesem, um sich zu vergewissern, daß es den Hinweis richtig verstanden hat. Babys im Krabbelalter begleiten fast alle ihre Entdeckungsreisen mit diesen intensiven Blickkontakten. Bei einem ablehnenden, verneinenden Blick zögert das Kind meist und verlangsamt seine Bewegungen. Kommt ein aufmunternder Blick zurück, so setzt es die Reise fort.

Wissenschaftler nehmen an, daß dieser Drang nach Rückversicherung mit der Entwicklung des Gehirns zusammenhängt. Zwischen dem sechsten und dem neunten Lebensmonat vernetzen sich die Funktionen der beiden Gehirnhälften. Während der linken mehr die kognitiven Leistungen wie Sprechen und rationales Denken zugeordnet sind, liegen in der rechten eher die Gefühle und die Fähigkeit, soziale Kontakte zu knüpfen. Erst wenn beide Gehirnhälften miteinander »verdrahtet« sind, kann das Kind emotionale Empfindungen und kognitive Wahrnehmungen verbinden. Dadurch stellt sich ihm die Welt aber plötzlich ganz anders dar: Alles bekommt eine neue Bedeutung, und die Ordnung muß neu definiert werden. Nur über das permanente Sich-Vergewissern bei vertrauten Personen gelingt es, Neues und Fremdes ohne Angst verstehen zu lernen.

Wissen als Kinderspiel

Spielen ist mehr als kindlicher Zeitvertreib. Es ist Lernen und Forschen im eigentlichen Sinn: durch Nachahmung und Improvisation, durch Versuch und Irrtum, mit Kreativität, enormer Ausdauer und Konzentration. All das bringen Kinder zum Spielen mit, getrieben von unendlicher Neugier und dem Wunsch, den Dingen auf den Grund zu gehen. Alles, aber auch wirklich alles müssen sie entdecken, befingern, befühlen und be-greifen: nicht nur den eigenen

Körper und die dem Baby zugeordneten Spielsachen, sondern auch den Salzstreuer auf dem Tisch, das Haarshampoo des Vaters oder die Sandalen der Mutter. Jeder Gegenstand ist interessant, und es gibt keinen Unterschied zwischen gefährlichen und harmlosen, zerbrechlichen und robusten Dingen.

Über Spielerfahrungen begreifen Kinder Gesetzmäßigkeiten von Ursache und Wirkung. Sie formen ihre intellektuellen Fertigkeiten und legen damit den Grundstein für das logische Denken. Dabei ist jede neue Erfahrung von dem Bedürfnis geleitet, sie oftmals zu wiederholen. Erst viele Wiederholungen festigen die Eindrücke, und es entsteht allmählich eine Vorstellung über Gegenstände, Raum, Zeit und Zusammenhänge.

Die Macht der Worte

Mit dem Spracherwerb erobern sich Kinder völlig neue Welten. Nichts prägt die geistigen Fähigkeiten eines Kindes so sehr wie die Sprache. Sie ist wichtigstes Ausdrucksmittel und gleichzeitig das Werkzeug, um das Denken zu strukturieren. Alle höheren Denkleistungen sind an Sprache gebunden. Nur mit ihr können die kleinen Menschen Ordnungssysteme und Verallgemeinerungen entwickeln, vorausschauend denken, Ereignisse deuten und Dinge benennen. Mit der Sprache verweben sich alle Sinnes- und Gedächtnisleistungen.

Die Kleinen vollbringen beim Sprechenlernen enorme intellektuelle Leistungen. Aus den Klangkombinationen, die den Kindern aus den Mündern der Erwachsenen entgegenströmen, müssen sie bestimmte Lautkomplexe erkennen und als Wörter herausfiltern. Jedes Wort muß auf Ähnlichkeiten untersucht und nach diesen differenziert werden: zum Beispiel Haus – raus – Maus oder Hand –

Hund. Die Kinder müssen das einzelne Wort nicht nur hören, sondern auch verstehen, also auf ein Merkmal, eine Handlung oder einen Zusammenhang beziehen: So hat »Spazierengehen« etwas mit Anziehen, Bewegen und frischer Luft zu tun. Gleichzeitig müssen gleichartige Dinge verallgemeinert werden: Ein Gegenstand, der sich zum Essen von Suppe eignet und aus einem Griff mit einer runden Erweiterung besteht, ist immer ein »Löffel«, egal, ob er aus Holz, Metall oder Plastik besteht, ob er groß oder klein ist. Und der Begriff »Hund« beschreibt sowohl den Dackel als auch die Dogge.

Diese grundsätzliche Fähigkeit des Gehirns, Gesetzmäßigkeiten zu entdecken, zu verallgemeinern und zu ordnen, ist allen Menschen in die Wiege gelegt.

Die Welt erkennen

Der große Entwicklungspsychologe Jean Piaget teilte die Entwicklung, wie sich ein Kind die Welt zusammenreimt, in sechs Etappen. Und er meinte, daß das Wissen jeder Entwicklungsstufe zwar auf der vorangegangenen Etappe aufbaue, aber sobald das Kind in die nächste Ebene eintrete, das alte Wissen gänzlich ausgelöscht und durch das neue ersetzt werde. In diesem Punkt wurde Piaget von den nachfolgenden Wissenschaftlern inzwischen mehrmals korrigiert.

Neue Studien zeigen, daß Kindern, entgegen bisheriger Annahmen, ein grobes Konzept darüber, wie sich die Welt zusammensetzt, angeboren ist. Das Konzept beinhaltet, daß die Welt aus Objekten besteht und daß dort, wo ein Objekt steht, kein anderes Platz hat. Auf der Grundlage dieses Ur-Verständnisses bauen sich die Kinder nun nach und nach ihre Theorien über die Welt auf.

Ihre Theorien gründen sich auf ihrer Fähigkeit zur Vorstellung, auf ihrer Phantasie und auf den Klischees, die sie in einem bestimmten Kulturkreis mitbekommen.

Howard Gardner ist der Meinung, die Entwicklung des Kindes vollziehe sich in manchen Bereichen in Wellen, wobei eine in die andere übergehe. Die intuitiven Vorstellungen eines Kindes von der Welt werden dabei keineswegs einfach ausgelöscht, sondern bestenfalls überlagert – und zwar letztendlich vom ritualisierten, mechanischen, formellen Wissen, das üblicherweise in der Schule gelehrt wird und zum bestimmenden Faktor der Umwelterfahrung eines Heranwachsenden wird, das aber keinerlei echtes Verständnis voraussetzt.

Der amerikanische Psychologe Paul Cobb zeigt an konkreten Beispielen, wie intuitives Verstehen auf der einen Seite und davon abgehobenes regelhaftes Lernen auf der anderen Seite zu einiger Verwirrung führen können: Ein Mädchen konnte 16 Kekse und 9 Kekse addieren, wenn die Kekse aufgezeichnet waren – sie zählte sie einfach ab. Wenn sie jedoch 16 Kekse und 9 Kekse in Form von Zahlen addieren sollte, kam sie zu dem Ergebnis, es wären 15 Kekse, weil sie vergaß, die Zehnerstelle mitzurechnen. Das Mädchen hielt beide Ergebnisse für richtig: 25 für die Keks-Darstellung und 15 für die gleiche Rechnung in Zahlenform. »Für das Mädchen«, so kommentierte Peter Cobb seine Beobachtung, »schien schulisches Rechnen ein isoliertes, in sich geschlossenes Gebiet zu sein, in dem die Möglichkeit nicht auftrat, etwas anderes zu tun, als zu versuchen, sich die vorgeschriebene Vorgehensweise in Erinnerung zu rufen.«

Verstanden wird nur, was sich mit den eigenen kindlichen Theorien deckt. Hingegen stößt neues Wissen auf Unverständnis, wenn es mit den frühen Konzepten von der Welt nicht übereinstimmt. Zwar kann es möglicherweise mit den in der Schule perfektionierten Methoden mechanisch aufgenommen werden und ist in diesem genormten

Rahmen dann auch abrufbar. Kaum aber begegnen den Kindern die gleichen Inhalte in einem anderen Zusammenhang – womöglich auch noch außerhalb der Schule –, kann das scheinbar »gelernte« Wissen nicht mehr angewendet werden.

In solchen Situationen ziehen sich die Kinder intuitiv auf die frühesten Theorien zurück. Selbst Erwachsene retten sich in manchen Situationen, indem sie sich die Welt wieder nach den kindlichen Mustern zurechtlegen. Das kann zum Beispiel in der simplen Einteilung der Menschen in Gute und Böse münden oder auch in dem Glauben, was Autoritäten wie Eltern, Lehrer oder Politiker behaupten, sei immer richtig.

Auch die Annahme, die Entwicklung der meisten intellektuellen Fähigkeiten vollziehe sich regelhaft in Stufen, hat sich als – zählebiger – Irrtum erwiesen. Die verschiedenen Fertigkeiten können sich nicht nur in einem wesentlich breiteren Zeitraum, mit unterschiedlicher Geschwindigkeit und in ungleicher Intensität entfalten, es müssen auch die Fortschritte auf einem Gebiet nicht unmittelbar einen Entwicklungssprung in einem anderen Bereich implizieren. Wer etwa meint, sein Kind müsse nun auch Bilder zeichnen, die etwas ausdrücken, nur weil es bereits sinnvolle Sätze spricht, wird vielleicht enttäuscht werden. Die meisten Kinder haben ihre Lallphase schon lange hinter sich und zeichnen weiterhin genußvoll ihre Krixikraxis. Offenbar entwickeln sich die Strukturen des Gehirns und des Denkens nicht parallel, sondern sie entfalten sich in manchen Bereichen in unterschiedlichen Geschwindigkeiten und unterschiedlichen Richtungen. Genetische Anlagen, biologische Faktoren, kulturelle Traditionen und soziale Bedingungen wirken sich nun einmal bei jedem Menschen in einer höchst individuellen Art und Weise auf die Entwicklung verschiedener Fertigkeiten aus.

Begabungen zeigen sich

Louise begann mit zwei Jahren zu malen, Jonas brachte sich mit zweieinhalb Jahren selber das Lesen bei, Sophie widmete sich mit dreieinhalb Jahren stundenlang ihrer Kinderorgel, und Michael wollte mit viereinhalb partout eine Gleichung lösen.

Solche Kinder identifizieren sich aufgrund ihrer herausragenden Leistungen oder ihren bemerkenswerten Interessen förmlich selbst als besonders begabt. Die »Selbstidentifikation« wird auch von den Experten für einen der treffsichersten Wege gehalten, die kleinen Genies schon vor dem fünften Lebensjahr zu erkennen. »Wichtig ist es«, meint Howard Gardner, »daß die Eltern ihren Hausverstand gebrauchen. Wenn jemand zu mir kommt und mir erzählt: ›Ich habe ein Kind, das durchschwimmt täglich den Kanal, spricht Latein, Griechisch und Französisch, jetzt hat es gerade die Bibel fertig gelesen, und ich möchte jetzt einmal testen, ob es nicht hochbegabt ist‹, dann werde ich sagen: ›Warum wollen Sie es testen lassen, glauben Sie nicht, was Sie sehen?‹« Aber auch Howard Gardner weiß, daß die Fähigkeiten nicht immer so eindeutig ersichtlich sind.

Schließlich sind einzelne Talente um so weniger entwikkelt, je jünger ein Kind ist. Besonderheiten der Persönlichkeit oder der Fähigkeiten der Knirpse zeigen sich zunächst nur in einem mehr oder weniger deutlichen Entwicklungsvorsprung gegenüber Gleichaltrigen. Diesen jedoch können die Eltern leicht übersehen. Oft mangelt es ihnen an den geeigneten Vergleichsmöglichkeiten, die sie einschätzen lassen, was in einem bestimmten Alter als »normal« und was als außerordentlich gilt. Zudem unterliegt auch die Entwicklungsgeschwindigkeit beträchtlichen Schwankungen. Eine verfrühte und beschleunigte Entwicklung, so stellte der legendäre Hamburger Psychologe William Stern bereits 1916 fest, könne sich vorzeitig wieder totlaufen und dürfe nicht verwechselt werden mit »Vorboten einer echten und erst später sich ganz auswirkenden Übernormalität«.

Fähigkeiten erkennen ist kein Kinderspiel

Kein Wunder also, daß es selbst für manchen Experten eine schwierige Aufgabe ist, die kleinen Schlaumeier zu identifizieren. Schließlich könnten sie ein Kind auch in heillose Überforderung stürzen, wenn sie es vorschnell als hochbegabt einstufen. Entsprechend vage sind auch die Annahmen über die Treffsicherheit, mit der Erzieher Hochbegabungen bei Vorschulkindern feststellen. Manche Wissenschaftler behaupten, daß nur vier Prozent der hochbegabten Kinder von Vorschullehrern richtig eingestuft würden, andere wiederum glauben, daß doch fast die Hälfte der »Wunderkinder« erkannt werde.

Wie unzulänglich die Beurteilung von Hochbegabung bei Kindern bis zum Alter von etwa fünf Jahren sein kann, machten die Leipziger Psychologen Gisela Friedrich und Gerhard Lehwald in ihrer Untersuchung über die sprachliche Fähigkeit der Knirpse deutlich. Es wurden 120 Kinder im Alter zwischen 2,6 bis 6,2 Jahren jeweils vier Mal getestet. Sie sollten bei 12 vorgegebenen Bildern zunächst frei und danach mittels standardisierter Fragen möglichst detailliert erzählen, wer was wo womit und warum tut. Erhebliche Unterschiede zeigten sich innerhalb der Altersgruppen bezüglich des Zeitpunkts, ab dem die Kinder bestimmte Fragen beantworten konnten.

Bei einzelnen Kindern zeigten sich noch andere Ungenauigkeiten, die sich bei der Identifizierung der kleinen Genies einschleichen können. Die knapp dreijährige Andrea erzielte beim Verbalisieren der Bilderdetails den höchsten Gesamtwert. Sogar alle der schwierigen »Womit«-

Fragen und fast alle der ebenso heiklen »Warum«-Fragen beantwortete sie richtig. Dabei verfügte Andrea zu diesem Zeitpunkt lediglich über einen IQ von 115. »Bei einer Auslese besonders Begabter auf der Grundlage des Intelligenzquotienten würde sie vermutlich gar nicht berücksichtigt werden«, schlußfolgern die Autoren der Studie. Dabei wandelte sich das Bild bereits im darauffolgenden Jahr. Nun maßen die Psychologen bei Andrea einen IQ von 130 und stellten weitere Fortschritte in ihrer Sprachfertigkeit fest.

Jens hingegen verfügte im Alter von etwas über zweieinhalb Jahren über einen Intelligenzquotienten von 126, den zweithöchsten unter den Testkindern. Seine Leistungen im Sprachtest waren ausgezeichnet. Doch in den nächsten Untersuchungen fielen seine Ergebnisse bei einzelnen Aufgabenstellungen eher ab, und sein IQ sank auf 115. Jens entwickelte sich damit genau umgekehrt zu Andrea. Er hätte im frühen Kindergartenalter wohl als hochbegabt gegolten. Bei seinem Eintritt in die Schule wurde ihm hingegen nur noch »mittlere Begabung verbunden mit einigen sprachlichen Vorzügen« attestiert.

Ganz offenbar, so schließen Gisela Friedrich und Gerhard Lehwald aus den Ergebnissen ihrer Untersuchung, lasse das Sprachvermögen wohl Hinweise auf Hochbegabung zu. Aber die Annahme, man könne das Ausmaß der Begabung eines Dreikäsehochs bereits nach einmaliger Untersuchung festlegen, sei ein gefährlicher Fehlschluß.

Mehrmalige Untersuchungen könnten die Wahrscheinlichkeit, daß Begabungen richtig entdeckt werden, zwar erhöhen, in der Realität werden aber nur sehr wenige Kinder öfter als einmal getestet.

Falsche Kriterien

Einige der vorwiegend kognitiven Verhaltensmerkmale von hochbegabten Kindern im Vorschulalter gelten aber doch als einigermaßen charakteristisch: Sie sind besonders neugierig und erkunden ihre Umwelt mit Feuereifer, sie begreifen erstaunlich schnell, vermögen Begriffe zu abstrahieren und auf andere Situationen zu übertragen. Von Ziffern, Buchstaben und anderen Symbolen fühlen sie sich magisch angezogen. Dementsprechend bringen sich manche bereits zwischen dem zweiten und dem fünften Lebensjahr selbst das Lesen bei. Sie verfügen über ein exzellentes Gedächtnis, beginnen reflexiv zu denken, können sich lange konzentrieren, sind äußerst beharrlich und eigenwillig und benützen Materialien und Sprache in höchst origineller Weise. Die Sprache gilt überhaupt als eines der beachtenswertesten Merkmale. Die klugen Kleinen drücken sich oft schon sehr gewählt aus und verfügen über einen stattlichen Wortschatz.

Das Fehlen eines oder mehrerer der angeführten Punkte bedeutet freilich noch keineswegs, daß das Kind deshalb nicht trotzdem hochbegabt wäre. Die Ausprägung der einzelnen Verhaltensweisen kann bei jedem der superklugen Knirpse individuell verschieden sein – was den Pädagogen, Psychologen und Experten das Diagnostizieren von Hochbegabung bei Vorschulkindern nicht eben leicht macht. Der Mangel an adäquaten standardisierten Tests bereitet ihnen am meisten Kopfzerbrechen. Denn die vorhandenen Tests sind zu wenig ausgereift, zielen am eigentlichen Erkenntnisinteresse vorbei, liefern zu grobe oder schwer interpretierbare Daten oder stammen aus dem angloamerikanischen Raum und lassen sich nicht ohne weiteres im deutschsprachigen Kulturraum anwenden.

Vielen Müttern oder Vätern, die sich ob des »befremdlichen« Verhaltens ihres Nachwuchses informieren wollen, fällt früher oder später eine der gängigen »Checklisten« in die Hände. In diesen Fragenkatalogen für Eltern sind Verhaltensweisen oder Persönlichkeitsmerkmale aufgelistet, die für die kleinen Hochbegabten angeblich typisch sein sollen. »Mein Kind hat schon begonnen zu lesen« kann ein Punkt sein, der von den Eltern angekreuzt werden kann. »Mein Kind hat eine ungewöhnliche Phantasie«, »Mein Kind hat schon immer relativ wenig Schlaf gebraucht«, »Mein Kind spielt gerne mit älteren Kindern oder Erwachsenen« oder »Mein Kind verwendet Wörter, die für sein Alter ungewöhnlich sind« lauten weitere Items.

Die Checklisten erfreuen sich großer Beliebtheit. Sie werden gerne zu Hilfe genommen, um das Rätsel zu lösen, ob ein Dreikäsehoch nun genial ist oder nicht. Doch Wissenschaftler und Psychologen warnen einhellig davor, das Problem solcherart zu vereinfachen. Die Gültigkeit der angeführten Items ist im allgemeinen nicht belegt und meist nicht nur für Hochbegabte typisch. Die Wahrnehmungen der Eltern können zudem von Wunschdenken oder subjektiven Projektionen auf das Kind verzerrt sein. Mütter und Väter von durchschnittlich begabten Kindern neigten dazu, die Fähigkeiten ihrer Kinder zu überschätzen, merkt der mit Checklisten erfahrene Psychologe Klaus Urban aus Hannover an. Sie gäben mehr erwünschte oder »erwartete« Antworten, während die Eltern besonders hochbegabter Kinder in ihren Beurteilungen eher realistisch und in ihren »positiven« Aussagen sogar eher vorsichtig und zurückhaltend seien. Ganz und gar nutzlos sind die Checklisten dennoch nicht. Immerhin, meint auch Urban, könnten sie die oft völlig ahnungslosen Eltern für besondere Begabungen ihres Nachwuchses sensibilisieren und ein Anstoß für weitere Gespräche sein.

Verkannt oder überfördert

Die eifrigen Bestrebungen, kleine Genies so früh wie möglich zu identifizieren, haben freilich ihren Grund. Mitte der siebziger Jahre orteten zunächst amerikanische Wissenschaftler eine große Gefahr für hochbegabte Kinder. Die jungen Talente, so lauteten die Befürchtungen, könnten unerkannt bleiben, und das Potential an schöpferischem Tatendrang und an Kreativität könnte versiegen, würden die aufgeweckten Kleinen nicht rechtzeitig angemessen gefördert werden – wobei sie mit »rechtzeitig« noch vor dem Schuleintritt meinten. Unter allen Umständen solle vermieden werden, daß sich das potentielle Genie an den intellektuellen, kreativen oder auch sozialen Durchschnitt einer sie umgebenden Gruppe anpassen könne. Diese Anpassung an den Durchschnitt, so befürchteten die Experten, bedeute für die kleinen Schlaumeier einen Rückschritt.

Zu späte Förderung kann schaden

Am ehesten zeigen sich Versäumnisse in der Förderung beim Nachwuchs im Kindergarten. Dort lassen die verkannten Einsteins manchmal erste Züge der späteren »Underachiever« erkennen. Mit diesem Begriff bezeichnen die Wissenschaftler vernachlässigte Hochbegabte, die sich im Laufe ihrer Schulkarriere zu motivationslosen, aufsässigen, das Lernen verweigernden, »schlechten« Schülern entwickeln. Ein solcher Werdegang ließe sich meist vermeiden, meinen Experten, würden sie bereits im Kindergarten als hochbegabt erkannt.

Ein eher zufälliges Beispiel für versäumte Förderung ergab sich aus der Untersuchung von Gisela Friedrich und Gerhard Lehwald, die sich in ihrer Studie auf die Suche nach frühen Anzeichen geistiger Entwicklung im sprachlichen Bereich machten: Gunter hatte im Rahmen der Studie besonders großen Spaß an der Aufgabe, durch das Zusammensetzen und Auswechseln einzelner Hauptwörter neue Hauptwörter zu kreieren. Im Durchschnitt erreichten die Vierjährigen bei diesem Spiel 31 Punkte, Gunter hingegen kam bereits auf 75 Punkte. Dabei waren seine intellektuellen Fähigkeiten und auch sein Abschneiden bei den Bildbeschreibungen keinesfalls auffällig. Bis er allerdings sechs Jahre alt war, erzielte er beim Spiel mit den zusammengesetzten Hauptwörtern brillante 98 von maximal 100 erreichbaren Punkten und war damit überragend Bester seiner Gruppe. Auch Gunters Intelligenzquotient war auf 122 angewachsen, sein Verbalisierungsvermögen hingegen mittelmäßig geblieben. Die Diskrepanz zwischen dem, was offensichtlich in Gunter steckte, und dem, was er in einzelnen Aufgaben zeigte, nährte bei den Studienleitern den Verdacht, daß »seine Begabung bisher unentdeckt und ungenutzt« geblieben war. Aus dem Kindergarten hörten sie, daß die Erzieherinnen den Jungen eher für aufsässig und frech hielten als für besonders vif. »Es ist zu befürchten«, so äußern sich abschließend Friedrich und Lehwald, »daß Gunter einer der vielen begabten ›Underachiever‹ wird, wenn nicht eine seiner Lehrkräfte seine tatsächlichen Begabungen und sein vorhandenes Leistungspotential erkennt und entfalten hilft.«

Allerdings haben Untersuchungen mehrfach gezeigt, daß vielseitige Anregungen und früh gesetzte Anreize den Werdegang von kleinen Hochbegabten zu späteren großen Meistern keineswegs garantieren. »Begabungen an sich sind immer nur die Möglichkeiten der Leistung«, wußte William Stern bereits Anfang dieses Jahrhunderts. Inzwischen stellt niemand mehr ernsthaft in Abrede, daß für die Erbringung herausragender Leistungen auch viel Training und dazu wiederum Persönlichkeitsfaktoren wie hohe Motivation, Anstrengungsbereitschaft und Konzentrationsvermögen ausschlaggebend sind.

Mitte der achtziger Jahre bestätigte Benjamin Bloom überdies, daß früh diagnostizierte Fähigkeiten wenig zuverlässige Indizien für spätere Spitzenleistungen darstellten. Er führte mit bedeutenden Persönlichkeiten aus Wissenschaft, Sport und Kunst Interviews zu deren persönlicher Entwicklung. Auch die Eltern waren in die Befragung mit eingeschlossen. Sein Resümee: Das frühe Erkennen von spezifischen Begabungen sei zwar wichtig, letztlich aber nicht ausschlaggebend für späteren Erfolg. Dazu bedürfe es vielmehr außerordentlicher Motivation und Anstrengungsbereitschaft sowie der Unterstützung im Elternhaus und in der Schule.

Verfrühte Förderung kann schaden

Die These, daß zu frühe Förderung schaden könne, unterstützt auch Howard Gardner nachdrücklich. Während viele seiner Kollegen befürchten, durch eine zu späte Förde rung würden sich Talente verflüchtigen, vertritt er die Ansicht, Talente könnten gerade durch eine zu frühe spezielle Förderung verlorengehen. Diese Gefahr sieht der Wissenschaftler besonders im europäischen Bildungssystem gegeben, wo die Tendenz bestehe, begabte Kinder zu früh und mit Gewalt herauszufiltern. Das amerikanische Bildungssystem sei zwar schlecht, meint Gardner, aber es habe doch sein Gutes: »Wir entscheiden nicht, wer die Elite ist, wenn jemand zehn oder zwölf ist. Das ist der französische oder der deutsche Weg. Wer da in eine Musikschule gesteckt wird, nach fünf Jahren aber nicht mehr Musiker werden will, für den ist der Zug abgefahren.«

Von speziellen Förderprogrammen für Drei- oder Vierjährige hält Gardner dementsprechend wenig. So war auch das von ihm initiierte »Spektrum«-Projekt nicht in erster Linie auf Förderung hin angelegt. Vielmehr war es seine Absicht, ein möglichst stimulierendes Umfeld zu schaffen, wo die Kids ihre Interessen ausloten konnten und Anreize fanden, sich für etwas, was ihnen Spaß machte, auch gründlich anzustrengen. »Alle Kinder auf der ganzen Welt«, so ist der Entwicklungspsychologe schließlich überzeugt, »verbessern ihre Fähigkeiten bei den Aktivitäten, die sie interessieren, bei denen sie sich bemühen und die von Erwachsenen und Gleichaltrigen in ihrer Umgebung geschätzt werden.« In welchen Bereichen und wie rasch sich die Verbesserungen zeigten, hinge von kulturellen und persönlichen Zufälligkeiten ab.

So belegt etwa ein Vergleich zwischen amerikanischen und japanischen Kindern, welch erstaunliche Wirkung neben dem Erziehungssystem auch Kultur und Werte einer Gesellschaft auf die Entwicklung eines Kindes haben können. Wenn japanische Kinder in den Kindergarten eintreten, unterscheidet sich ihr Intelligenzquotient nicht von jenem der gleichaltrigen amerikanischen Kinder. Kaum aber sind sie sechs Jahre alt geworden, sind die besten amerikanischen Kinder gerade so gut wie die schlechtesten japanischen. »Die Gene haben sich nicht verändert«, kann Gardner das Phänomen erklären, »aber in dem einen Land gibt es eine sehr hohe Motivation hart zu arbeiten, um einmal gut zu sein. In den USA hingegen sind die Sechsjährigen nicht deshalb weniger gut, weil sie dumm sind, sondern weil sie nicht so hart arbeiten.«

Zerbrechliche Begabungen

Viele Kinder freilich, so läßt sich ohne Zweifel auch – wenn nicht sogar besonders – für Europa behaupten, arbeiten deshalb nicht so hart, weil ihnen die Lust am Werken schon frühzeitig genommen wird oder ihre Aktivitäten eben nicht geschätzt werden:

Ina ist aus Vorfreude auf ihren ersten Schultag schon ganz kribbelig. Um sich die Zeit bis dahin zu verkürzen, zieht sie einen Buntstift aus ihrem Federpennal und beginnt fröhliche Strichmännchen mit Schulranzen zu malen. Doch der Vater hält es für richtiger, wenn Ina angesichts des nahenden Unterrichts gleich etwas »Sinnvolles« übt. Er zeichnet seiner Tochter einen Kreis, ein Viereck und ein Dreieck auf das Papier. »Das zeichne jetzt einmal nach«, meint er in wenig anregendem Tonfall. »Und achte darauf, daß der Kreis wirklich rund ist und die anderen beiden Figuren wirklich schön zusammenstoßende Ecken haben, sonst sind es nämlich keine Ecken.« Ina hätte gerne ihr Strichmännchen weitergemalt, den Kreis und die Ecken findet sie langweilig – keine Augen, kein Mund, kahl und absolut nichtssagend. Aber der Vater hat deutlich signalisiert, daß eine Weigerung nicht sehr gut ankäme. Also zeichnet sie – und gibt sich redlich Mühe, daß der Kreis wirklich rund wird und das Viereck wirklich Ecken hat. Bis zum Dreieck schafft sie es gar nicht. Der Vater ist neugierig geworden und inspiziert die Sache. »Du, meine Güte«, zeigt er sich entsetzt, »das sind doch keine Kreise. Jetzt habe ich es dir schon vorgezeichnet, du brauchst es doch nur abzumalen, das kann doch nicht so schwer sein!«

Ina muß an diesem Tag insgesamt sieben Kreise und fünf Vier- und Dreiecke zeichnen, ohne daß der Vater auch nur mit einer einzigen dieser Figuren zufrieden gewesen wäre, weil sie schließlich immer anders aussehen als seine »Vorlagen«. Plötzlich freut sich Ina gar nicht mehr so sehr auf die Schule. Sicher wird sie dort gleich Kreise und Vierecke zeichnen müssen, fürchtet sie sich, und dann wird die Lehrerin böse sein, so wie jetzt ihr Vater, weil sie es nicht kann.

Manche Erwachsene scheinen einen geradezu manischen

Drang zu verspüren, Kinder unter allen Umständen in vorgegebene, aber nicht belegbar sinnvolle, Schemata pressen zu müssen und dabei – möglicherweise unwissentlich – Lust und Selbstvertrauen der Kleinen zu ersticken.

Jonas erging es nicht viel besser. Im Unterschied zu Ina ist er in den Augen seiner Erzieherin nicht zu unfähig, sondern zu fähig. Jonas kann nämlich schon lesen, dabei ist er gerade erst in den Kindergarten gekommen – doch im Kindergarten lesen Kinder traditionellerweise noch nicht. Die Eltern haben Jonas in der Hoffnung hierher gebracht, daß das nach Aktivitäten lechzende Kind hier vielleicht auf seine Rechnung käme. Die Kindergartentante meint es gut mit ihren Schützlingen. Sie schätzt deren Phantasie und möchte das Vorstellungsvermögen der Kleinen auch fördern. Sie setzt sich in den »Geschichtenerzähl-Schaukelstuhl«, schart die Kinder um sich und liest ihnen vor. Jonas fühlt sich von Büchern magisch angezogen. Er sitzt ganz dicht bei der Tante und versucht immer wieder, eine der Zeilen zu erhaschen. »Nein, Jonas, nein«, ermahnt ihn die Betreuerin bestimmt. »Hier brauchst du nicht selbst zu lesen, du sollst nur zuhören und dir deine Bilder zu der Geschichte im Kopf ausmalen.« Aber Jonas kann nicht einsehen, warum er sich eine Geschichte vorlesen lassen soll, wenn er sie doch schon selbst lesen kann und ihm das Zuhören viel weniger Spaß macht. Die Bilder will er lieber auf Papier malen, aber nicht im Kopf und nicht jetzt und nicht zu dieser Geschichte. Diese Geschichte will Jonas lesen. Basta!

Jonas bekommt im Kindergarten striktes Leseverbot verordnet. Der Junge ist todunglücklich. »Als er nach Hause kam, hockte er sich sofort in eine Ecke und las eine Stunde durch«, erzählt seine Mutter.

Jonas und Ina haben auf der ganzen Welt Leidensgenossen und Leidensgenossinnen, deren Schaffenslust, Interessen, Kreativität oder Experimentierfreude durch sture Konventionen abgewürgt, behindert oder gebremst werden.

HILFE, UNSER KIND IST EIN GENIE!

»Ich war erschrocken«, kann sich Brigitte Kraft noch genau an den Augenblick erinnern, da ihr der Psychologe das Untersuchungsergebnis mitteilte. »Ja, mehr erschrocken als erfreut.« Ihr damals vierjähriger Sohn Jonas, der bereits jeden Tag ein Buch verschlang und den es unruhiger machte, keinen neuen Lesestoff zu finden, als kein Mittagessen zu bekommen, war eindeutig hochbegabt.

Die meisten Eltern trifft die »Diagnose« Hochbegabung bei ihrem Sprößling wie ein Blitz aus heiterem Himmel. Die wenigsten brechen in Jubel aus, ganz im Gegenteil: Obwohl viele von ihnen keine Ahnung haben, was denn diese Feststellung nun konkret bedeutet, empfinden die meisten doch eine diffuse Ängstlichkeit ob der Verantwortung, die sie nun auf sich zukommen spüren.

Die Anforderungen an die Eltern sind tatsächlich enorm, bestätigen auch Mitarbeiter in den vereinzelt existierenden Beratungsstellen für Hochbegabte. Viele Eltern fühlen sich physisch, psychisch und zeitlich überfordert, allen Ansprüchen gerecht zu werden.

Einige der Knirpse rotieren den lieben langen Tag durch Haus und Garten auf der Suche nach immer neuen Beschäftigungen und sind – im Gegensatz zu ihren völlig erschöpften Eltern – auch um Mitternacht noch nicht müde. Andere schockieren ihre Eltern, wenn sie ihnen mit zweieinhalb Jahren plötzlich das Fernsehprogramm vorlesen und danach ihre genauen Programmwünsche äußern; einige spielen mit drei Jahren bereits auswendig und fehlerfrei Werbemusik auf Omas Piano, wieder andere versetzen ihre Eltern in Angst und Schrecken, wenn sie, stundenlang nicht ansprechbar, in Atlanten oder Lexika schmökern oder alle in ihrer Umgebung mit immer neuen Fragen tyrannisieren.

Der Psychologe Klaus Urban forderte Jonas' Eltern auf, ihren Sohn sorgfältig zu beobachten und zu erkunden, wo seine Interessen und die Schwerpunkte seiner Wißbegierde lägen, um auf diese Bedürfnisse besonders eingehen zu können. Dazu freilich müßten sie ihm ein breites Spektrum an Anregungen erschließen, und das ist es nun auch, was Brigitte und Harry Kraft ihrem Sohn bieten wollen. Doch ihren Möglichkeiten sind Grenzen gesetzt: Für manche Aktivität reichen weder Zeit noch Geld, für manche Antwort und Erklärung auf Jonas' Fragen mangelt es an Kompetenz und Wissen, und manches Verhalten des Vierjährigen löst Unsicherheit und Sorge aus. »Ich fürchte manchmal, daß ich mit seinen Gefühlen nicht klarkomme«, erzählt Vater Harry. »Manchmal fordert er intellektuell so viel von uns und von mir, daß ich dann ganz vergesse, daß es sich ja um einen Vierjährigen handelt, mit den ganz normalen Gefühlen eines Vierjährigen. Ich muß mir das öfter in Erinnerung rufen.« Jonas' Mutter möchte ihrem Sohn keinerlei Weg vorgeben, nicht einmal durch Gedanken möchte sie ihn in irgendeine Richtung lenken. »Ich reagiere auf ihn und hoffe, das genügt ihm.«

Auch Maike Prager hat reagiert, als sie feststellte, mit welchem Nachdruck Frank sie mit evolutionsgeschichtlichen Fragen löcherte. Sie deckte ihren Sohn mit Lexika ein, kaufte ihm Quizspiele und einen Globus. »Aber ich machte nie Druck bezüglich der Noten, denn wo das eigentliche Problem lag, das habe ich schon erkannt«, erzählt sie. »Es bestand immer eine große Diskrepanz zwischen Franks Leistungen in der Schule und seinen Interessen zu Hause«, sagt sie. Das alltägliche Leben war ihr wichtiger als die Noten. Die Schule sollte die Zukunft ihres Sohnes nicht behindern. Aber Maike Prager selbst wollte ihn auch nicht beeinflussen. »Er ist sehr sensibel, sehr temperamentvoll, sehr intelligent, er wäre wahrscheinlich nicht glücklich, wenn er ganz allein vor sich hinforschte.« Sie weiß, daß ihr Sohn eine Hilfestellung braucht, die über das Drängen auf Leistung und gute Zensuren hinausgeht. »Ich will ihm vermitteln, was es heißt, an sich zu arbeiten, und ich will ihm irgendwie zu einer Methode verhelfen, mit der eigenen Begabung umzugehen und mit dem Frust fertig zu werden, daß es mitunter sehr, sehr lange braucht, bevor man irgendwo am Ziel ist. – Förderung also als Lebenshilfe, damit er nicht an sich verzweifelt.«

Offen sein, auf das Kind reagieren, aber nicht überreagieren, und nicht suggestiv sein, indem man erwartet, daß das Kind in eine bestimmte Richtung zu reagieren habe, so lautet auch der Ratschlag von Klaus Urban, dem Experten in Sachen Hochbegabung aus Hannover. Er weiß freilich, welch hohes Ausmaß an Aufmerksamkeit, Ausdauer und Feingefühl die Ansprüche der nimmersatten, immer aktiven Knirpse den Eltern abverlangen. »Es ist zweifellos eine schwierige Geschichte«, bringt er die Probleme auf den Punkt, in die Psyche der hochbegabten Sprößlinge »nicht zu tief einzudringen und ihnen andererseits nicht zu entfernt zu sein«. Doch in Wahrheit sind das die Herausforderungen, mit denen alle Eltern zu tun haben – gleichgültig, wie »hoch« nun einzelne Begabungen ausgefallen sind.

Den Eltern zu hoch

Nicht allen Eltern gelingt es, mit der Hochbegabung ihrer Kinder umzugehen. Doch mit jenen, die sich der Problematik Hochbegabung gar nicht stellen können oder wollen, haben psychologische Anlaufstellen wenig Erfahrung. »Die kommen erst gar nicht«, weiß Klaus Urban aus langjähriger Praxis. »Aber es gibt sie natürlich. Es ist der Typ Eltern, der da meint, das Kind sei doch nicht krank, was braucht es einen Psychologen, es soll sich selber durchschlagen, wir hatten's auch nicht leicht.«

Wilhelm Wieczerkowski, Hochbegabtenforscher in Hamburg, hat festgestellt, daß es sich bei solchen Müttern und Vätern oft um Menschen aus sozial niedrigeren Schichten handle. Wissenschaftler im Beratungszentrum für Hochbegabte in Hamburg haben sich während der ersten fünf Jahre ihrer Arbeit mit den Problemen dieser Eltern befaßt. Dabei wurde klar, daß die Hochbegabung des Nachwuchses die Eltern einerseits überfordert; andererseits fürchten sie, Freunde und Bekannte würden sie für überehrgeizig halten, wenn sie versuchten, ihrem Kind besondere Förderung zukommen zu lassen. Aus diesen Gründen vermeiden es diese Eltern häufiger als solche aus Mittelschichtfamilien, ihre Sprößlinge in ihrer Aktionslust zu unterstützen. Sie finden es eher seltsam als bemerkenswert, wenn sich der Sohn mehr für das Studium der Vogelwelt interessiert als für Power Rangers und die Tochter ausschließlich malen möchte und ihre Barbiepuppen links liegen läßt. Reaktionen der Eltern wie »Kannst du dich auch mal mit etwas anderem beschäftigen als mit diesen Vögeln« oder »Jetzt ist aber genug gemalt, du machst nur das Tischtuch schmutzig« tragen freilich wenig zur Motivation der aufstrebenden Talente bei. Das liegt üblicherweise auch gar nicht in der Absicht der unverständigen Eltern. Schließlich seien diese, so merkt Wieczerkowski an, eher bestrebt, ihre Sprößlinge der »Normalität« anzupassen. Auch genervte Maßregelungen wie »Frag nicht immer so viel!« oder »Das verstehst du noch nicht!« bremsen den gesteigerten Forschertrieb der Kleinen.

Wundereltern

Verständnisvolles Eingehen auf die manchmal eruptiv auftretenden Interessen der Kinder ist generell die wichtigste Aufgabe der Eltern.

Finanzschwächere Eltern können allerdings ihren Kindern schwerer eine Umwelt voll mit attraktiven Reizen bieten. Zweifellos ist das auch der Grund, warum der Nachwuchs in diversen Hochbegabtenprogrammen überdurchschnittlich häufig aus gutsituierten Verhältnissen stammt.

Doch gerade in der gehobenen Mittelschicht finden sich Eltern, die es mit der Förderung vielleicht ein wenig zu ernst nehmen. Auf diesem Gebiet sind die USA eindeutig Vorreiter: Dort bezahlt die Crème de la crème der ehrgeizigen Eltern etwa in Glenn Domans renommiertem »Institute for the Achievement of the Human Potential« (»Institut zur Ausschöpfung menschlicher Möglichkeiten«) für einen einwöchigen »Enrichment-Course« knappe 500 US-Dollar.

Der Elektronikingenieur Bill Sampar aus Washington wurde von Glenn Doman bereits zum »Super-Daddy« ausgebildet, damit er sein Baby zum »Super-Baby« heranziehen könne. Jetzt beginnt sein Tagwerk damit, Junior John große Wort- und Bildkarten vor die Nase zu halten. »John ist 15 Monate alt und derzeit ganz wild auf Vögel«, erklärt der vor Stolz platzende Daddy. Er »kennt« bereits 30 Vogelarten auf Bildkarten. Mit Hilfe der Wortkarten »erkennt« John außerdem schon 700 Worte in seiner Muttersprache Englisch, so daß Bill Sampar es für an der Zeit findet, nun auch mit Russisch zu beginnen. Im Laufe eines langen Unterrichtstages steht für John auch Mathematik auf dem Stundenplan. Die Rechenoperation sieben mal sieben plus eins beherrscht er schon perfekt: Von zwei vorgegebenen Zahlenkarten deutet er genialerweise auf die 50. Bill Sampar ist von seinem Super-Baby hingerissen. Ob der Glanz des Sohnes einst auf ihn zurückstrahlen wird? Jerome Kagan, Psychologe an der Universität Harvard, hält diese stille Hoffnung der Super-Mütter und Super-Väter für naheliegend: »Das Interesse einiger Eltern am frühen

Lernen hat wenig mit Bildung und viel mit Status zu tun. Sie sollen sich nicht vormachen, daß sie es aus intellektuellen Motiven machen.«

Bleibt immer noch die Option, es wenigstens anderen vorzumachen, daß derlei Ambitionen weit hehreren Zwekken dienten als nur der Eitelkeit, sich mit einem kleinen Genie in der Familie zu schmücken. Afton Blake etwa betont nachhaltig, die genetische Veranlagung ihres zukünftigen Sohnes wäre ihr ganz und gar unwichtig gewesen, als sie ihn – genauer genommen den Samen für ihn – in Robert Grahams »Repository For Germinal Choice« im US-amerikanischen San Diego einkaufte. – In Grahams Samenbank wird ausschließlich erlesenes Erbmaterial von genialen Persönlichkeiten aus dem »Who is Who« feilgeboten. Blake, selbst Psychotherapeutin, wollte ihr Kind auch von Anfang an entsprechend fördern: Selbst als es sich noch im Bauch der Mutter rekelte, durfte es das bereits im Rhythmus zur Musik machen. Nur ganz kurz ging ihr Knirps Doron in einen gewöhnlichen Kindergarten, bis ihn ein paar Racker in eine Rangelei verwickelten. Von da an wählte Afton Blake nur noch teure, private Ausbildungseinrichtungen für ihren Sohn. Dort basteln nun kompetente Lehrer zuverlässig an der Entfaltung seines genetischen Potentials.

Kevin Kearny ließ sich auch nicht lumpen. Er hängte seinen Job als Marineoffizier an den Nagel, um fortan seinen Sohn Michael managen zu können. Schließlich kann der superkluge Knabe schon etwas zum Haushaltseinkommen beisteuern: Für Journalisten kostet ein Tag mit Michael 2.000 US-Dollar.

Die von Ehrgeiz getriebenen »Eislauf-Mütter«, »Tennis-Väter« oder »Einstein-Eltern« legen mit der Geburt ihres Kindes auch schon dessen Karriere fest. Häufig stellt sich dann heraus, weiß die Psychologin Christa Hartmann, die das Jugenddorf in Hannover leitet, daß die Sprößlinge der besonders ehrgeizigen Mütter und Väter gar nicht die wirklich hochbegabten sind. »Sie sind oft gut begabt, aber meist nicht hochbegabt«, erzählt sie aus langer Erfahrung.

Die Eltern der echten kleinen Genies sind da viel zurückhaltender. Der Unterschied liegt im »systematischen Eingreifen in Entwicklungsvorgänge« und in der massiven »Fremdregulation«. Gefährlich, so warnen Experten, wird es vor allem dann für die gepushten Kinder, wenn deren Interessen und deren Lernautonomie beschnitten werden, wenn Leistungs- und Lebensziele dirigistisch vorgeschrieben und die Selbstwerdung einseitig von außen bestimmt werden und wenn alles das auf Kosten einer umfassenden und harmonischen Persönlichkeitsentwicklung der Kinder betrieben wird.

Letztlich, und da sind sich die Experten einig, geht es vor allem darum, daß Eltern ihre Kinder so akzeptieren, wie sie sind. Es wäre ganz verkehrt, sie als rationale Wunderwesen in ein gesondertes Eck der Gesellschaft zu schieben. »Wir sollten dorthin kommen«, plädiert Klaus Urban auch für eine elterliche Entkrampfung gegenüber hochbegabten Kindern, »daß es ganz normal ist, hochbegabt zu sein, daß es sich da nicht um ein Wunder handelt, sondern um normale Kinder, die in manchen Teilbereichen wohl anders sind als andere, aber ebensolche irrationalen und sozialen Bedürfnisse haben wie alle anderen auch.«

Gärten für Kinder

Welchem Elterntyp die Betroffenen auch immer angehören, die meisten fühlen sich mit der »Diagnose« Hochbegabung bei ihren Sprößlingen zunächst einmal überfordert. Vor allem junge, berufstätige Eltern geraten angesichts ihrer nimmersatten, nach »Gehirnfutter« stöbernden »Ner vensägen« in Verzweiflung. Ihre Ausschau nach geeigneten Möglichkeiten der professionellen Betreuung bleibt oft erfolglos. Kindergärten, in denen sensibel mit besonderen Begabungen umgegangen wird, sind immer noch rar.

Im Vergleich dazu hatten die Amerikaner seit jeher ein ungestörteres Verhältnis zur Hochbegabtenförderung. Bereits in den siebziger Jahren etablierten sich in den Vereinigten Staaten Einrichtungen zur Förderung besonders begabter Vorschulkinder. Eine der ersten Schulen war die New Yorker »Hunter College Elementary School«. Ihr folgten ähnliche Einrichtungen wie die »Seattle Country Day School«, die »Evergreen School«, das »Creative-Learning-Center« in Dallas, Texas, das Projekt »Child-Development Preschool« (CDP) oder das »Astor-Programm for Gifted Children«. Sie alle legen zwar auch auf die Entwicklung kreativer und sozialer Fähigkeiten ihrer meist drei- bis sechsjährigen Schützlinge Wert, im Mittelpunkt des Interesses steht aber doch der IQ und das Hintrimmen auf die akademische Laufbahn.

Vor allem in diesem letzten Punkt setzen Programme wie »A Small World A Center for Creativity«, in Boise, Idaho, andere Schwerpunkte. Dort müssen sich die Kinder keinem formalen Aufnahmeverfahren unterziehen. Jedem der Knirpse werden von vornherein Kreativität und individuelle Stärken zugestanden, die es nun zu entdecken und fördern gelte. Dementsprechend bemühen sich die Betreuerinnen auch, mit individueller Stundengestaltung auf die Interessen ihrer Schützlinge einzugehen. Dieser Philosophie, vorhandene Stärken bei den Kindern zu entdecken und auf deren individuelle Bedürfnisse einzugehen, kommt das Programm »Spektrum« von Howard Gardner, Mara Krechevsky und David Feldman am nächsten.

Das Spektrum erweitern

Das 1984 gestartete »Spektrum«-Projekt des Psychologen Howard Gardner soll möglichst viele verschiedene Intelligenzen der Kinder ansprechen. Allerdings nicht, um alle diese Intelligenzen unbedingt auch zu fördern, wie Gardner betont, sondern »damit die Kinder zumindest etwas finden, was sie mögen und wo sie sich weiter entwickeln und sich dabei gut fühlen«.

Der IQ spielt dabei eine gänzlich untergeordnete Rolle. »Man muß nicht in allen sieben Intelligenzen gut werden«, erklärt Gardner sein Konzept. »Das Problem ist, daß die meisten Menschen in Amerika mit überhaupt nichts in Berührung kommen, das sie anregt. Sie sind gelangweilt. Und das ist nicht nur in Amerika so, sondern auch in Europa.«

Im Rahmen des »Spektrum«-Projekts soll das anders sein: In einer naturkundlichen Ecke machen die Kleinen nun mit allerlei Getier und Pflanzen aus unterschiedlichsten Materialien Bekanntschaft. Sie können diese eingehend studieren, untereinander vergleichen, sie malen oder fotografieren. Hier kommt ihr sensorischer wie auch ihr logisch-analytischer Verstand zum Einsatz. In einer anderen Ecke erschaffen die Kinder mit verschiedenen phantasievollen Requisiten eigene Geschichten. Auf »storyboards« skizzieren sie die wichtigsten Handlungsabläufe und Szenenänderungen in ihren Prosa-Entwürfen. Diese Tätigkeit regt die sprachliche, literarische und imaginative Fähigkeit an. In der Konstruktionsecke basteln die Kinder ein Modell ihres eigenen Schulzimmers und stellen selbstgemachte Fotos ihrer Kameraden und Betreuer hinein. Ohne daß es ihnen bewußt ist, wenden sie dabei ihre räumliche, körperliche und personale Intelligenz an. Die Erzieher sind Vorbilder. Die Knirpse beobachten genau, wie die Erwachsenen mit den Materialien umgehen, und lernen auf diese Weise, wozu es sie gibt und welche Fertigkeiten sie beherrschen müssen, um das Material ebenfalls benutzen zu können. Vieles entdecken die kleinen Schlaumeier freilich ganz allein und eignen sich auch durch den bloßen täglichen Umgang mit bestimmten Werkstoffen das dafür notwendige Geschick an.

Das Projekt diente ursprünglich nur wissenschaftlichen Zwecken, es war von Anfang an nicht für Schulen oder für Kindergärten, sondern als zeitlich begrenzte pädagogische Studie gedacht. Doch seit der Gründung im Jahr 1984 hat »Spektrum« sozusagen Karriere gemacht. Heute ist das Projekt fixer Bestandteil in den Programmen zahlreicher Kindergärten und Schulen. Es steht inzwischen nicht nur Lehrplanmaterial zur Verfügung, es wurden ganze Lernzentren entworfen und ein Beurteilungsverfahren geschaffen, mit dessen Hilfe verläßliche Aussagen über die Fähigkeiten eines Kindes getroffen und entsprechende Empfehlungen abgeleitet werden können. Zahlreiche Pädagogen verwenden diese Methode, wenn es darum geht, bei Kindern im Alter zwischen vier und acht Jahren Stärken oder Schwächen festzustellen und diese zu fördern beziehungsweise auszugleichen.

»Spektrum« wird bei Normalbegabten ebenso angewendet wie bei Behinderten oder Hochbegabten. Die Mischung aus Schule und Museum hat sich für Kinder mit unterschiedlichsten Interessen, unabhängig von Herkunft und Alter bewährt.

»Das häusliche und das schulische Umfeld«, erklärt Gardner das Geheimnis seines Konzepts, »bieten permanent Lernmöglichkeiten. Das Museum greift diese Alltagserfahrungen auf und präsentiert sie auf neue und anregende Weise.« Mit »Spektrum« lernen die Sprößlinge ein und dieselbe Sache nicht wie in der Schule aus einem formalen, sondern aus vielen verschiedenen Blickwinkeln kennen, und sie begegnen einer ähnlichen Gruppe von Themen, Materialien und Fertigkeiten in verschiedenen Kombinationen. Das, was sie lernen, ist gleichzeitig das, was sie mit all ihren Intelligenzen wahrnehmen, also nicht ein völlig von der Realität abgeschotteter Bereich. Sie sollen sich diese Dinge aneignen und sie auch wirklich verstehen. Das echte Verständnis macht flexibel im Denken und ermöglicht, zwischen einzelnen Formen des Wissens quasi hin- und herzuschalten.

Modellprojekte in Hannover

Etwa zur gleichen Zeit, als Gardner mit seinem »Spektrum«-Projekt experimentierte, ergriff in Hannover der Psychologe Klaus Urban die Initiative, ein pädagogisches Programm zu erstellen. Ausgangspunkt war für ihn die Erfahrung aus unzähligen Beratungsgesprächen in seiner Praxis, daß sich Probleme mit hochbegabten Kindern keineswegs erst im Schulalter einstellen müssen, sondern sich bereits im Kindergarten und in der Vorschule äußern können. Sein Ziel war es nun, ein Konzept zu entwerfen, das es ermöglichen sollte, den Bedürfnissen, Interessen und Möglichkeiten einer Gruppe von hochbegabten Kindern zu entsprechen und gleichzeitig die individuelle Persönlichkeit des einzelnen Kindes zu berücksichtigen.

»Vielfalt« war auch das Motto in Urbans Kindergarten. Da gab es eine Bauecke, eine Leseecke, eine Hör-, Musik- und Geschichtenecke, eine Mal-, Zeichen- und Bastelecke, eine Tierecke, Ruheecke, Hausecke, eine Schreib- und eine Druckecke. Es gab Ausflüge, Spaziergänge, Besichtigungsfahrten und Theaterbesuche, Rhythmikstunden, Musikerziehung und einmal in der Woche auch spielerischen Englisch»unterricht«.

Auf keinen Fall beabsichtigte die Projektgruppe, das Grundschulcurriculum vorzuziehen. Jene, die sich Lesen, Schreiben oder Rechnen bereits angeeignet hatten und denen es Spaß bereitete, wurden dennoch unterstützt:

Christoph will unbedingt beweisen, daß er 5 und 6 zusammenrechnen kann. Er nimmt seine Hände zu Hilfe. Mit den fünf Fingern der einen Hand ist er zufrieden, aber bei der anderen Hand fehlt ihm ein Finger. Die Erzieherin läßt ihn ein Weilchen herumprobieren. Dann gibt sie dem Jungen einen Bleistift. Das Schreibwerkzeug übernimmt die Funktion des sechsten Fingers. Christoph weiß das Ergebnis sofort: 5 + 6 = 11. Die seh- und angreifbare »Materie« hat ihm deutlich gemacht, was mit den abstrakten Symbolen eigentlich gemeint ist. Jetzt ist ihm die Sache klar. Es ist auch offensichtlich gar nicht erheblich, ob sich die Zahl aus Fingern oder Bleistiften zusammensetzt – das Ergebnis bleibt das gleiche.

Rechnen, Lesen oder Schreiben werden nach Belieben auch in Aktivitäten eingebunden, ohne daß dabei alle Kinder diese Techniken schon beherrschen müssen. Beispielsweise erfreut sich das gemeinsame Geschichtenerfinden großer Beliebtheit:

»Es war einmal ein Krümelmonster«, beginnt etwa Gerd mit einer Geschichte. Conrad setzt fort: »... das immer mit den Händen im Mund rumgefuchtelt hat, wenn es Kekse aß.« Jan erzählt weiter: »Überall, wo es Kekse sah, aß es die Kekse auf.« Dann meldet sich Bärbel: »Das Krümelmonster krümelte sehr viel.« Und Gerd ergänzt: »Es aß sehr viel.« Conrad hat genaue Vorstellungen von dem Krümelmonster. »Es war so groß wie acht Kinder«, erklärt er. Am Ende der Geschichte weiß er sogar den genauen Namen des Krümelmonsters: »Es hieß Schufolupiben.« Die Erzieherin schreibt die Geschichte für die Kinder mit, weil nicht alle schreiben können. Aber Conrad beispielsweise schreibt seine Geschichten oft auch selbst auf: »Es war einmal ein Räuber. Ein ganz ein schlimer. Dem die Polizei nie auf die Spur kam. Es war fürchterlich. Er sas einfach nie im Gefengnis. Er klaute Uhren und tat Kinder entfüren und ich weis nicht was noch ales. Einmal heiratete er eine Frau.

Und weil er sie blözlich nicht mehr lieb hatte fergiftete er sie. Es war kein Friden in der Stadt mehr. Jetzt ist die Geschichte zu Ende.«

»›Krimi‹ von Conrad, 6« schreibt die Betreuerin darunter und gibt dem Werk damit einen offiziösen Charakter.

Conrads literarische Leistung wird mit der dazugehörigen individuellen Rechtschreibung anerkannt. Der Autor fühlt sich zwanglos ermuntert, bald wieder eine Geschichte zu schreiben – und wer weiß, vielleicht schreibt er ja beim nächsten Mal »blötzlich« ganz plötzlich mit »p«, obwohl der erste Konsonant eigentlich ausgesprochen wird wie der bei »Blitz«.

»Im Grunde geht es darum«, bringt Urban all seine pädagogischen Ziele auf einen Nenner, »jene eigentümliche kreative Kraft, die in jedem steckt, zu wecken, die natürliche Fragelust der Kinder zu erhalten und zu fördern, ihre Neugier und Experimentierfreudigkeit angemessen anzuregen bzw. zu unterstützen und nicht zu verschütten.«

Das »Jugenddorf Hannover«

Der Urbansche Kindergarten wirkte offenbar auch als Initialzündung für weitere derartige Einrichtungen. So ist die Psychologin Christa Hartmann nach 14jähriger Tätigkeit in der Braunschweiger Christophorusschule angetreten, um unter neuen Vorzeichen einen ebenfalls »anderen« Kindergarten zu begründen. Sie wollte wie Howard Gardner allen Kindern die Möglichkeit schaffen, ihre »besonderen« – im Sinne von individuellen – Begabungen zu entdecken. Also rief sie 1995 das »Jugenddorf Hannover, Betreuungs- und Begegnungsstätte der Stiftung Karg« ins Leben, wo seither Hochbegabte und Normalbegabte in trauter Gemeinsamkeit die Erzieher auf Trab halten.

Erzieherin zu sein im Jugenddorf-Kindergarten in Hannover, ist zweifellos ein bißchen anders. Hier hat sie es mit 60 kleinen Persönlichkeiten zu tun, die über einen festen eigenen Willen verfügen und die es auch verstehen, diesem Ausdruck zu verleihen. Niemand würde glauben, daß viele dieser Jungen und Mädchen in anderen Kindergärten schweigsam und in sich gekehrt waren, isoliert waren und ausgegrenzt wurden. Einigen wurde aus »pädagogischen Gründen« der Kindergartenplatz gekündigt.

»Die Eltern«, erzählt Christa Hartmann, »kommen oft sehr bescheiden und verunsichert hierher. Es wurde ihnen vermittelt, daß ihr Kind nicht kindergartentauglich sei – eine Botschaft, die junge Familien unheimlich schockiert und entsetzt. Es ist ein Attest, daß ihr Kind nicht in eine Gemeinschaft passe. Für gewöhnlich möchten sie nun von uns bestätigt bekommen, daß mit ihrem Sohn oder mit ihrer Tochter alles ganz normal ist.«

Die Mischung aus unterschiedlich begabten Kindern ist hier auch von Vorteil: »Manche Kinder neigen dazu, eigenbrötlerisch zu werden, oder sie wirken zumindest so und werden dann auch ausgegrenzt. Und das wollen wir unter allen Umständen vermeiden. Die Kinder sollen lernen, daß sie miteinander auskommen müssen.«

Mit schlichten Maßregelungen, Geboten und Verordnungen lassen sich diese Kinder nicht abspeisen. Erzieher, die auf ihre unangefochtene Autorität bestehen, sind hier fehl am Platz. »Jüngstens«, so erzählt Christa Hartmann, »setzten sich die Kinder gerade intensiv mit der Zeit des Mittelalters auseinander. Sie bauten Burgen und Rüstungen aus Pappe und Schilder und Schwerter.« – Wobei die Tatsache, daß auch Waffen gebastelt wurden, der Leiterin ein wenig Bauchweh verursachte. »Ich habe das nicht so gut gefunden«, erklärt sie. Während die Jungen und Mädchen in die Welt des 13. Jahrhunderts versunken waren, wollte Hartmann ein Besucherkind in die Gruppe einführen. »Zeigt dem Jens doch einmal eure Rüstungen«, munterte sie die Kinder auf. Im selben Atemzug fügte sie hinzu: »Aber bitte ohne Waffen!« Ein Zusatz, für den Hartmann entgeisterte Blicke erntete. Rüstungen ohne Waffen? Kein Mensch, so die ungnädige Belehrung der Nachwuchs-Ritter und -Burgfräulein, brauche Rüstungen, wenn es keine Waffen gäbe. Das mache keinen Sinn. Christa Hartmanns Bitte wurde als unlogisch und nicht akzeptabel erachtet, ihrem Wunsch wurde demnach auch nicht entsprochen. Jens bekam zu den Rüstungen ganz selbstverständlich auch die entsprechenden Waffen vorgeführt.

DIE SCHULE: BILDUNG KONTRA BEGABUNG

Was aber soll mit all den kleinen Persönlichkeiten geschehen, wenn sie aus dem Kindergarten entlassen werden? Eine Frage, die auch Christa Hartmann und ihr Team sehr beschäftigte. »Es muß einfach weitergehen«, äußert die Leiterin ihren festen Willen, die Aufbauarbeit, die sie mit ihrem Kindergarten geleistet hat, nicht einfach wieder preiszugeben. Ihr zäher Einsatz scheint sich nun auch gelohnt zu haben: »Es wird in Hannover einen Schulversuch geben«, verrät sie, »der für unsere Kinder geschaffen wird.« Dabei wird es nicht um eine Separierung hochbegabter Kinder gehen. Hartmann meint: »Ich bin dafür, daß jedes hochbegabte Kind im ganz normalen Schulsystem weiter gefördert werden soll. Aber ich sehe auch, daß diese Kinder leichter zu versorgen sind, indem sie in Gruppen zusammengefaßt werden und auf diese Weise untereinander und voneinander sehr stark profitieren können.« In diesem Sinne sollen in öffentlichen Schulen einzelne Klassen für Hochbegabte installiert werden. Wie der Stundenplan ausschauen soll, weiß Hartmann freilich noch nicht. Der Psychologin wäre das Vorbild der Christophorusschule (siehe Seite 237 »Die Hochbegabtenschule«) sehr recht. Doch sie ist skeptisch: »Das ist eine private Schule. Da ist man beim Erstellen des Curriculums und bei den Projektarbeiten völlig frei. Wie weit das innerhalb des öffentlichen Schulsystems umzusetzen sein wird, ist noch ungewiß.«

Der pädagogische Kahlschlag

Das öffentliche Schulsystem hat sich in vielen Bereichen enorme Verdienste erworben. Nur mit einem System wie diesem war die allgemeine Alphabetisierung möglich, nur durch ein solches System konnte ein für die industrielle Produktion notwendiges allgemeines Bildungsniveau erreicht werden. Dem Heranwachsenden wurden die für die Arbeit in der Industrie nötige Zeitdisziplin und die Fähigkeit zur Unterordnung in einem hierarchischen System beigebracht. Auch die formalen Fähigkeiten, die den einzelnen in die Lage versetzten, (in der Regel) ein Leben lang in einer Berufssparte tätig zu sein, wurden vom Schulsystem vermittelt.

Doch diese Fähigkeiten werden immer weniger benötigt. Am Ende des Industriezeitalters wird nicht mehr hauptsächlich formalisiertes Wissen benötigt; heute zählt, sich im Team möglichst schnell in neuen Situationen zurechtzufinden. Lexikalisches Wissen ist im Informationszeitalter praktisch bedeutungslos geworden, wichtig ist das Wissen, wie und wo man sich unter wechselhaften Bedingungen die richtigen Informationen holt.

Zeitdisziplin und Unterordnung mögen noch einen gewissen Stellenwert haben – doch für die Zukunft zählen vor allem Kreativität und Flexibilität, und besondere Fähigkeiten in bestimmten Teilbereichen können besondere Entwicklungschancen bedeuten.

Doch spezielle Begabungen werden vom Schulsystem nicht berücksichtigt.

»›Emil‹ kann ich nicht schreiben, weil ich das M noch nicht kann«, erzählte der sechsjährige Peter seinen staunenden Eltern, als sie ihm bei den Hausaufgaben über die Schulter blickten. Dabei hatte er schon im Alter von fünf Jahren praktisch von selbst zu schreiben begonnen – ein ganz normaler Vorgang, wie ihn viele Kinder durchleben. Er hatte gerne geschrieben, hatte alle Buchstaben beherrscht, und seine Geschichten waren phantasievoll und originell gewesen. Er hatte geschrieben, wie ihm der Schnabel gewachsen war, niemand hatte es für nötig gehalten, seinen Elan durch Rechtschreib-Korrekturen zu brechen.

Auf den ersten Schultag freute sich Peter sehr. Endlich bekam er die Chance, wie die Großen zu lernen. Mit Ernst und Eifer versuchte er, den Anweisungen seiner Lehrerin zu folgen. Die brachte den Kindern Lesen und Schreiben bei, Buchstaben für Buchstaben, und achtete darauf, daß langsamere Kinder dem Tempo folgen konnten.

Peters Respekt vor der geachteten und geliebten Repräsentantin der neuen Welt Schule war enorm. Also »verlernte« er Lesen und Schreiben und lernte es ein halbes Jahr lang von neuem, Buchstaben für Buchstaben. Er schrieb nur noch die Worte, deren Buchstaben er schon »gelernt« hatte.

Peter schrieb keine Geschichten mehr.

Ein kleines Beispiel aus dem Schulalltag, das sich täglich tausendfach wiederholt, veranschaulicht, wie rücksichtslos und destruktiv das gegenwärtige Schulsystem mit den Begabungen der Kinder umgeht. Dabei ist der Anspruch, das Lerntempo so zu wählen, daß alle mitkönnen, zunächst einmal positiv und solidarisch. Doch auch ein egalitärer Anspruch kann zum Verlust der Lernmotivation der Mehrheit führen, wenn er formalisiertes Wissen überstülpt statt die konkreten Lernimpulse der einzelnen Kinder aufzunehmen.

Alle Menschen erleben und begreifen die Welt auf verschiedene Arten, ob nun auf sieben verschiedene oder auf mehr. Der Unterschied zwischen den Menschen besteht in der verschiedenen Ausprägung dieser Intelligenzen und im unterschiedlichen Zeitpunkt und Ausmaß sowie in der persönlichen Art, diese Intelligenzen miteinander zu kombinieren oder anzuwenden, um Probleme zu lösen. Folglich müssen Kinder Wissen auf viele unterschiedliche Arten lernen, in ihrem Kopf parat haben und anwenden.

Die westlichen Bildungssysteme bauen jedoch auf der Annahme auf, daß alle Kinder einen Stoff auf dieselbe Art und annähernd gleich schnell erlernen. Dieses durchaus ehrenvolle Bestreben, den Langsameren eine Chance zu geben, führt aber dazu, daß die Schnelleren warten müssen.

Obendrein liegt das Schwergewicht der konventionellen Wissensvermittlung und Beurteilungsform auf sprachlichen und logisch-quantitativen Methoden. Fünf weitere intellektuelle Instrumente, die Welt zu erfassen, werden weitgehend ausgeschaltet. Denn während einige Kinder die Welt über die Sprache erforschen, benützen andere dazu räumliche oder visuelle Eindrücke, und wieder andere orientieren sich eher an den Beziehungen der Menschen untereinander. Wenn Kinder keine Gelegenheit bekommen, die Erkundungen auf ihre individuelle Art durchzuführen, gehen ihnen eine Menge Erkenntnisse durch die Lappen, ihr Verständnis bleibt lückenhaft. Darüber hinaus können Kinder, bei denen die geforderten und von der Gesellschaft geschätzten Intelligenzen nicht so stark ausgeprägt sind, vorschnell als dumm oder unfähig abgestempelt werden.

Lernen verlernen

Das Bildungssystem operiert mit einem eingeschränkten Begriff von Intelligenz. Die Tests, mit denen alle Schüler konfrontiert werden – von den Leistungstests und Schularbeiten, die »Intelligentere« aussortieren sollen, bis zu Aufnahmeprüfungen –, beruhen auf einer Simplifizierung und Einengung der intellektuellen Fähigkeiten, auf die es im Leben ankommt.

Gardner geht davon aus, daß gerade die Kultureinrichtungen, die das Leben der Kinder bestimmen, nicht dazu imstande seien, das genetische Potential der Kleinen herauszufordern, sondern das, was in ihnen schlummert, zusätzlich einschränkten. In einer reizlosen Schulwelt werden nach vorgegebenen Normen rigide Muster geschaffen, um bestimmtes formales Wissen in standardisierten Prüfungen abzufragen und entsprechende konventionelle Leistungen als Lernerfolge nachweisbar zu machen.

In der Schule hat jener Erfolg, der am wenigsten Fehler macht. Doch nur das gemeinsame Bearbeiten und Analysieren von Fehlern schafft die Voraussetzung für das verstehende Lernen. In der Schule wird Lernen verlernt.

In der »erwachsenen Welt« geht es mehr und mehr um die Fähigkeit, mit anderen gemeinsam ein Problem lösen zu können, eine Arbeit fertigzustellen. Im Schulsystem geschieht das Gegenteil: Die komplexe Welt wird in einzelne Fächer, das Wissen in Lektionen zerteilt.

Der Umgang mit Begabungen

Die 13- bis 14jährigen Mädchen und Buben sitzen zu zweit, zu dritt oder zu viert an den Tischen, stecken die Köpfe zusammen, tuscheln, kichern, kritzeln ein paar Worte auf ein Papier, streichen sie wieder durch, blättern aufgeregt in ihren Büchern hin und her und beratschlagen fieberhaft. Sie suchen nach Worten und Ausdrucksmöglichkeiten. Sie brauchen diese Vokabeln, denn sie schreiben ein Theaterstück. Claus muß wissen was »Ihre Papiere, bitte«

auf deutsch heißt, sonst kann er den Zollbeamten nicht spielen. Und Marie brennt darauf, zu erfahren, was »Willst du mit mir tanzen?« heißt, weil sonst aus ihrer Szene in der Disco nichts wird. Und wenn Erik seine Bauchschmerzen nicht erklären kann, muß er seine Rolle als leidgeprüfter Patient glatt abtreten.

Was hier den Eindruck eines Wochenend-Workshops für eine Gruppe hochmotivierter Jugendlicher erweckt, ist in Wirklichkeit der Deutschunterricht an einer schwedischen Schule, die obendrein zu über 90 Prozent von Einwandererkindern besucht wird.

»Die Kinder wollen sich ausdrücken können und werden ungeheuer neugierig auf die Worte, die ihnen fehlen«, erzählt die energiegeladene Deutschlehrerin Monika Dörre. »Und weil die Vokabeln dann auch gleich verwendet werden, bleibt das auch wirklich drin in ihren Köpfen.«

Zuvor haben sie alle gemeinsam die Themen ausgesucht, vierzig Minuten lang werden dann in Kleingruppen mit tatkräftiger Unterstützung der Lehrerin die Werke verfaßt. Manchmal schließt sich auch eine zweite Klasse an, dann wird bei offenen Klassentüren mit zwei Lehrerinnen gearbeitet. Die eine hilft bei den fehlenden Worten, die andere bei der dramaturgischen Umsetzung – denn wenn noch Zeit bleibt, kann schon mit dem Einstudieren begonnen werden. Ansonsten wird das auf die nächste Unterrichtsstunde verschoben. Die einzelnen Kleingruppen verziehen sich in den Garten, in die Bibliothek oder an irgendein anderes ruhiges Plätzchen und lernen ihre Rollen mit Feuereifer auswendig. Zur Vorführung der einzelnen Szenen kommen die 16 Protagonisten wieder zusammen.

Wenn sie es wünschen, nimmt sie Monika während ihres Spiels mit der Videokamera auf. Dann werden in weiteren Unterrichtsstunden die sprachliche Ausdrucksweise und die Mimik und Gestik unter die Lupe genommen. »Das ist gleichzeitig Persönlichkeitsschulung«, wirkt Monika Dörre über ihre eigentlichen Kompetenzen hinaus.

Sie studieren Theaterstücke ein, produzieren Hörspiele und veranstalten Gesangsabende, entspannen sich zwischendurch mit Autogenem Training, entdecken mittels Pantomime ihren Körper, arbeiten mit Video, unternehmen Exkursionen und Auslandsreisen, laden Persönlichkeiten aus anderen Ländern zu sich ein und organisieren Feste mit Spielen und Wettkämpfen. Bei allen Aktivitäten sind Kinder, Jugendliche und Erwachsene mit Begeisterung bei der Sache – keine Spur von Frustration, Unlust oder Resignation.

So schön kann Schule sein – in Schweden.

»Wir sind wie eine große Familie«, erklärt Johannes Schad, Vize-Direktor und Studienleiter der »Apelgårdensskolan« nicht ohne Stolz. »Bei uns gibt es keine Anonymität.« Dabei handelt es sich keineswegs um die private Bildungsstätte eines Nobelbezirks. Vielmehr steht die »Apfelgartenschule« inmitten der in den siebziger Jahren aus dem Boden gestampften Wohnburgen des Viertels Rosenborg am Rande der südschwedischen Stadt Malmö.

In Österreich und Deutschland sind »offenes Lernen« oder Projektunterricht nur dort zu finden, wo besonders einsatzfreudige und energiegeladene Lehrer dem Trott des klassischen Schulalltags entfliehen wollen. Generell dominiert immer noch der formalisierte Frontalunterricht, der allenfalls durch modernere didaktische Methoden ein wenig aufgelockert wird.

Zu frühe Auswahl

»Die Idee hinter der Schule ist hierzulande mehr Ausbildung als Bildung«, versucht Ferdinand Eder, Schulexperte am Institut für Psychologie und Pädagogik in Linz, die dem deutschen und österreichischen Unterrichtswesen zugrundeliegende Philosophie zu definieren. »Ein leitender Gedanke ist, daß alle Kinder, die eine bestimmte Schule besuchen, am gleichen Tag das gleiche tun. Schule ist bei uns ein Bürokratiemodell.«

Daß in Deutschland und in Österreich nach wie vor schon nach der Volksschule die Weichen zwischen »höherer Bildung« und Handwerk gestellt werden, ist schlicht ein Stück übriggebliebenes 19. Jahrhundert.

Nur in Deutschland, in Österreich und in der Schweiz hat die antiquierte Trennung der Bildungswege überlebt. Im übrigen Westeuropa werden spätestens seit Anfang der siebziger Jahre die Kids zumindest bis zum Alter von 14 Jahren gemeinsam unterrichtet. Die Gesamtschule, bei uns immer noch Synonym für unproduktive Gleichmacherei, wurde aus unterschiedlichen Motiven zum Grundprinzip der Bildungspolitik. Den Gaullisten in Frankreich und den Christdemokraten in Italien ging es primär um die optimale Erschließung der Begabungsressourcen, den Sozialdemokraten in Schweden und Großbritannien um möglichst gleiche Bildungschancen für alle.

Schüler einer Gesamtschule in Frankreich, Schweden oder England haben Gelegenheit, in Schnupper- und Orientierungsphasen sowie mit Hilfe von Wahlfächern ihre eigenen Begabungen langsam zu erkunden. In Frankreich etwa schließt an die fünfjährige Volksschule das »Collège Uniques« an. Aufgeteilt in die jeweils zwei Jahre dauernden »Observation Cycle« und »Orientation Cycle« können die Schüler durch Hereinnahme von Wahlfächern ihre unterschiedlichen Interessen ausloten. Auch im darauffolgenden »Lycée« findet im ersten Jahr ein gemeinsamer Unterricht statt, bevor sich die dann 16jährigen Schüler ihren Begabungen entsprechend für allgemeinbildende, berufsorientierte oder handwerklich ausgerichtete Kurse entscheiden. Diese führen zu mehr oder weniger qualifizierten Abschlußprüfungen, die von ausgezeichneten bis zu zumindest theoretischen Chancen auf eine weitere akademische Laufbahn alles offen lassen. Ähnlich das System in Schweden: Erst wenn die Schüler 16 Jahre alt sind, werden sie vor wichtige, das spätere Arbeitsleben bestimmende Entscheidungen gestellt. Am Ende der neunjährigen Grundschule bewerben sich über 90 Prozent der Abgänger um einen Platz an einer Gymnasialschule, wo sie zwischen 16 dreijährigen Ausbildungsprogrammen wählen können. Wie bei den Franzosen splitten sich die Kurse erst in der zweiten Klasse des Gymnasiums weiter auf. Die meisten sind praktisch und berufsorientiert, zwei bereiten auf ein Studium vor, alle aber enden mit der Zugangsberechtigung für eine Hochschule. Auch die britischen Schüler dürfen sich mit dem Erforschen ihrer Stärken und Schwächen Zeit lassen, bis sie 15 Jahre alt sind. Erst dann wählen sie neben dem Kernlehrplan zwischen fünf und zehn vertiefende Fächer und bereiten sich auf ihr »GCSE«, das »General Certificate of Secondary Education«, vor, das ihnen eine Orientierung für den weiteren Ausbildungsweg nach Abschluß der Schulpflicht bietet.

Zu späte Auswahl

Umgekehrt haben hochbegabte Kinder in den deutschsprachigen Staaten wenig Chancen, sich in ihren Spezialfächern oder insgesamt ihren Fähigkeiten entsprechend weiterzuentwickeln. Zu starr und zu wenig durchlässig sind die Klassenstrukturen, zu unflexibel der Lehrplan.

Nur dort, wo durch neue Herausforderungen ein Zwang entsteht, auf jedes Kind als einzelnes Wesen mit seinen höchstpersönlichen Begabungsschwerpunkten und Arbeitsweisen einzugehen, so der übereinstimmende Befund vieler Pädagogen, haben auch spezielle Begabungen eine Chance:

In Integrationsklassen, in denen behinderte Kinder gemeinsam mit den »normalen« Kindern unterrichtet werden, ändern sich die Strukturen des Unterrichts automatisch. Freilich brauchen solche Klassen auch zwei Lehrer gleichzeitig.

Aber solche Ansätze zeigen – ebenso wie die Erfahrungen in vielen Gesamtschulen – modellhaft, daß zumindest bis zur Pubertät der gemeinsame Unterricht von Kindern, die unterschiedliche Spezialneigungen und -fähigkeiten haben, zwei entscheidende Vorteile hat: Erstens entwickeln sich soziale Fähigkeiten im »gemischten« Milieu wesentlich komplexer als in Sondereinrichtungen. Und zweitens zwingt die große Unterschiedlichkeit der Kinder die Lehrpersonen, auf jede einzelne Fähigkeit einzugehen und ein individuelles Unterrichtskonzept zu entwickeln.

Doch solange der Großteil der Schulen derartige Ansätze nicht einmal in Spuren erkennen läßt, ist der Ruf nach speziellen Schulen, in denen auf hochbegabte Kinder sensibler reagiert weren kann, nur allzu verständlich. Denn in den Regelschulen alten Musters verkümmern die meisten Begabungen nicht bloß – hochbegabte Kinder werden im System bald zu Sonderlingen, die ausgesondert werden.

Die Hochbegabtenschule

Eigentlich müßte Theklas Arm schmerzen. Bei jeder Frage, die Lehrer Frank Stuhlmann an die Klasse richtet, hebt sie ihn und hofft, daß sie aufgerufen wird. »Einen Moment noch, Thekla, bleib geduldig!« Ganz sachte fordert sie der Lehrer zum Durchhalten auf. Wenn das hochbegabte Mädchen mit der Stoppelglatze und der Zahnspange dann endlich ihr Wissen preisgeben darf, geschieht das in rasendem Tempo – überhastet und nur für geübte Zuhörer verständlich. Und dann passiert es: Was Thekla sagt, ist schlichtweg falsch. Der Lehrer ruft den nächsten Schüler auf, doch Thekla läßt nicht locker. Obwohl sie genau weiß, daß ihre Antwort nicht richtig war, verteidigt sie diese und verstrickt sich immer tiefer in ihrer Argumentation. Die anderen Schüler beginnen bereits hämisch zu lachen. Thekla reagiert trotzig, die Emotionen in der Klasse schaukeln sich auf, Thekla knallt ihr Heft auf den Tisch. In den verbleibenden Minuten des Unterrichts zeigt sie nicht mehr auf.

»Früher kamen diese Ausbrüche viel öfter und heftiger«, erinnert sich Frank Stuhlmann, der zwei Jahre lang der Klassenlehrer von Thekla Stewen war. »Ich kann mir halt keine Fehler eingestehen«, weiß das 14jährige Mädchen. »Der Nachname Stewen bedeutet eigentlich ›Gnade Gottes‹. Aber meine Eltern sagen, sie zweifeln daran.« Der Lehrer versucht nach Möglichkeit, die Trotzausbrüche zu ignorieren.

Zu ignorieren ist auch Florian Knaufs Strategie. Der 14jährige, dickliche Schüler kritzelt in einem fort während der ganzen Unterrichtsstunde mathematische Zeichen und Formeln auf den gelben Umschlag seines Reclam-Heftchens. Heinrich Heines »Harz-Reise« ist ihm zu langweilig. »Aber immerhin ist er heute mit einem halben Ohr dabei«, stellt sein Betreuer im Internat fest. Früher, in seiner alten Schule, ist Florian noch viel öfter langweilig gewesen. Abgesackt, meint er, seien seine Gedanken damals. Der Unterrichtsstoff schien ihm veraltet, das habe er schon längst alles für sich selbst überlegt. Aber auch Thekla findet die »Harz-Reise« nicht wirklich spannend. Die Beschäftigung mit Texten generell mißfällt ihr: »Mit Information zu arbeiten, die ohnedies schon vorliegt, wird schnell langweilig. Besser ist, mit unbekannten Themen zu arbeiten.«

Die 9B hat fächerübergreifenden Unterricht: Deutsch, Geschichte, Sozialwissenschaften und Religion werden von zwei Lehrern gemeinsam unterrichtet. Das Thema dieser

Woche: Deutschland 1815–1848. Innerhalb der wenigen Tage werden neben all den anderen Unterrichtsgegenständen literarische Texte gelesen und analysiert, wird die politische Situation dieser Epoche erarbeitet, und schließlich werden weiterführende Referate selbständig entworfen. Das Unterrichtstempo ist unglaublich. Die Anforderungen sind extrem hoch. Nach einer kurzen Unterredung im Klassenzimmer geht es schon ab in die schuleigene Bibliothek. Der Lehrer Frank Stuhlmann begleitet die Schüler, um gelegentliche Fragen beantworten zu können. Manchmal kann aber auch er nicht helfen. »Tut mir leid, Thekla, das weiß ich nicht, frag vielleicht den Geschichtelehrer.« – War jetzt der Turnvater Jahn ein Gegner der Reaktion oder doch nicht? – »Bloß nicht als Allwissender auftreten«, betont auch Werner Kopp, Deutsch- und Geschichtelehrer, »da hat man sofort verloren.«

Die Jugenddorf-Christophorusschule in Braunschweig ist einzigartig in Deutschland: Hier werden in einem sogenannten B-Zweig (»B wie begabt – oder bekloppt«, ätzen die Schüler) an die 100 hochbegabte Schüler vollständig getrennt von den rund 500 »normalen« Gymnasiasten des A-Zweigs unterrichtet. Angeschlossen ist ein Internat, das hauptsächlich von den Hochbegabten, die aus ganz Deutschland kommen, bewohnt wird. Das Schulgeld ist hoch: 2.700 D-Mark (19.000 Schilling) im Monat für Schule und Internat. Kein Wunder, daß nur zehn Prozent der Eltern diese Summe aus eigenen Mitteln aufbringen können; der überwiegende Teil ist auf Stipendien angewiesen.

Begonnen hat alles im Jahr 1981. Der christlich ausgerichtete Schulträger mit seinen rund 100 Schulen hatte bis dahin bereits Förderklassen für körperbehinderte, asthmatische und legasthenische Kinder geführt. Das Credo des »Christlichen Jugenddorfwerks Deutschland« lautet denn auch: »Jeder Mensch hat erstens das Recht auf Entfaltung der ihm von Gott geschenkten Begabungen, und zweitens hat jeder Mensch die Pflicht, diese Begabungen zum Wohl der Gemeinschaft einzubringen.«

In der zweiten Hälfte der siebziger Jahre waren die ersten Berichte aus der Kinder- und Jugendpsychiatrie veröffentlicht worden, wonach hochbegabte Kinder überdurchschnittlich oft auch psychische Störungen aufwiesen. Einstimmig beschloß die Braunschweiger Schulleitung, eine spezielle Fördereinrichtung für hochbegabte Kinder ab der neunten Schulstufe einzuführen.

Gelegentlich kommt es vor, daß der Hochbegabten-Förderzweig mit besonderen Ausbildungsstätten während der Hitler-Ära, den sogenannten »Napola«-Schulen verglichen wird. Die »Nationalpolitischen Erziehungsanstalten« waren von den Nationalsozialisten als Kaderschmieden entworfen worden, um die politische Elite für das »Tausendjährige Reich« heranzuzüchten. Tunlichst erfolgt die Abgrenzung von seiten der Braunschweiger. »In den 16 Jahren«, so Ursula Hellert, Direktorin und Mitinitiatorin des Förderzweigs, »hatte ich an keinem einzigen Tag den Eindruck, daß wir hier eine Elite im Sinne von Geld oder politischer Macht heranzüchten.« Es gehe um Chancengleichheit, nicht nur für minderprivilegierte Kinder, sondern auch für die Kinder am anderen Ende der Skala. Hellert: »Wir sind hier eine sonderpädagogische Einrichtung für eine Randgruppe.«

Jens Koch ist 17 Jahre alt und wird nächstes Jahr das Abitur machen. Er kann das Wort »hochbegabt« überhaupt nicht ausstehen: »Das suggeriert etwas Positives, eine Elite. Aber mir macht das eher angst, weil das heißt ja, daß ich nicht zu den anderen gehöre.«

Inzwischen sind es mehr Kinder, die sich jährlich für die Jugenddorf-Christophorusschule anmelden, als wirklich aufgenommen werden können. In einer schwierigen Eignungsprüfung testet die Schulpsychologin Sabine Platzer alle Kandidaten. Nur die allgemein Hochbegabten kommen letztlich in den B-Zweig, Kinder mit einer speziellen Hochbegabung in einem Wissensgebiet, also etwa Sprachen oder Mathematik, werden dem A-Zweig zugeteilt, wo sie speziellen Leistungsunterricht im jeweiligen Gegenstand erhalten. Ein Wechsel zwischen den beiden Schulzweigen ist jederzeit möglich und kommt auch immer wieder vor. Lediglich die Versuche, A- und B-Kinder gemeinsam zu unterrichten, sind bislang gescheitert, selbst in Fächern wie Religion oder Latein: Nach kürzester Zeit hatten die Normalbegabten jegliche Lust am Unterricht verloren.

»Hochbegabte Schüler«, erklärt Direktorin Hellert den Unterschied, »verlangen nach vernetztem Denken, und das wollen wir hier fördern.« Im normalen Gymnasium funktioniere dieses Unterrichtsschema jedoch nicht als durchgängiges Prinzip, da Normalbegabte auch kleine Lernschritte bräuchten. Die derzeit üblichen Lehrpläne der Regelschulen sind aber zu sehr auf zergliederte Wissensvermittlung ausgerichtet. »Es macht einfach keinen Sinn, in der neunten Klasse die Aufklärung durchzumachen und in der elften ›Nathan, der Weise‹ zu lesen«, hat die Direktorin gleich ein Beispiel zur Hand. »Einzelne kleinere Projekte und fächerübergreifender Unterricht bieten sich immer an, das kann ich durchaus als Empfehlung für alle Gymnasien aussprechen.« Außerdem träumt Hellert schon seit langem von »Differenzierungs-Schulbüchern« mit eigenen Übungen und Hausaufgaben für lernstarke Schüler.

Kontakt zwischen den hochbegabten und den normalen Kindern gibt es in Braunschweig dennoch: In der Freizeit können sie zwischen zahlreich angebotenen Veranstaltungen und Arbeitsgemeinschaften wählen, vom Fotokurs bis zur Arbeitsgruppe für Abfallvermeidung. »Diese Schule hat eine selbstregulierende Funktion für die Probleme der hochbegabten Schüler«, erklärt die Schulpsychologin Sabine Platzer, die den Schülern am Nachmittag Gruppengespräche anbietet, aber auch einzelne bei der Lösung individueller Probleme unterstützt.

Hier erleben die Kinder erstmals das Gefühl der Erleichterung, weil sie integriert werden. Der Internatsleiter Wendelin Leinhäuser, ein ausgebildeter Theologe und Sozialpädagoge beobachtet: »Sie sehen, daß die anderen noch viel schriller sind.« Die 17jährige Sandra fühlte sich in ihrer alten Schule als Exotin und war magersüchtig. Doch im Kreis ihrer neuen Freunde in der Christophorusschule fühlt sie sich wohl und ißt wieder ganz normal.

»Es ist für viele eine Riesenerleichterung, wenn sie hier ganz plötzlich ihr Stigma loswerden,« erklärt Sabine Platzer. Im nachmittäglichen Gruppengespräch beschreibt sich Sandra als gespaltene Persönlichkeit: »Einerseits ist man der, der man ist, andererseits der, über den man grübelt. Ich denke zuerst immer über den dritten Schritt nach, bevor ich den ersten überhaupt getan habe.« Vor allem durch den gemeinsamen Alltag im Internat kann sie ihren Mangel an sozialer Kompetenz ausgleichen. »Den Kindern hier fehlt es an Empathie«, diagnostiziert die Schulpsychologin. »Sie können sich nicht in andere hineinversetzen.« Um mit ihrer Umwelt klarzukommen, haben sie eigene Strategien entwickelt. Wie etwa Sandra, die enorm hilfsbereit ist, um sich bei den anderen beliebt zu machen, oder Thekla, die immer nur Negatives von sich erzählt und in Tränen ausbricht, in Wirklichkeit aber nur Lob und Anerkennung von den anderen erwartet. Die Schulpsychologin hat jedenfalls keine ruhige Minute.

In der 9B hat inzwischen der Projektunterricht »Theater« begonnen – ein besonders wichtiges Fach für die Persönlichkeitsentwicklung. »Was ihr wollt« von Shakespeare wird eingeübt. Zur Vorstellung im Juni sollen dann die Eltern eingeladen werden. Die Devise des Projektleiters lautet: Es sollen die Texte nicht nur auswendig nachgesprochen, sondern die Rollen kreativ weiterentwickelt werden. – Doch was soll man schon kreativ weiterentwickeln, wenn man einen stummen Busch spielt wie Thekla? Dabei könnte sie so toll jonglieren. Nach der Schule möchte sie unbedingt als Zirkusclown arbeiten.

Von ihrem Elternhaus haben sich viele der hochbegabten Internatsschüler distanziert. Die Eltern würden sie ja doch nicht verstehen. »Ich habe ein vollständig anderes Weltbild und ganz andere Denkstrukturen«, sagt der 19jährige Milosz Derezynski mit dem Spezialinteresse für Künstliche Intelligenz. Er will am Wochenende ganz einfach nicht mehr nach Hause fahren. Sein Klassenkollege Jens setzt nach: »Wir sind nicht die Hochbegabten Deutschlands, sondern wir sind die, die es in der Familie und der früheren Schule nicht ausgehalten haben.«

Ein verkanntes Genie

»Geben Sie eine vierstellige Zahl in den Rechner ein«, sagt der junge, großgewachsene Mann, der auf einem viel zu niedrigen Kindersessel sitzt. »So, und nun drücken Sie auf das Quadrierungszeichen. Okay. Jetzt lesen Sie mir die Zahl vor, die das ergibt.«

»29.909.961«, wird angesagt.

»Aha, okay«, murmelt der Mann, »da haben Sie also vorher 5.469 in den Rechner eingetippt, stimmt's?«

Der Rechenkünstler heißt Gert Mittring und sitzt gerade seiner ehemaligen Grundschuldirektorin gegenüber. Zuvor hat er schon die Wurzel aus einer achtstelligen Zahl gezogen – im Kopf, in wenigen Sekunden. »Ich staune«, sagt die sichtlich verblüffte Frau, »aber nachvollziehen kann ich es nicht. Ich habe halt nur Grundschulniveau.«

»Tja«, meint Gert Mittring mit einem leise triumphierenden Unterton.

Aus der Schule, deren Direktorin er gerade mit seinen

Künsten konfrontierte, war er 17 Jahre zuvor schlichtweg rausgeflogen. Freilich nicht ohne Grund: Gert Mittring hatte keine Gelegenheit ausgelassen, den Unterricht zu stören. Am Beginn der Stunde, wenn sich alle Kinder setzen sollten, ließ sich der kleine Gert im Zeitlupentempo auf seinen Stuhl sinken. Während sich die Lehrerin vorne abmühte, ihren Schülern das kleine Einmaleins beizubringen, raunte Gert Selbstgespräche vor sich hin; manchmal hüpfte er unmotiviert von seinem Platz auf und rannte durch das Klassenzimmer, dann setzte er sich wieder nieder, bohrte wenig dezent in der Nase oder lutschte schmatzend am Daumen.

Dabei hatte sich der Bonner Gert Mittring riesig auf die Schule gefreut. Zu Hause im Pastorenhaushalt seiner Eltern hatte in längst lähmende Langeweile erfaßt. Weder mit seiner Zwillingsschwester noch mit dem älteren Bruder konnte er viel anfangen. Seine Interessen lagen den beiden überhaupt nicht. Auch Mutter und Vater waren oft befremdet von den Aktivitäten ihres Sohnes und sehnten die Schulzeit herbei, denn dann würde ihr Sohn täglich für ein paar Stunden beschäftigt sein.

Als es endlich soweit ist, steht der glückstrahlende Gert zappelnd vor Aufregung, die riesige Schultüte mit beiden Armen fest umschlingend, vor dem großen Schultor. »Jetzt geht es richtig los«, denkt Gert voller Erwartung. »Hier werde ich knifflige Aufgaben gestellt bekommen, und ich werde sie alle lösen und mit den anderen darüber reden können. Hier wird man mich verstehen, ich bin endlich unter Gleichgesinnten, ich bin endlich in der Schule!«

Doch es kommt anders. Bereits in den ersten Wochen bemerkt Gert die verständnislosen Gesichter seiner Kameraden, wenn er mit ihnen ins Gespräch kommen will. »Ich habe da was entdeckt«, erzählt Gert mit anfänglicher Begeisterung. »Wenn man aus einem Gefäß A und einem anderen Gefäß B jeweils einen bestimmten Teil in ein Gefäß

C leert, dann …« Die Kinder um ihn herum blicken ihn entgeistert an. »Also, wenn jemand das Wasser des einen Glases in ein anderes Glas gießt – also, das ist wie Bruchrechnen«, versucht Gert nochmals das Interesse der Jungen und Mädchen für sein Experiment zu entfachen. Aber die Kinder verdrehen bald die Augen und wenden sich ab. Gert ist verdutzt. Von seiner Lehrerin erhofft er sich mehr Aufmerksamkeit. Er beginnt zu allem, was sie erklärt, weiterführende Fragen zu stellen. Doch er bekommt nicht etwa befriedigende Antworten, sondern Tadel dafür, daß er den Unterricht stört. Gert beginnt zu grübeln, was er bloß falsch mache, und als er keine Antwort auf diese Frage findet, kommt ihm langsam der Verdacht, er könne vielleicht »bekloppt« sein. »Ich habe mir Komplexe eingeredet und habe wie ein Wilder weiter Mathematik betrieben, damit es wenigstens etwas gäbe, wo ich bei den anderen punkten könnte.« Aber der zahlenfixierte Knirps sammelt bloß Schlechtpunkte. Bald gilt er als Spinner, und niemand will etwas mit ihm zu tun haben. Also entwickelt Gert andere Strategien, um auf sich aufmerksam zu machen. »Ich wurde ein ganz, ganz schlimmer Junge«, erzählt Gert Mittring, »und als ich dann ein Mädchen mal fest an den Zöpfen zog, Jungs bedrohte und fast schon gewalttätig war, hatte ich die Grenzen überschritten.«

Gerts Eltern werden in die Schule vorgeladen. Lehrerin und Direktorin tragen den entsetzten Eltern das lange »Strafregister« ihres mißratenen Sohnes vor. »… und so sind wir zu dem Schluß gekommen«, beenden die beiden Pädagoginnen ihre Anklage, »daß es wohl das beste ist, Sie schreiben den Jungen nun in einer Schule für Verhaltensgestörte ein, denn hier kann er unmöglich länger bleiben.« Der Pastor und seine Frau sind starr vor Schreck. Sie wollen gar nicht behaupten, ein pflegeleichtes Kind zu haben, aber verhaltensgestört? Zu Hause kommt ihnen ihr Sohn häufig still und in sich gekehrt vor. Die Pfarrersfamilie will den Jungen in eine Psychoanalyse schicken. Doch der Psychologe rät ihnen zu einem IQ-Test.

Gert hat nie Einzelheiten über das Ergebnis der Untersuchung erfahren, aber wenig später sitzt er im Gymnasium und nicht in der Sonderschule. Dort zeigen seine Mitschüler zunächst größeres Interesse an ihm, aber bald sind auch sie es leid, seiner Euphorie über Algorithmen und Wurzelrechnungen folgen zu müssen, anstatt mit ihm über Fußball debattieren zu können. Gert bleibt ein Einzelgänger, und er bleibt ein teils aufsässiger, teils fast apathisch wirkender Schüler. »Ich hatte das krampfhafte Bedürfnis«, erinnert er sich, »alles verstehen zu müssen, nämlich die Prozesse, die hinter etwas stecken. Wenn aber eine Lehrerin zu mir sagte, ich möge die Schritte a, b und c durchführen, um vom Anfang zum Ziel zu gelangen, dann war das uninteressant für mich; ich wollte einen anderen Weg finden.« Und Gert findet andere Wege, nur honoriert wird das von der Lehrerin ganz und gar nicht. Sie streicht das Ergebnis rot an und wertet die gesamte Aufgabe als falsch gelöst.

Gert Mittring versinkt oft stundenlang in einer Phantasiewelt, schaltet ab und hört nicht einmal mehr in Mathe zu. »Ich war dann wie ein künstlicher Autist«, erklärt Mittring, »in Gedanken habe ich mir die Strukturen einer besseren, sozialeren Gesellschaft zusammengeträumt.« Seine Noten reichen meist gerade noch für die Versetzung.

Mit 14 stiehlt er sich einmal in den Philosophieunterricht der 16jährigen Schulkameraden. »Dort habe ich mich sehr, sehr wohl gefühlt, aber ich durfte natürlich nicht in dieser Klasse bleiben«, bedauert Mittring noch heute die verpaßte Chance. »Immerhin fand ich dort aber Kontakt zu anderen Schülern, und so habe ich mich dann über Wasser gehalten bis zum Abitur.«

Das besteht Gert ohne große Probleme, und fünf Jahre später hat er sein Informatikdiplom in der Tasche. Weltweit wird der mittlerweile als weltbester Kopfrechner titulierte Dissertant in Fernsehshows und bei Wettbewerben herumgereicht. Seine Spezialität ist: die 137. Wurzel einer tausendstelligen Zahl zu ziehen. Gert braucht dafür 13,3 Sekunden und ist damit weit schneller als jeder Computer.

Für ein österreichisches Kamerateam ist Gert Mittring in seine alte Grundschule zurückgekehrt. Endlich kann er die Direktorin von seinen Fähigkeiten überzeugen. Sie weiß, daß sie ihrem ehemaligen Zögling Unrecht getan hat: »Daß es so etwas wie Hochbegabung geben könnte«, meint sie jetzt, »das kam in unserem Denken damals gar nicht vor. Wir haben nur oberflächlich das aggressive Verhalten gesehen und daraus geschlossen, daß er nicht mehr bei uns bleiben könnte. Heute würden wir so ein Kind ganz anders beobachten, das Kind muß anders behandelt werden, oder es muß schneller durch die Schule und zwar auch dann, wenn die anderen Fächer – und das ist bei Hochbegabten ja oft das Problem – durchaus altersgemäß oder sogar noch schlechter als altersgemäß sind. Aber in dem anderen Bereich, der so überragend ist, von dem auch das Kind, sein ganzes Verhalten, sein ganzes Denken, seine ganzen Hobbys so geprägt werden, muß es zu einem Studium oder zu einem Beruf, wo es dann auch gemäß seiner Begabung lernen kann.«

Doron Blake:
»Meine Gene sind genial«

»Meine Mutter wußte es schon, als ich drei oder vier Monate alt war, daß ich wahrscheinlich smarter werden würde als andere Kinder«, erzählt Doron Blake stolz, »weil ich alles zweimal so schnell machte als andere Babys – Bausteine zusammenstellen zum Beispiel.«

Doch Doron Blake irrt: Seine Mutter wußte schon vor der Zeugung, daß ihr Kind höchstwahrscheinlich klüger werden würde als der Durchschnitt der Menschheit. Denn Afton Blake, eine Psychologin, wählte das Erbgut, das sie ihrem Nachkommen mitgeben wollte, mit Bedacht – aus einem dicken Katalog. Hier waren so viele verheißungsvolle und nützliche Eigenschaften für ein langes, erfülltes Leben aufgelistet, daß ihr die Entscheidung gar nicht leicht fiel. Robert Graham stand Afton Blake höchstpersönlich mit Rat und Tat zur Seite. Das war auch der Grund, warum sie sich seinem Institut anvertraut hatte. »The Repository For Germinal Choice« in San Diego, USA, wäre von allen kontaktierten Samenbanken die persönlichste gewesen, urteilt sie. Und sie meint weiter: »Sie hatten sehr detaillierte Prospekte und mehr an Auswahlkriterien als gerade nur die Rasse und die Religion, die ich für völlig unerheblich hielt.« Außerdem wären die anderen Genbanken alle so kommerziell ausgerichtet gewesen.

Robert Graham verfolgt mit dem Verkauf von Spermien schon hehrere Absichten. »Ich denke«, so erklärt der weißhaarige, lebenserfahrene Mann, »wir sollten uns bewußt sein, daß wir wesentlich mehr kluge, selbstzufriedene, gesunde Menschen in dieser Welt haben könnten, wenn wir nur mehr von ihnen produzieren würden. Ich würde gerne sehen, daß auch andere Organisationen unserem Beispiel folgen. Was wir machen, ist wirklich konstruktiv. Gescheite Menschen sind immer ein Gewinn für die Gesellschaft.«

Das fand auch Afton Blake und fühlte sich überdies von Grahams erklärtem Ziel angesprochen, »Kindern den bestmöglichen Start ins Leben zu geben« – das heißt in erster Linie Gesundheit und Intelligenz.

Robert Graham hatte sich für den Start seiner Samenbank unter den Klügsten der Klugen umgesehen und die Riege der Nobelpreisträger um eine selbstlose Spende gebeten. Doch die meisten der honorigen Herren waren in bereits recht fortgeschrittenem Alter gewesen, und ihre Spenden hatten nicht mehr den gesetzten Qualitätskriterien entsprochen. Graham hatte sich nicht verdrießen lassen. Als nächstes hatte er bedeutsame Männer aus dem »Who is Who« angeschrieben – und bekam endlich, was er brauchte: agile Spermien von klugen Männern.

Da konnte auch bei Afton Blake nichts mehr schiefgehen. Ihr Bauch begann zu wachsen. Nun wollte sie das Ihre dazu beitragen, Robert Grahams Erfolgsstatistik um ein weiteres kleines Genie zu bereichern. Systematisch wurde der kleine Wurm auf seine – hoffentlich glorreiche – Zukunft vorbereitet, galt es doch, das ganze »schöne« Erbgut möglichst vollständig zur Entfaltung zu bringen.

»Wenn ich den Walkman an meinen Bauch in seine Nähe hielt«, erinnert sich die Mutter, »unterschied er zwar nicht so sehr zwischen den Komponisten, aber doch zwischen den Rhythmen der Musik. Bei Beethoven, Bach oder Mozart wurde er sehr ruhig, bei den Beatles und Stones strampelte er mehr.« Embryo Doron reagierte offenkundig auf seine ersten Lektionen.

Gleich bei der Niederkunft wußte Afton Blake, daß die vorgeburtliche Förderung gefruchtet hatte. »Das war nicht der normale Blick eines Neugeborenen«, läßt die stolze Mutter die ersten Eindrücke von ihrem Sohn wieder aufleben. »Es war ein sehr wacher, bewußter Blick, als würde er gleich alles ganz intensiv wahrnehmen.« Doron legte mit seiner Entwicklung auch sofort ein rasantes Tempo vor. Seine Krabbelphase ließ er förmlich aus, er zog sich mit fünf Monaten schon auf und hantelte sich mit sieben Monaten aufrecht an Wänden und Möbeln entlang. Zwar fürchtete die Mutter, der Dreikäsehoch könnte deshalb körperliche Schäden davontragen, doch alle Versuche, den quirligen Jungen im Kinderwagen zu halten, schlugen fehl. »Er wirkte wie ein Baby, das es haßt, in einem Babykörper zu stecken, und nicht fähig ist, sich damit so zu bewegen, wie er will«, erinnert sich die Mutter.

Mit eineinhalb schien Doron sich besonders für Musik zu interessieren, aber bis er zweieinhalb war, hatte er es sich anders überlegt. In Musikerziehung hatte er ja gewissermaßen schon einen Vorsprung. Er beschloß also, erst mal zu erkunden, was die Welt sonst noch so biete, und sich erst später zu spezialisieren. Schließlich eröffnete ihm die Mutter ein reichhaltiges Angebot an allerlei spannenden Dingen. Nur warum sie ihm immer wieder diese Bücher vor die Nase legte, konnte Doron nicht verstehen. Was immer die Mutter auch für Geschichten aus ihnen hervorzauberte, ohne ihre Hilfe wußte er herzlich wenig mit dem Papier anzufangen. Dafür machten die Reisen mit Oma einen Riesenspaß. Kaum zu glauben, wie anders die Welt nach ein paar Flugstunden ausschaute: andere Bäume, andere Häuser, Menschen mit anderer Hautfarbe, und wenn sie sprachen, gaben sie ganz andere Laute von sich.

Doron wurde das Fremde vertraut, und Afton Blake konnte ihren Sohn problemlos im Kindergarten allein lassen. Nur die anderen Kinder hatten ein Problem mit ihm und verabreichten ihm eines Tages eine Tracht Prügel. Von derlei Balgereien hielt Dorons Mutter rein gar nichts. Sie suchte einen neuen Kindergartenplatz in einem elitäreren Umfeld. Doron sieht noch heute keine gezielte Absicht dahinter. »Meine Mutter«, so meint er, »hat mich nicht von klein auf in spezifische Einrichtungen gesteckt. Ich war nicht in einem Kindergarten für besonders Begabte, obwohl dort etliche besonders Begabte waren.«

In deren Gesellschaft begann sich Doron auch endlich für Buchstaben zu interessieren. »Er war nicht weiß Gott wie früh dran mit dem Lesen«, rekapituliert Afton Blake, »aber was er dann schließlich am Ende des Kindergartens las, war Shakespeare. Er entwickelte sich innerhalb von acht Monaten vom Nichtleser zu einer Leseratte.« Seine Lieblingslektüre: »Hamlet«. »Comics haben mir nie was gegeben«, sagt Doron. »Shakespeare geht tiefer, bei ihm gibt es auch nicht ständig nur Kampf, oder zumindest kämpfen sie nicht völlig grundlos. An Shakespeare mag ich, wie er die englische Sprache benutzt, er malt Bilder mit der Sprache, er macht das überaus eindrucksvoll.«

Doron lispelt ein wenig, aber das ist sein einziger kleiner Makel. Der Blondschopf mit den tiefblauen Augen und den langen, dichten Wimpern begann auch die Spielregeln von Schach zu begreifen und wurde überdies auf ein eigenwilliges Gemisch aus Zahlen und Buchstaben aufmerksam: $3 + n = 7$. Doron entdeckte seine Liebe zur Mathematik.

Für Afton Blake waren das genug Indizien: Der Junge gehörte in eine Schule für Hochbegabte – wenn es zunächst auch nur eine schlichte öffentliche wäre.

Aber schon ab der zweiten Schulstufe wechselte Doron in die »Alter Reed Junior High School«. Hier werden alle Hochbegabten von Los Angeles zusammengefaßt und können auf exakt dem Level weiterlernen, auf dem sie sich gerade befinden, meist ein bis zwei Stufen höher als im normalen Schulsystem. Doron kommt in eine Klasse ohne »Deckel«. Alle Schüler in diesem Programm haben einen IQ von mindestens 145. Sie arbeiten selbständig oder in kleinen Gruppen. Nur ab und zu erklärt ihnen der Lehrer einen neuen Stoff, um sie danach gleich mit genügend

Übungsbeispielen einzudecken. »Für diese Kinder wäre es reine Zeitverschwendung, in einer regulären Klasse zu sitzen, wo sie stundenlang den Erklärungen des Lehrers folgen müßten, bis die anderen endlich begreifen«, erklärt einer der speziell ausgebildeten Pädagogen. Doron nimmt den Stoff der elften Schulstufe durch, in einem Alter, in dem er regulär erst in die siebente Klasse gehören würde. Das künstlich gezeugte Wunderkind rechnet ganz gerne. »Wenn ich ihm etwas erkläre«, erzählt der Lehrer anerkennend, »versteht er es sofort.« »Dabei«, so meint er, »ist Doron im Moment gar nicht so wißbergierig in Mathe wie einige der anderen Schüler.« Er hat eben noch andere Interessen.

Zum Beispiel: Bücher schreiben. Doron liebt es, sein Buch in der Buchhandlung im Verkaufsregal zu sehen, seine Mutter liebt das ebenso. »Sieh nur«, ruft sie erfreut, als sie wieder einmal die blau gebundenen, illustrierten »Geschichten des Dinosauriers George« entdeckt. Wohl zum hundertsten Mal, aber immer noch stolz, blättern die beiden den Band durch. Doron hat mit sechs Jahren die Rohfassung und mit zehn schließlich den endgültigen Text geschrieben. Die Großmutter sorgte dafür, daß das Werk auch publiziert wurde. Immerhin war Oma eine erfolgreiche Schriftstellerin. – Wie überhaupt die Verwandtschaft wohl auf ihn abgefärbt haben müsse, sinniert der Nachwuchsautor. »Ein großer Teil meiner Familie war intelligent. Meine Mutter und mein Vater sind sehr gescheit, mein Großonkel war ein Wissenschaftler oder sowas in der Art und mein Ururgroßvater war in den Goldminen.«

Doron weiß über seine Ahnen Bescheid – genauso wie über seine eigene Vergangenheit. Seine Mutter führt ihn regelmäßig in seine früheren Leben. Während der Reinkarnationsstunde liegt der Sprößling entspannt auf dem grünen Ledersofa, Afton Blake sitzt neben ihm im Ohrensessel. Bei gedämpftem Licht spricht die Mutter in ebenso gedämpftem Tonfall die Formeln, mit denen sich ihr Sohn in andere Jahrhunderte zurückversetzen können soll. Und Doron sieht sich als Zwölfjähriger, in einer fernen Zeit, zusammen mit seinem besten Freund, der seherische Fähigkeiten zu haben scheint. »Mein Freund sagt, ich würde Priester, in drei Jahren würde ich fortgehen von ihm«, erzählt Doron, wie in Trance, mit geschlossenen Augen. »Daß ich weggehe ist nicht meine Entscheidung, doch ich freue mich darauf.« Doch dann sieht er, daß er an einem Lungentumor erkrankt, er fühlt sich ganz elend.

Doron darf wieder aufwachen. Wieder glauben Mutter und Sohn zusammen ein paar Geheimnisse gelüftet zu haben: »Es ist offensichtlich«, erklärt die Mutter, »daß er heilende und fürsorgende Fähigkeiten hat, wie sie einst den Mitgliedern der Priesterklasse zu eigen waren.« In früheren Reinkarnationsstunden hatten die beiden herausgefunden, daß Doron in seinen vergangenen Leben auch schon Mathematiker und Wissenschaftler gewesen ist. »Das belegt also diesen Teil seiner Begabung«, sagt seine Mutter.

Für die Zukunft bedeutet das wohl nur Gutes. Daß sich Doron ein paar seherische Fähigkeiten in dieses Leben herüberretten konnte, ist zumindest für Afton Blake klar: »In zwanzig Jahren wird er dazu beitragen, daß dieser Planet ein besserer wird«, ist sie vom universellen Genie ihres Sohnes überzeugt.

Und Doron wirft schwungvoll seinen blonden Schopf zurück, während er über das ganze Gesicht grinst.

KÜNSTLICHE INTELLIGENZ

Klientin:	Die Männer sind alle gleich.
ELIZA:	In welcher Hinsicht?
Klientin:	Immer tyrannisieren sie uns, immer sollen wir dies oder jenes tun.
ELIZA:	Fällt Ihnen ein Beispiel ein?
Klientin:	Nun, mein Freund hat mich hierher geschickt.
ELIZA:	Ihr Freund hat Sie hierher geschickt …
Klientin:	Er meint, ich sei immer so traurig.
ELIZA:	Es tut mir leid zu hören, daß Sie traurig sind.
Klientin:	Es stimmt. Ich bin unglücklich.
ELIZA:	Glauben Sie, es wird Ihnen helfen, wenn Sie hierher kommen?
Klientin:	Ich brauche Hilfe, das auf jeden Fall.
ELIZA:	Was würde es für Sie bedeuten, wenn Sie Hilfe bekämen?
Klientin:	Vielleicht könnte ich lernen, mit meiner Mutter zurechtzukommen.
ELIZA:	Erzählen Sie mir mehr über Ihre Familie.

»Eliza«, die hier so einfühlsam wie eine Psychotherapeutin auf die Probleme der Klientin eingeht und Verständnis vermittelt, indem sie deren Aussagen wiederholt und mit gängigen psychologischen Floskeln ergänzt, ist in Wirklichkeit ein Computerprogramm.

Schon 1966 hatte sich Joseph Weizenbaum vom Massachusetts Institute of Technology (MIT) mit seinem Programm ELIZA dem legendären »Turing-Test« gestellt, einer Art »Intelligenztest« für Computer, bei dem das Programm den menschlichen Verstand so gut simulieren können muß, daß in einem stundenlangen, über Monitor und Tastatur geführten Frage- und Antwortspiel eine Unterscheidung von Mensch und Maschine nicht möglich ist.

Manche Beobachter sollen anfangs vom schulmäßigen therapeutischen Dialog von ELIZA beeindruckt gewesen sein. Doch dann überlistete Hubert L. Dreyfus, ein Forscher in Berkeley, ELIZA mit einem simplen Trick: »Ich bin glücklich«, vertraute er dem Programm an, um sich sofort zu korrigieren: »Nein, begeistert!« ELIZA mahnte den Wissenschaftler daraufhin, er möge seine negative Einstellung überdenken – das Programm sah einfach vor, auf Sätze, die mit einem »Nein« beginnen, so zu antworten.

Ein anderes Programm namens PARRY bestand den Turing-Test: Dieses simuliert einen paranoiden Patienten, der glaubt, die Mafia sei hinter ihm her. Etliche Psychiater waren nicht in der Lage, PARRY von einem echten Kranken zu unterscheiden. Der Trick des Programms: Wann immer es keine »intelligente« Antwort zustande brachte, warf es sein Lieblingsthema auf. Die Ärzte waren geneigt, das der vorgeblichen Paranoia anzulasten.

Seit ELIZA beim Test letztlich doch durchgefallen war, sind drei Jahrzehnte Forschung an der Künstlichen Intelligenz (KI) vergangen. Dutzende schnellebige Computer-Generationen später sind die Rechner schon wesentlich schlauer, doch der Kapazität des menschlichen Gehirns können sie dennoch nicht das Wasser reichen. Legendär sind inzwischen die amüsanten Fehlleistungen der Sprach-Übersetzungsprogramme: »T1« etwa übersetzte den Artikel eins der UN-Menschenrechtskonvention »All human beings are born free« mit »Alle Menschen sind umsonst geboren«, das Programm »Personal Translator« scheiterte an einfachen Bibelzitaten: »Wenn irgend jemand Sie auf die richtige Wange knallt, lassen Sie ihn auch auf Ihre linke Wange draufklatschen.«

Bedeutung erfassen oder rechnen

Für Computer der jüngsten Generation ist die menschliche Sprache nicht bis in ihre logischen Verästelungen faßbar. Und selbst Rechner, die hundertfach schneller wären als die heute verfügbaren, würden an die Leistungen der menschlichen Sprachintelligenz nicht herankommen. Angenommen, der Mensch könnte nur Sätze bilden, die aus maximal 20 Wörtern bestünden, ergäbe die wahllose Kombination rein rechnerisch hundert Trillionen mögliche Sätze. Wie viele dieser Sätze tatsächlich einen Sinn ergeben, wird ein Computerprogramm wohl niemals errechnen können – dazu müßte es bereits die menschliche Fähigkeit haben, die Bedeutung der Worte und aller Kombinationen zu erkennen.

Auch mit den riesigsten Datenbanken wurden bisher bloß bescheidene Erfolge erzielt. Zwar wurden die Programme mit Wahrscheinlichkeiten über Wortabfolgen gefüttert, die zuvor in gigantischen Versuchsanordnungen mit Testpersonen ermittelt wurden. Doch die daraus errechneten Sätze blieben dennoch meist unverständlich. An menschliche Sprache kamen die Ergebnisse jedenfalls bei weitem nicht heran.

Trotz gewisser Erfolge klafft zwischen den Ergebnissen der »Künstliche Intelligenz«-Forschung und aktuellen neurobiologischen Funden nach wie vor ein tiefer Abgrund. Das Gehirn ist nicht logisch organisiert, sondern arbeitet unüberschaubar vielschichtig. Mit jedem Forschungsergebnis wächst das Staunen der Neurobiologen über das Chaos in unseren Köpfen. Moderne Aufnahmeverfahren zeigen, daß Erinnerungen, Gefühle und Aufmerksamkeit nicht – wie bislang angenommen – in bestimmten Arealen lokalisiert, sondern eine Leistung des gesamten Gehirns sind.

Gegenstände werden nicht »abgebildet«, wie lange vermutet wurde. Das Gehirn arbeitet ganz offensichtlich nicht wie ein Computer, der Daten nach vorgegebenen Kategorien verarbeitet. Es ist nicht logisch verschaltete Materie, sondern ein sich selbst organisierendes System, das auf Außenreize mit Kreativität antwortet.

Der Traum der Kybernetiker

»Bereits jetzt«, meint der österreichische KI-Spezialist Robert Trappl vom Institut für Medizinische Kybernetik und Artificial Intelligence der Universität Wien, »können Computer besser Wurzelziehen als der Mensch und ebenso gut Schach oder Dame spielen.« Dazu ist es aber auch nicht notwendig, sich nach dem Vorbild der Natur zu richten. Auch Flugzeuge können fliegen – sie flattern aber nicht wie Vögel.

Doch längst suchen Forscher nach Künstlicher Intelligenz, indem sie die Nervenfasern des Gehirns mit einem in Schichten aufgebauten »Neuronalen Netzwerk« nachzuahmen versuchen. Diese Netzwerke sind fähig zu »lernen«, sie organisieren sich selbst. Anhand vieler Beispiele wird das Netzwerk trainiert, das die aktuellen Ergebnisse immer wieder mit den Sollwerten vergleicht, bis es selbst zu entsprechenden Ergebnissen kommt. »Bis heute«, bedauert Hans Moravec, Direktor des Mobile Robot Laboratory der Carnegie Mellon University of Pittsburgh, den bescheidenen Entwicklungsstand dieser Ansätze, »verfügen selbst die leistungsfähigsten Maschinen lediglich über Hirne, die eher denen von Insekten ähneln als denen von Menschen.«

Das größte Problem: Zwar sind Computer in der Lage, atemberaubende Rechenkunststücke zu vollbringen und enorme Datenmengen abzuspeichern – doch an der Lösung ganz alltäglicher Aufgaben scheitern sie. So gelang es einem der berühmtesten KI-Forscher, Marvin Minsky, nicht, einem Roboter beizubringen, einen Turm aus Bauklötzen zu errichten. Die Kamera-Augen konnten hinter- und übereinanderliegende Bausteine nicht genau genug erkennen, und der Roboter legte sie zu ungenau ab. Und mangels »gesunden Menschenverstandes« versuchte er zudem den Turmbau von der Spitze her zu beginnen.

»Dieser Gegensatz – daß Maschinen auf der einen Seite hervorragend bewältigen, was Menschen Schwierigkeiten bereitet«, schreibt Hans Moravec in seinem umstrittenen Buch »Mind children«, »und auf der anderen Seite schlecht können, was für uns leicht ist – ist ein höchst interessanter Ansatz für die Frage, wie man intelligente Maschinen konstruieren kann.«

Der Wettlauf um die Schlüsseltechnologie des nächsten Jahrtausends hat jedenfalls längst begonnen. Die größten Elektronik- und Computerkonzerne in den Vereinigten Staaten schlossen sich für das Vorantreiben der KI-Forschung in der »Microelectronics und Computer Technology Corporation« (MCC) zusammen, um die dafür benötigten enormen Geldmittel zu konzentrieren. England antwortete auf ein milliardenschweres KI-Programm der japanischen Regierung mit einem 500-Millionen-Dollar-Programm, und die Europäische Union startete das »Europäische Strategische Forschungsprogramm für Informationstechnologie« (ESPRIT).

Expertensysteme ersetzen Kopfarbeiter

Einer der großen Fortschritte, die der Computer mit sich brachte, ist seine Möglichkeit, enorme Datenmengen gespeichert zu halten. Die neuesten elektronischen Rechner können aber nicht nur Daten verarbeiten, sie können mit Wissen auch weiter operieren: Mit Hilfe der eingegebenen Informationen können Computer Zusammenhänge aufspüren, Regelmäßigkeiten, Analogien und Widersprüche aufdecken.

Solche Expertensysteme unterstützen und ersetzen bereits heute teure »Kopfarbeiter«. Tatsächlich erarbeiten auch menschliche Fachleute nur selten neues Wissen – moderne Expertentätigkeit besteht eher zu einem großen Teil aus der benutzerfreundlichen Aufbereitung und Anwendung bereits vorhandener Informationen.

Als eines der ersten leistungsfähigen Expertensysteme ist »MYCIN« berühmt geworden, ein Medizinprogramnm, das die Diagnose von Infektionskrankheiten durchführt und auch gleich die entsprechenden Therapiemöglichkeiten vorschlägt. Der Vorteil: Das System kann keine noch so seltene Variante »vergessen«, auch für weniger spezialisierte Ärzte wird das gesamte Spektrum der Wissensbasis verfügbar gemacht. Daß es gerade der Bereich der Medizin ist, für den unzählige Expertensysteme ausgearbeitet wurden, ist kein Zufall, bietet sich doch die vorgegebene Struktur von Symptom–Diagnose–Therapie geradezu für diese Art der Anwendung an. Mit den eingegebenen Untersuchungs- und Laborwerten checkt das Expertensystem MYCIN alle Alternativen durch:

> WENN 1. die Färbung des Erregers gramnegativ ist,
> UND 2. der Erreger ein Stäbchenbakterium ist,
> UND 3. der Patient ein Risikopatient ist,
> DANN ist es zu 60 Prozent wahrscheinlich, daß es sich bei dem Erreger um Pseudomonas handelt.

MYCIN beschränkt sich nicht nur auf die Erstellung von Diagnosen, sondern liefert auch eine mit Literaturangaben untermauerte Begründung für sein Ergebnis. Dabei arbeitet das Programm mit einer »ungenauen Logik«. Diese Technik, im Fachjargon »fuzzy logic« genannt, ermöglicht es dem Rechner, nicht nur eindeutige Ja- oder Nein-Entscheidungen zu treffen, sondern auch mit Begriffen wie

»etwas mehr« oder »nicht ganz« zu operieren. Jedes normale, rein binär-orientierte Programm würde etwa bei einem fehlenden Laborwert den Auswertungsvorgang abbrechen und stur nach weiteren Angaben verlangen. Fuzzy logic-gesteuerte Programme aber kompensieren solche Informationslücken, indem sie aus den vorhandenen Angaben – etwa durch Analyse bereits vorhandener Datensätze – auf den fehlenden Wert schließen.

Rechner ohne Intuition

Trotz aller Errungenschaften ist der große Durchbruch der Expertensysteme bisher ausgeblieben. Ein möglicher Grund: Computerprogramme können zwar präziser als Menschen jede mögliche Wenn-Dann-Beziehung herstellen, die persönliche oder soziale Situation eines Patienten wird dabei aber nicht berücksichtigt. Die menschliche Intuition des behandelnden Arztes kann kein Expertensystem ersetzen, so daß dieses trotz aller programmiertechnischen Fortschritte in der Praxis nur als »Entscheidungsunterstützungssystem« eingesetzt wird.

Wo es weniger auf zwischenmenschliche Interaktion ankommt, leisten Expertensysteme freilich schon Beachtliches: Ein amerikanischer Dosensuppenhersteller zum Beispiel hat das Know-how seines langjährigen Herstellungsleiters in einem Expertensystem für sich erhalten. Seit dessen Pensionierung überwacht nun das Expertenprogramm weitgehend selbständig sämtliche Produktionsprozesse und greift, wenn nötig, auch korrigierend ein.

Das erfolgreiche Expertensystem »XCON« soll gar an die 300 menschliche Fachleute ersetzen. Es überwacht in den Werkshallen eines amerikanischen Computerherstellers die Abstimmung der einzelnen Gerätekomponenten, von den Steckkarten über das Gehäuse bis zum Kabel.

Das »Service Bay Diagnostic System« (SBDS) ist ein Gemeinschaftsprojekt von Ford, Hewlett Packard und der Carnegie Group, das Mechaniker beim Inspizieren und Warten von Fahrzeugen unterstützt. Mit Hilfe des Expertensystems ist es möglich, in allen Vertragswerkstätten gleichwertige Serviceleistungen anzubieten und zudem immer auf dem laufenden zu sein.

Und noch ein herausragendes Beispiel: Das Geologie-Expertensystem »Proctor«, gefüttert mit dem gehäuften Geologenwissen aus neun Wissenschaftlerköpfen, fand 1981 eine bis dahin unbekannte Lagerstätte des Schwermetalls Molybdän im Wert von über 100 Millionen Dollar.

Um die Problemlösungskompetenz der Expertensysteme noch zu erweitern, arbeiten die Forscher bereits am nächsten Schritt: Für die Lösung großer Planungsaufgaben wird es nötig sein, der Wissensbasis auch das Wissen mitzugeben, das für jeden Menschen selbstverständlich ist – das Alltagswissen. »In wenigen Jahren«, ist Robert Trappl vom Institut für Medizinische Kybernetik und Artificial Intelligence der Universität Wien optimistisch, »werden intelligente Systeme nur zu verkaufen sein, wenn sie auch Umweltwissen beinhalten.« Daran wird bereits eifrig gearbeitet: Bei einem von den größten US-Computerfirmen finanzierten Projekt wird das Alltagswissen eines Durchschnittsamerikaners in einer Wissensbasis festgehalten.

Lernende Computer

Für Menschen ist es selbstverständlich, daß sie Probleme nicht nur mit bestimmten Regeln, sondern auch intuitiv lösen. Diese Fähigkeit sollen nun auch Computer lernen. »Case-based Reasoning«, das Problemlösen durch Auffinden analoger Beispiele in der Wissensbasis, »ist längst eingeführt und funktioniert vorzüglich«, berichtet Robert Trappl.

Möglich wurde diese Entwicklung durch die Parallelschaltung vieler Mikroprozessoren zu Supercomputern, wodurch die stundenlange Suche in riesigen Datenbänken in mehrere Parallelvorgänge zerlegt und so auf wenige Minuten beschränkt werden kann. Damit sind Computer erstmals in der Lage, auch komplexe Aufgabe, wie sie in der Wissenschaft häufig anfallen, zu lösen. So können beispielsweise das Durchsuchen eines Katalogs chemischer Reaktionen, die Identifikation von Bildern durch Vergleich einer Sammlung von Musterbildern und das Auffinden von Literaturstellen anhand komplexer Suchkriterien gleichzeitig absolviert werden. »Data mining« nennen die Wissenschaftler dieses Schürfen nach Wissen in den riesigen Datenminen.

Grundlage dieser Recherchemethoden sind lernfähige Rechnereinheiten, sogenannte Neuronale Netze. Sie sind die erste Stufe einer Kopie des Gehirns – Computer, die Rechner und Rechenspeicher zugleich sind und ganz anders funktionieren als herkömmliche Personal Computer: Ähnlich wie im Gehirn wird etwa ein Buchstabe nicht als Symbol gespeichert, sondern durch ein Muster unterschiedlich starker Verbindungen zwischen den einzelnen, miteinander verbundenen, künstlichen Neuronen. Durch Rückkopplung werden Neuronale Netzwerke lernfähig, sie können Erfahrungen sammeln und dadurch zu neuen Ergebnissen kommen.

Je nach ihrem Aufbau sind Neuronale Netze imstande, entweder durch die Anleitung eines »Trainers« zu lernen, indem sie geeignete Hinweise zur Problemlösung bekommen, oder überhaupt völlig selbstorganisiert und autonom »Erfahrung« zu sammeln. Dabei zeichnen sich die Neuronalen Netze durch ihre hohe Fehlertoleranz aus:

Auch verschwommene Bilder oder bis zu 50 Prozent gestörte Geräusche können noch einwandfrei identifiziert werden.

Das Ergebnis dieser maschinellen Lernprozesse kann weder vorhergesagt, noch der Lösungsweg später zurückverfolgt werden. Geeichten Computerexperten erscheint das mitunter unheimlich: Erstmals bietet eine Maschine Ergebnisse, von denen niemand mehr sagen kann, wie sie zustande gekommen sind. Deshalb sind die Lösungsstrategien Neuronaler Netze auch nicht im herkömmlichen Sinn nachprogrammierbar. Der Computer muß bei jeder neuen Aufgabe wieder ganz von vorne beginnen und in jedem Einzelfall die adäquate Lösung suchen.

Durch die Parallelverarbeitung sind Neuronale Netze um bis zu 10.000 Mal schneller als herkömmliche Rechner. Pro Sekunde können diese Neurocomputer bislang rund eine Milliarde Verbindungen zwischen 600 Neuronen herstellen.

Gemessen an den Fähigkeiten biologischer Systeme, stekken die künstlichen Denkmaschinen jedoch noch in den Kinderschuhen: Im großen Vorbild Gehirn sorgen rund 2.000 Milliarden Verbindungen zwischen den 100 Milliarden Neuronen pro Sekunde für die geistigen Fähigkeiten des Menschen. Dennoch werden Neuronale Netze bereits vielfältigst verwendet: zur automatischen Erkennung von Gesichtern oder Unterschriften, für Wirtschaftsprognosen oder auch in Robotern. – Und sie ermöglichen es dem Computer, sprechen zu lernen.

Sprechende Computer

Wer in der Nordwestdeutschen Klassenlotterie spielt, kennt die Stimme des Computers, die sich am Telefon meldet. Nach der Nennung der Losnummer gibt die Stimme in natürlicher Sprache Auskunft, ob und – wenn – wieviel gewonnen wurde.

Hinter der Stimme steckt ein von der Firma Dornier entwickelter Computer. Der kann gerade die für die Abfrage nötigen Wörter erkennen: die zehn Zahlen und einige Kommandowörter.

Fragt der Anrufer nach der Losnummer »einundzwanzig siebenundvierzig«, kann das System nichts damit anfangen. Um zu »verstehen«, benötigt es vielmehr die Angabe »zwei, eins, vier, sieben«. Dennoch ist die Leistung beachtlich: Egal, ob der Anrufer die Stimme eines alten Mannes oder die eines kleinen Mädchens hat, ob er in breitestem Dialekt oder in lupenreinem Hochdeutsch fragt, der Computer am anderen Ende der Leitung ist imstande, die Ziffernfolge zu erkennen und die richtige Antwort zu geben.

Neuronale Netze sind in der Lage, durch geeignete Anleitung Sprechen zumindest in einfacher Form zu lernen. Ähnliche Systeme wie die der Klassenlotterie werden zukünftig auch Auskünfte über Zug-, Flug- oder Busverbindungen geben.

Durch Computer den Menschen begreifen?

Die Technologie der Neuronalen Netze ermöglicht es nicht nur, Hirnfunktionen zu simulieren, die Neuroinformatik zeigt auch, daß die Lernprozesse in den biologischen und technischen Netzwerken denselben Gesetzmäßigkeiten zu unterliegen scheinen.

Wenn Kinder sprechen lernen, verwenden sie in der Vergangenheitsform sehr oft Zeitwörter, die sie nach den Deklinationsregeln für sogenannte »starke« Zeitwörter gebildet haben. Sie sagen »singte« statt »sang« oder »laufte« statt »lief«. Neuronale Netzwerke, so hat sich gezeigt, haben ähnliche Anlaufschwierigkeiten: Werden einem Netzwerk von zweimal 460 Neuronen 400 Wortstämme und ebenso viele Vergangenheitsformen vorgesprochen, beginnt das Netzwerk die korrekte Zuordnung von Vergangenheitsform und Wortstamm zu lernen. Nach 79.900 Lerndurchgängen hat das System seine Lektion gelernt. Die Lernkurve des »bionischen Gehirns« entspricht dabei nahezu exakt der Lernkurve von Kindern.

Die typischen Fehler in der Anfangsphase unterlaufen jedoch auch dem Computer. Manfred Spitzer, Mediziner, Psychologe und Philosoph aus Heidelberg, schreibt in seinem Buch »Geist im Netz«: »Die Tatsache, daß das Netzwerkmodell nicht nur in ähnlicher Weise wie Kleinkinder seine Leistung über die Zeit verbessert, also lernt, sondern sogar in einer bestimmten Phase die gleichen Fehler macht wie Kinder, kann als starkes Argument dafür gewertet werden, daß Kinder und Netzwerke in ähnlicher Weise lernen.«

Rechner können heute bereits gesprochene Texte verstehen und niederschreiben und sie von einer Sprache in die andere übersetzen, und sie können selbst mittels gesprochener Befehle gesteuert werden. Mit Hilfe solcher bereits am Markt erhältlichen Spracherkennungsprogramme entwickelte der Mathematiker Thomas Wetter am Institut für Informatik der Universität Kaiserslautern ein System, das Blinden und Sehbehinderten die Arbeit am Computer ermöglicht. Sein System teilt dem sehbehinderten oder blinden Menschen mit Worten mit, welches Fenster am Bildschirm gerade geöffnet ist und welche Symbole angesteuert werden können. Der Computer sagt, welche Aktion er gerade vom Benutzer erwartet. Der blinde Benutzer kann wiederum den Computer per Sprachkommandos steuern. Sagt er »Nächster Abschnitt«, springt der Rechner zum nächsten Absatz eines Textes, »Stopp« unterbricht alle gerade laufenden Aktionen. Kommt es zu einem Mißverständnis zwischen dem Rechner und seinem blinden Benutzer, genügt die Frage »Was kann ich sagen?«, und das System nennt erneut das gerade aktivierte Fenster.

Solche sprachlichen Kommandosysteme könnten Blinde in Zukunft unabhängiger machen. Ihre elektronische Post zum Beispiel werden sie selbständig per Internet abwickeln können.

Weniger positive Auswirkungen könnten die maschinellen spracherkennenden Systeme auf die Arbeitsplatzsituation haben: Wenn Expertensysteme die eingehende Post selbständig lesen und bearbeiten und auch gleich die Antwortbriefe verschicken können, werden Sachbearbeiter entbehrlich: Schreibgeräte, in die man den Text direkt diktieren kann, sogenannte Speach- oder Talkwriter, ersetzen Sekretärinnen.

Roboter

Mitte der sechziger Jahre begannen Marvin Minskys Studenten am Massachusetts Institute of Technology (MIT) erstmals, Fernsehkameras und mechanische Roboterarme mit ihren Computern zu verbinden. Damit war der Grundstein gelegt, Künstliche Intelligenzen mit Augen und Händen auszustatten, so daß sie selbst planen und handeln konnten. Der Science-fiction-Autor Isaac Asimov hatte der neuen Wissenschaftsdisziplin schon 1942 einen Namen gegeben: Robotik, nach dem Wort »Roboter«, das der tschechische Bühnenautor Karel Čapek 1921 kreiert hatte.

Die elektronisch gesteuerten, mit Greifern oder Werkzeugen ausgestatteten Automaten, die standardisierte manuelle Arbeiten ausführen konnten, traten als Industrieroboter alsbald ihren Siegeszug in den Produktionshallen an.

Immer kniffliger werden heute die Aufgaben, die die automatischen Sklaven des Menschen möglichst selbständig übernehmen sollen: Ein Prototyp namens »Kurt« entsteht derzeit in Köln, wo noch an seiner Motorik und am Orientierungssinn gebastelt wird. Kurt wird darauf getrimmt, sich auf die Suche nach Schäden im zum Teil sehr engen Kanalnetz zu machen und die entstandenen Lecks auch gleich zu stopfen. Zusammen mit gleichartigen Brüdern soll Kurt in einigen Jahren eine permanente Überwachung der Rohre gewährleisten. Die Roboter sollen sich untereinander verständigen können sowie direkt mit der Leitstelle verbunden sein. Ähnliche, aber noch einfachere »Rohrkrabbler« – raupenähnliche Gestalten mit Augen und vier Reihen von Rädern entlang des walzenförmigen Körpers – sind bereits heute in Gasrohren und im Kühlkreislauf von Atomkraftwerken unterwegs. Die hängen aber noch an Verbindungskabeln und werden per Joystick gesteuert.

Weltweit war 1994 bereits ein Heer von 610.000 Robotern im Einsatz, als am Artificial Intelligence Laboratory des MIT das bislang ehrgeizigste Projekt der Robotik in Angriff genommen wurde. »Cog, the Robot« soll als Prototyp eines menschenähnlichen Roboters die geistigen und körperlichen Fähigkeiten eines sechs Monate alten Kindes nachbilden. Er wird mechanische Augen haben, Ohren und Arme, verbunden mit einem Netzwerk von Mikroprozessoren, die als sein Gehirn funktionieren werden.

Sein Schöpfer Rodney Brooks hofft, daß Cog durch die Interaktion mit seiner Umwelt lernen wird, Gesichter zu erkennen und Objekte aufzufinden. Der Roboter mit dem menschlichen Aussehen und Können soll auch auf viele andere visuelle und auditive Reize antworten – genauso wie ein Kind es tut. Wenn das Projekt erfolgreich ist, so die selbstbewußten KI-Forscher vom MIT, wird Cog der intelligenteste Roboter sein, der bis dato zusammengebastelt wurde.

Warum Cog einen »menschlichen« Körper haben muß? Nur dann, so sind die Wissenschaftler überzeugt, könnte

Cog wie ein Mensch eine vergleichbare Perspektive von seiner Umwelt haben und ähnliche »innere Gedanken« spinnen. Der zweite Grund wird in der Homepage des »Cog-Shop« so dargelegt: »Ein wichtiger Aspekt des Menschseins liegt in der Interaktion mit anderen Menschen. Damit ein Roboter das intellektuelle Niveau eines Menschen erreichen kann, braucht er möglichst intensiven kommunikativen Kontakt mit Menschen. Mit einem vertraut wirkenden Roboter mit menschenähnlichem Körper fällt es den meisten leichter, mit ihm auch in einer menschlichen Art zu verkehren. So kann Cog aus seinen Erfahrungen lernen, was nicht möglich wäre, würden wir nur eine körperlose menschliche Intelligenz entwickeln. Weil es dann keinen Grund gäbe, mit ihm in der typischen menschlichen Art zu interagieren.«

Die Evolution imitieren

Sie wirken verspielt, die Wissenschaftler, die sich zum »Wettstreit der Roboter« getroffen haben. Da wieseln, rollen, schreiten und krabbeln die Roboterwesen herum, die – geht es nach dem Willen der KI-Forscher – auf dem besten Weg sind, zu künstlichen Lebewesen zu werden: ausgestattet mit den unterschiedlichsten Körpergestalten, mit Augen, Ohren und anderen künstlichen Sinnesorganen und mit einer Stimme, mit der sie sprechen können.

Die meisten in den Laboratorien der KI-Forscher aktiven autonomen Robotermodelle ähneln mehr den selbstkonstruierten High-tech-Spielzeugautos technikbegeisterter Knaben als Menschen. Einer wirft mit einer schnellen Drehbewegung einen Tischtennisball weit von sich, der zweite folgt seinem Herrn aufs Wort und dreht sich auf Zuruf einmal rechtsherum und dann wieder linksherum, rollt vorwärts oder rückwärts. Der dritte soll gelbe Klötzchen in ein Loch stecken, die größeren roten Klötzchen aber soll der Roboter mit dem zangenartigen Greifarm liegen lassen. Nach einiger Zeit hat der Roboter den Zusammenhang zwischen Farbe und Größe festgestellt und damit sein Verhalten optimiert.

Manche Forscher, wie Rodney Brooks vom MIT, interpretieren die bunten und vielgestaltigen Miniroboter als künstliche Tiere, die ihnen Aufschluß geben sollen, »was Leben ausmacht«. Angeblich haben die kleinen künstlichen Tierchen in den Labors bereits die Intelligenz von Insekten – hochkomplexes Sozialverhalten wie bei Bienen oder Ameisen sucht man allerdings noch vergeblich.

Aber die autonomen Roboter emanzipieren sich zunehmend von der Macht ihrer Schöpfer: Kein vorgefertigtes Programm schreibt ihnen ihr Tun vor, sondern sie entscheiden aufgrund ihrer Erfahrung, auf welchem Weg sie ihr Ziel erreichen.

Überlebenskampf

Kopfgroße Roboter, mit vielen Sensoren ausgestattet und mit einem PC samt Batterie im Herzen, können sich in ihrer künstlichen Umwelt frei bewegen. Damit sie überleben können, müssen sie regelmäßig an einer Zapfsäule Strom tanken. Dabei stehen die Roboter nicht nur in Konkurrenz untereinander, sondern müssen immer wieder die »Parasiten« bekämpfen – Kübellampen, die ihnen den Strom aus der Zapfsäule absaugen wollen.

»Zunächst ›wußten‹ die Roboter nicht einmal«, berichtet Luc Steels vom Artificial Intelligence Laboratory der Freien Universität in Brüssel von seinen Versuchen, »daß sie zur Ladestation gehen sollten. Auch nicht, daß sie im Wettbewerb standen. Aber die Versuche haben gezeigt, daß sie das herausfinden können.«

Je nachdem, wie ihre Umwelt verändert wird, entwickeln sich die autonomen Roboter zu kooperierenden Wesen, die jeweils zu zweit zusammenarbeiten, um an den »lebenswichtigen« Strom heranzukommen, oder sie lernen einander an den individuellen Geräuschen kennen, um Freund und Feind zu unterscheiden.

Schließlich lernen die Kopfroboter sogar, »miteinander zu sprechen«. Ausgestattet mit der Fähigkeit, Laute zu bilden, aber bar jeden Wortschatzes, beginnen sie ihre eigene Sprache zu entwickeln: Der eine Roboter zeigt auf sich und sagt »Wu«. Hat sein Partner »verstanden«, was damit gemeint ist, wird das Wort in einem Lexikon abgelegt und bei Bedarf wieder hervorgeholt. So bilden die Roboter ständig neue Wörter, manche setzen sich durch, neu hinzukommende Roboterindividuen bringen ihre eigenen Wörter mit, andere Begriffe gehen mit ausscheidenden Robotern verloren, es entstehen Synonyme oder Doppelbedeutungen.

Wissenschaftler wie Steels glauben, daß nur ähnliche Vorgänge wie bei der biologischen Evolution wirklich intelligente künstliche Wesen hervorbringen können. Es käme nur darauf an, zu verstehen, nach welchen Prinzipien sie funktionieren, und sie dann im Labor in Gang zu setzen. Der bislang eingeschlagene Weg vieler Naturwissenschaftler führe nicht zum Ziel, das Wesen der Intelligenz zu verstehen. Diese Reduktionisten glauben, daß sie Intelligenz verstehen könnten, sobald sie die biologischen Mechanismen bis ins kleinste Detail geklärt haben. »Man muß auf das Ganze schauen«, sagt Steels, »und nicht auf Teile davon.« Komplexität sei mehr als die Summe aller Teile und könne nur aus der Dynamik und der Interaktion mit der Umwelt entstehen. »Lebendige Systeme müssen sich selbst erhalten und daher egoistisch sein«, glaubt der KI-Forscher. »Autonome Roboter müssen daher mit demselben Drang ausgestattet werden, sich selbst zu erhalten. So würde das System zunehmend komplexer werden.« Chaos und Selbstorganisation sind die Grundlage dazu.

Assistenten aus Bits und Bytes

Um Leben nachzuahmen, brauchen »intelligente« Wesen nicht unbedingt einen Körper zu haben. Leben kann auch elektronisch nachgeahmt werden: virtuelle Roboter in einer virtuellen Welt.

Einfache dienstbare Geister, sogenannte »Nobods«, sind bereits heute als »Informationsagenten« in den zum globalen Internet vernetzten Datenbanken unterwegs und suchen nach bestimmten Informationen. »Softwareagenten« arbeiten nach vorgegebenen Zielen, ohne daß der Anwender dabei im vorhinein genau definieren müßte, welche Angaben und Problemstellungen auf das Programm zukommen. Sie könnten, so die Vorstellung der Experten, etwa Reisen buchen, indem sie im Internet Reisebüros abklappern und sich die Angebote durchsehen, sie mit den vorgebrachten Wünschen des Auftraggebers vergleichen und die besten daraus aussuchen. Mit den zwei oder drei in die engere Wahl gezogenen Angeboten holt sich der Softwareagent das »O. K.« vom Benutzer und bucht daraufhin selbsttätig die gewünschte Reise.

In Australien soll bald ein computerunterstütztes Flugleitsystem zum Einsatz kommen: Jedes Flugzeug, so der Plan, bekommt einen eigenen Agenten zugewiesen, der bei der Flughafengesellschaft (oder bei deren virtuellem Agenten) vor der Landung das zugewiesene Gate in Erfahrung bringt, mit dem Tower klärt, ob der Luftraum frei ist, oder bei den üblichen Verspätungen einen neuen Plan für die reibungslose Abwicklung erstellt.

In Zukunft sollen derlei Agenten zu vollwertigen Gesprächspartnern, zu Persönlichkeiten mit menschlichen Zügen werden. So wollen KI-Forscher solche Programme nicht nur mit einem Bildschirmgesicht ausstatten, sondern ihnen auch individuelle Eigenschaften verleihen. Wie mit einer realen Person könnte sich der Computernutzer dann mit dieser virtuellen, intelligenten Comuteranimation unterhalten und ihr seine Wünsche mitteilen. Nach dem sogenannten »BDI«-Modell erhalten die Agenten »Believes, Desires und Intentions«, also eine Art grundsätzlicher Lebenseinstellung, Wünsche und Vorsätze, aber auch Bedürfnisse, Tatkraft und Motivation. Diese virtuellen Persönlichkeiten sollen auch langfristige Pläne entwickeln und umsetzen können.

Intelligente Zimmer

Stephan hat sich wieder in das »Intelligente Zimmer« zurückgezogen. Kameras und Mikrophone, die strategisch im Zimmer verteilt sind, lassen den jungen Mann »nicht aus den Augen«. Das dahinterliegende Computersystem verrechnet augenblicklich alle eingehenden Daten. So nimmt das Programm »Pfinder« (Personen-Finder) zu jeder Zeit wahr, was Stephan gerade wo macht, und kann so auf seine Wünsche reagieren. Während einer wichtigen Unterredung schaltet das System beispielsweise keine Anrufe durch.

»Pfinder« weiß aber auch, ob es tatsächlich Stephan ist, der sich gerade im Zimmer aufhält, oder sein Freund Martin. Mehrere hundert Leute erkennt der Computer mit 99prozentiger Sicherheit. Ein anderes Programm ist sogar in der Lage, aus dem Gesichtsausdruck zu schließen, ob die anwesende Person gerade traurig, erschrocken oder böse ist.

Stephan hat eben Zeit und Lust auf ein Computerspiel. Der große Bildschirm an der Zimmerwand versetzt seinen

Körper in eine virtuelle Welt. Ganz ohne Tastatur, Joystick und Maus, ohne behindernde Datenhandschuhe und ohne Datenhelm kann er sich so in virtuelle Welten begeben oder multimediale Informationen abrufen.

Da ist Silas, der Cyber-Hund, am Schirm. Stephan tut so, als würde er einen Stock aufheben und weit wegwerfen – Silas rennt weg und apportiert.

Stephan sagt dem System, daß er nun das Computerspiel dort fortsetzen möchte, wo er letztes Mal aufgehört hat. Da nähert sich in der Szenerie ein Feind von links. Stephan dreht sich in seinem Zimmer nach links, hebt die Hand mit der virtuellen Pistole, zielt und ruft »Peng!« – schon ist der virtuelle Gegner ausgeschaltet.

Fünf derartige Räume haben Forscher bereits eingerichtet, drei in Boston, einen in Japan und einen in Großbritannien. Weitere Installationen sind in Paris, New York und Dallas geplant. Jedes dieser Zimmer ist mit mehreren Computern bestückt, keiner davon ist leistungsfähiger als ein herkömmlicher PC, dafür wird arbeitsteilig vorgegangen: Einer analysiert die Bilder, der andere die Töne, und der dritte ist für Mimik und Gesten zuständig. Je mehr Fähigkeiten das intelligente Zimmer haben soll, desto mehr PCs sind nötig.

Solche elektronische Butler, glaubt Alex P. Pentland, Leiter einer Gruppe von 50 Forschern am Medienlabor des MIT, die den »smart room« entwickelt haben, werden in Zukunft unauffällig in die Wände von Wohn- und Arbeitsräumen integriert werden. Sie halten sich stets im Hintergrund, sind aber zur Stelle, wenn sie dem Menschen behilflich sein können. Sie wissen zu jedem Zeitpunkt, wo sich die Kinder gerade aufhalten und ob sie gerade etwas Gefährliches anstellen. Weil das intelligente Zimmer über seine Bewohner Bescheid weiß, kann es auch intelligent auf seine Handlungen reagieren. Auch taubstumme Menschen werden vom »smart room« verstanden, weil das Zimmer die Gestensprache der Taubstummen interpretieren kann.

Alex Pentland werkt auch bereits an weitergehenden Anwendungen der aufwendigen Technologie. Tragbare Systeme könnten in die Kleidung eingebaut werden. Der persönliche Assistent folgt so seinem Herrn auf dem Fuß und flüstert ihm zu, wen er gerade getroffen hat. Praktischerweise ließe sich da auch gleich eine Menge herkömmlicher Elektronik – vom Handy über den Walkman bis zum Internet-Anschluß – integrieren. Mit einem Empfänger für die Signale von Navigationssatelliten in den Schuhen würde sich der Träger zudem nie wieder verirren.

Der elektronische Butler ließe sich aber auch in Autos einbauen. Zusammen mit der Firma Nissan baut Andy Lju vom MIT am intelligenten Auto. Sensoren registrieren laufend Augen-, Hand- und Fußbewegungen des Fahrers und vergleichen sie mit den Umgebungsdaten. So beobachtet das intelligente Auto ständig das Geschehen und warnt rechtzeitig vor Lastwagen, die im toten Winkel herannahen. Das Programm soll sogar in der Lage sein, auf Fehler zu reagieren, die noch gar nicht gemacht wurden: Es soll schon an der Handhaltung des Fahrers erkennen, daß er beispielsweise gleich die Spur wechseln will.

Künstliche Intelligenz kann töten

Von den Entwicklungen der militärischen KI-Forschung dringt nur ein Bruchteil ans Licht der Öffentlichkeit. Bekannt wurden lediglich einige technische Errungenschaften, die aus der »Strategic Computing Initiative« der Amerikaner entstanden sind:

»Autonomous Land Vehicles« sind Roboterfahrzeuge ohne Besatzung, die Hindernisse umfahren und bei Geschwindigkeiten von sechzig Kilometern pro Stunde taktische Manöver sowie Angriffs- und Verteidigungsaktionen durchführen. Herz des autonomen Vehikels ist ein leistungsfähiges Expertensystem, das bis zu 7.000 Regelanwendungen pro Sekunde bewältigt. Transportroboter für unwegsames Gelände, die sich auf gebogenen Beinen stapfend fortbewegen, werden ebenso entwickelt wie Beobachtungs- und Kampfroboter.

»Vision System« ist ein militärisches Expertensystem, das visuelle Daten von Aufklärungsflugzeugen in Echtzeit auswerten können soll. Schon jetzt bereitet die Fülle der Daten, die von den Spionagesatelliten ununterbrochen übermittelt wird, größte Probleme. Bild- und mustererkennende Computersysteme sollen die Informationen sichten und auswerten.

»Pilot's Associates« heißt eine Serie von neun Expertensystemen, die Piloten im Kampf vielfältige Dienste leisten. Darunter fällt die Planung von Kampftaktiken, die Überwachung der Hauptsysteme des Überschallflugzeugs, die Navigation und das Anvisieren von Zielen. Das System steht mit dem Piloten über Spracherkennung und Sichtbildanzeigen in Verbindung.

»Battle Management System« ist ein Expertensystem für die Seeschlachtführung mit über 10.000 Regeln, das die Kampfflieger eines Flugzeugträgers bei der Kooperation der Ressourcen und Taktiken während eines Konfliktes unterstützt.

»Interessanterweise machen die Expertensysteme die Kampfführung nicht nur effizienter«, weiß der Wiener KI-Experte Robert Trappl, »sondern auch verwundbarer. Denn wenn die Entscheidungen überwiegend durch Programme gefällt werden, sind sie für einen Gegner, der das Programm kennt, auch vorhersagbar.«

Damit es gar nicht erst soweit kommt, haben sich Informatiker zusammengeschlossen, um Künstliche Intelligenz nicht nur zur effizienten Kriegsführung, sondern zur Vermeidung oder Beendigung von Kriegen einzusetzen. Vielleicht, so die Überlegung der beiden Gruppen »Informatiker für Frieden und gesellschaftliche Verantwortung« in Deutschland und »Computer Professionals for Social Responsibility« auf internationaler Ebene, kann die Künstliche Intelligenz dazu beitragen, Probleme zu lösen, zu denen unsere menschliche Intelligenz bisher nicht ausgereicht hat. Drei Stoßrichtungen sind vorstellbar, um »Peacefare« statt »Warfare« zu fördern:

Durch die automatische Analyse von Texten (etwa die Reden von Politikern) durch spezielle Expertensysteme könnten krisenhafte Entwicklungen frühzeitig erkannt werden.

Aus Krisen- und Kriegsdatenbanken könnten mit Hilfe von Expertensystemen vergleichbare Konfliktsituationen herausgefiltert werden, um zu sehen, welche Konfliktlösungsmethoden in diesen Fällen geholfen haben, einen Krieg zu vermeiden.

Ein »intelligentes« Computersystem könnte aus hunderten in Datenbanken gespeicherten Vermittlungsfällen jene Entscheidungsmechanismen und Vorhersageregeln lernen. So könnten nicht nur die Chancen eines Vermittlungsversuchs besser abgeschätzt, sondern auch Empfehlungen für die Auswahl einer geeigneten Vermittlungsstrategie gegeben werden.

Der Computer als Prothese

Visionäre träumen bereits von implantierten Interfaces, die es ermöglichen sollen, gänzlich in virtuelle Welten einzutauchen: die Maschine als Erweiterung des Bewußtseins oder – wie Pessimisten es empfinden – der Mensch als Anhängsel der Maschine.

Ungeachtet der vielfältigen Phantasien, die mit einer

Kopplung des menschlichen Geistes mit elektronischen Superrechnern einhergehen, wird eine komplexe und innige Verbindung auch in nächster Zukunft nicht möglich sein. Dennoch beschäftigen sich viele Experten damit, Computersteuerung mittels Nervenimpulsen zu bewerkstelligen. Sie suchen nach Möglichkeiten, ohne Tastatur und Maus mit dem Computer Kontakt aufnehmen zu können. Bisher ist es ihnen immerhin schon gelungen, die marginalen Spannungsänderungen beim Anspannen von Muskeln oder auch die durch Konzentration entstehenden Veränderungen der Gehirnströme zur Steuerung von Computern nutzbar zu machen.

Lahme gehend, Blinde sehend machen

Das Kleinkind hatte als Baby eine schwere Verletzung des Rückenmarks erlitten. Die behandelnden Ärzte fürchteten, daß die körperliche Behinderung die Entwicklung des Gehirns beeinträchtigen könnte, weil die nötigen vielfältigen Seherfahrungen weitgehend fehlen würden, und sannen auf Abhilfe: Sie legten dem eineinhalbjährigen Mädchen ein spezielles Kopfband mit Elektroden um. Ganz ohne Erklärung fand die Kleine sehr bald heraus, wie sie mit ihren Augen ein lachendes Gesicht auf einem Bildschirm hin- und herbewegen konnte.

Auf diese Weise wird die schon lange bekannte Tatsache genutzt, daß auf der Netzhaut eine sich je nach Veränderung des Blickwinkels kontinuierlich verändernde Spannung entsteht. Dieses elektrische Potential kann abgeleitet und für die Steuerung eines Computer-Cursors oder eben einer Figur verwendet werden. So kann Heather Black, ein vom Hals abwärts zerebral völlig gelähmtes sechzehnjähriges Mädchen, mit ihren Augen Wörter in blinkenden Quadraten auf einem Monitor fixieren, um daraus Sätze zusammenzustellen. Elektroden am Hinterkopf nehmen die Nervenimpulse auf, eine entsprechende Software interpretiert das Signal, und das Resultat erscheint in der Zeile am unteren Rand des Bildschirms. So lassen sich nach viel Übung nicht nur ganze Sätze bauen, sondern durch eine stete Folge von Blicken können komplette Dokumente erstellt werden.

Diese Technik zum Verfolgen der Blickrichtung funktioniert mittlerweile so zuverlässig, daß die von den beiden amerikanischen Forschern Hugh Lusted und Benjamin Knapp gegründete Firma Biocontrol Systems zusammen mit Ärzten der Stanford University in Kalifornien an einer Methode arbeitet, einem Chirurgen während der Operation das Steuern eines Endoskops mit den Augen zu ermöglichen. Seine Hände blieben frei für die Arbeit mit den mikrochirurgischen Instrumenten.

Noch ehrgeiziger ist das Ziel jener Neurotechnologen, die eine direkte Verbindung zwischen elektronischen Chips und Neuronen herstellen wollen. Bislang gab es nur relativ einfache technische Ersatzteile für den Menschen in Form von künstlichen Gelenken und Herzklappen, Hörgeräten oder Herzschrittmachern. In Zukunft sollte es möglich werden, durchtrennte Nerven durch impulsleitende Mikroprozessoren wieder zusammenzuführen (und damit Gelähmte zum Gehen zu bringen) oder Reize aus künstlichen Sinnesorganen mit den Schaltstellen im Gehirn zu verbinden. Taube sollen wieder hören und Blinde wieder sehen können.

Schon heute läßt sich mit einem elektronischen Implantat die Kluft zwischen dem Ohr und den Hirnzentren schließen. Dazu wird ein sonnenblumenkerngroßes Siliconplättchen mit 21 Elektroden auf den Hörkern im Hirnstamm, die erste Schaltstation für akustische Signale im Hirn, gelegt. In den Schädelknochen des betroffenen tauben Patienten passen Chirurgen einen Stimulator ein, der über ein Kabel die Elektroden je nach den eingehenden Impulsen steuert, die ein kleiner Sprachprozessor von außen drahtlos überträgt.

Die Forscher arbeiten fieberhaft an der Miniaturisierung elektronischer Schaltungen und suchen nach Materialien, die sich auch dauerhaft implantieren lassen, ohne das Gewebe zu schädigen.

Jedes Jahr verlieren allein in Deutschland 2.500 Menschen ihr Augenlicht. Künstliche Augen, an denen amerikanische und deutsche Forschergruppen seit 1995 arbeiten, könnten ihnen wieder zu mehr Lebensqualität verhelfen. Am KI-Zentrum des Massachusetts Institute of Technology wurde bereits eine künstliche Netzhaut entwickelt und an Kaninchen getestet: ein vier Quadratmillimeter großer Chip mit einem sechs Millimeter langen Schwanz, auf dem 25 Elektroden sitzen. Und so soll die Sehhilfe funktionieren: Eine Brille mit eingebauter Kamera soll die Augen ersetzen und die Bilder in Impulse übersetzen. Diese werden per Laser zum Chip auf der Netzhaut übertragen und an den Sehnerv weitergeleitet.

Andere amerikanische Forschergruppen experimentieren bereits am Menschen. Patienten, die sich freiwillig meldeten, wurden Elektroden ins Auge geschoben, worauf es ihnen möglich war, wandernde Lichtpunkte zu erblicken. An der Universität Utah stimulieren Wissenschaftler direkt die Sehrinde im Gehirn, dort, wo der Mensch die eingehenden Impulssalven der Neuronen zu einem kompletten Bild endmontiert. Immerhin konnten die Versuchspersonen auf diese Art bereits einen diffusen Lichtschein wahrnehmen.

Ein anderer Ansatz ist der Bau von winzigen Elementen, die 100 mal 100 lichtempfindliche Rezeptoren enthalten. Die damit erzeugten Stromimpulse könnten, so die Hoffnung der Forscher, an ein lernfähiges Neuronales Netz, das in die Netzhaut implantiert ist, weiterleiten.

Bücher lesen werden solcherart behandelte Blinde wohl

nicht so bald können, da die 20 oder 100 Mikroelektroden bestenfalls ein äußerst grobes Rasterbild ergeben; beim gesunden Menschen hingegen sorgen mehr als eine Million Nerven für den Transport der unendlich vielen Eindrücke vom Auge zum Gehirn.

Künstliche Menschen

Auch wenn die Probleme heute noch unlösbar scheinen, denken manche Wissenschaftler bereits daran, auch höhere Hirnfunktionen durch technische Hilfsmittel zu ersetzen. Der Gedanke, defekte Hirnbereiche nach Schlaganfällen oder bei Alzheimererkrankungen mittels eines eingepflanzten Chips zu kompensieren, klingt bestechend. »Diese Hirnprothesen dürfen keinem eingebauten Programm gehorchen«, erklärt Hans Werner Bothe, Neurochirurg aus Hannover, in seinem Buch »Die Evolution entläßt den Geist des Menschen«, »sondern sie müssen vor der Implantation leer und erinnerungsfrei strukturiert sein wie Embryonalzellen.« Einmal ins Gehirn verpflanzt, könnten sie »vorbehaltlos lernen« (Bothe).

Patienten mit einer neuronalen Prothese als Ersatz für das Sprachzentrum müßten wie kleine Kinder wieder sprechen lernen, was aber in kürzester Zeit gelänge.

Luc Steels, Direktor des Artificial Laboratory an der Freien Universität Brüssel, glaubt, daß diese Hirnprothesen nicht zu sehr an die natürlichen Mechanismen angelehnt werden dürften. »Plug-in-Module« für neue Sprachkenntnisse mit Vokabular und Grammatik sollten sofort benutzbar sein und keine langen Übungsphasen benötigen.

Gehirnprothesen könnten schon bald den behinderten Menschen »zu Gedächtnisleistungen eines Computers befähigen«, hofft Marvin Minsky. Die technische Basis dafür wären Biochips: Mit dem Eiweißstoff der Purpurbakterien könnten wesentlich kleinere Rechnereinheiten mit wesentlich höherer Kapazität als herkömmliche elektronische Schaltungen gefertigt werden.

KI-Guru Marvin Minsky träumt vom perfekten Menschen der Zukunft, der, ausgestattet mit der Gehirnprothese, Schwächen wie Konzentrationsmangel, Aberglauben, Depressivität und Vergeßlichkeit ablegt. »Wer dann Probleme hat, braucht keine Psychotherapie mehr«, ist Minsky überzeugt. »Sie schreiben am Computer einfach die Teile des Programms um, die nicht gefallen.«

»Zum ersten Mal in der Geschichte der Menschheit«, schwelgt auch Hans Werner Bothe in den zukünftigen Perspektiven, »führt eine wissenschaftlich-technische Entwicklung zur schrittweisen neuronalen Kopie des Menschen, mit dem Ziel, seine Identität zu wahren.« Erst würden sich neuronale Arme aus Kunststoff und hydraulischen Muskeln bewegen, glaubt der deutsche Neurochirurg vorhersagen zu können – »am Ende wird der Mensch auf einem künstlichen Träger existieren können.«

Ganz in diesem Sinn zeichnet auch der Belgier Luc Steels einen ähnlichen Weg zum »Homo cyber sapiens«. Diese Menschenform könnte »letztlich auch außerhalb des menschlichen Körpers existieren« und würde damit »unabhängig von der biologischen »Wetware« – und so zu einer Form der »Unsterblichkeit« führen (Steels).

Fehlende Nerven – Chips-Verbindung

Das Kardinalproblem all dieser Visionen ist bislang freilich noch ungelöst: Die ungehinderte Kommunikation zwischen Elektronik und Neuronen, die Entwicklung eines geeigneten »Brain-Computer-Interface«, steht noch aus. Gelänge eine direkte Verbindung zwischen Gehirn und dem Information-Highway des Internet, hätte das menschliche

Denkorgan Zugriff auf eine enorme Informationsmenge, meint Steels. Ohne hören und sehen zu müssen, könnten Menschen die elektronische Post empfangen und versenden – allein mit der Kraft der Gedanken.

Da mag jene Gewißheit beruhigen, an deren Überwindung die KI-Euphoriker noch lange zu arbeiten haben werden: Solange der menschliche Geist auch in einem menschlichen Körper steckt, gibt es einen entscheidenden Nachteil: Der biologische Körper ist nicht für die Ewigkeit gemacht, sondern sterblich. Als Ausweg macht der Brüsseler KI-Forscher Luc Steels den »Robot Hominidus Intelligens« als Endergebnis der Forschung nach künstlichem Leben aus. »Aber«, bedauert Steels, »das größte Hindernis auf dem Weg dahin ist das Fehlen einer Theorie der Intelligenz, beziehungsweise einer Theorie, die erklärt, wie Intelligenz auf der realen Umwelt fußt«, weiß er um die Grenzen der Visionen seiner Zunft. Es sei »völlig unklar, wie man Robotern Selbstbewußtsein geben könnte und das Recht auf Initiative und Verantwortung für ihr Tun.«

Literatur

Gehirn und Gedächtnis

Anderson, John R.: Kognitive Psychologie. Spektrum Akademischer Verlag 1996.

Birbaumer/Schmidt: Biologische Psychologie. Springer 1996.

Damasio, Antonio: Descartes Irrtum. Paul List Verlag 1995.

Evers, Marco: Die Lehre vom doppelten Lottchen. In: GEO Wissen: Intelligenz und Bewußtsein, 20 (Nachdruck 1994).

Földy, Reginald/Ringel, Erwin: Machen uns die Medien krank? Universitas-Verlag 1992.

Gardner, Howard: Der ungeschulte Kopf. Wie Kinder denken. 2. Auflage. Klett-Cotta 1994.

Gardner, Howard: Persönliches Gespräch, 1996.

Gardner, Howard: So genial wie Einstein. Schlüssel zum kreativen Denken. Klett-Cotta 1996.

Gathmann, Peter: Interview für die Zeitschrift *profil*, 1994.

Goleman, Daniel: Emotionale Intelligenz. Hanser 1996.

Hutchison, Michael: Megabrain. Geist und Maschine. 3., erw. Auflage. Sphinx 1994.

Klimesch, Wolfgang: Interview für die Zeitschrift *profil*, 1994.

Luger, Kurt: Interview für die Zeitschrift *profil*, 1994.

Meissner, Toni: Wunderkinder. dtv 1993.

Neffe, Jürgen: Die Schatten der Erkenntnis. In: GEO Wissen: Intelligenz und Bewußtsein, 20 (Nachdruck 1994).

Pöppel, Ernst/Edingshaus, Anna-Lydia: Geheimnisvoller Kosmos Gehirn. C. Bertelsmann 1994.

Spitzer, Manfred: Geist im Netz. Modelle für Lernen, Denken und Handeln. Spektrum Akademischer Verlag 1996.

Vitouch, Peter: Fernsehen und Angstbewältigung – Zur Typologie des Zuschauerverhaltens. Westdeutscher Verlag 1993.

Der Mythos vom IQ

Biermann, Kurt-R. (Hg.): Carl Friedrich Gauß. »Der Fürst der Mathematiker« in Briefen und Gesprächen. Harri Deutsch 1990.

Birbaumer/Schmidt: Biologische Psychologie. Springer 1996.

Calvin, William H./Ojemann, George A.: Einsicht ins Gehirn. Wie Denken und Sprache entstehen. Hanser 1996.

Dörner, Dietrich: Die Logik des Mißlingens. Strategisches Denken in komplexen Situationen. Rowohlt 1992.

Ernst, Andrea/Herbst, Vera/Langbein, Kurt/Skalnik, Christian: Kursbuch Kinder. Kiepenheuer & Witsch 1993.

Hofstadter, Douglas R.: Gödel, Escher, Bach. Ein Endloses Geflochtenes Band. Klett-Cotta 1985.

Gardner, Howard: Abschied vom IQ. Die Rahmen-Theorie der vielfachen Intelligenzen. Klett-Cotta 1994.

Gardner, Howard: Der ungeschulte Kopf. Wie Kinder denken. 2. Auflage. Klett-Cotta 1994.

Gardner, Howard: Persönliches Gespräch, 1996.

Gardner, Howard: So genial wie Einstein. Schlüssel zum kreativen Denken. Klett-Cotta 1996.

GEO Wissen: Intelligenz und Bewußtsein, 10 (1994).

Goleman, Daniel: Emotionale Intelligenz. Hanser 1996.

Grabner, Sigrid: Mahatma Gandhi. Politiker, Pilger, Prophet. Ullstein 1992.

Gradenwitz, Peter: Leonard Bernstein. Unendliche Vielfalt eines Musikers. Eine Biographie. Knaur 1993.

Lacouture, Jean: Champollion, une vie de lumières. Grasset 1988.

Lange Eichbaum, Wilhelm: Genie, Irrsinn und Ruhm. Band 1 bis 10. Ernst Reinhardt 1992.

Lunel, Alain: Le reve inachevé. Intertextes éditeur 1990.

Mailer, Norman: Picasso. Portrait des Künstlers als junger Mann. Piper 1996.

Meissner, Toni: Wunderkinder. dtv 1993.

Robinson, David: Chaplin. His Life and Art. First da Capo Press 1994.

Röthlein, Brigitte: Unser Gehirn wird entschlüsselt. Sinne, Gedanken, Gefühle. Hoffmann und Campe 1993.

Sacks, Oliver: Der Mann, der seine Frau mit einem Hut verwechselte. Rowohlt 1987.

Tichy, Wolfram: Charlie Chaplin. Mit Selbstzeugnissen und Bilddokumenten. Rowohlt 1974.

GENIALE GESCHICHTE

Braun, Rüdiger: Das Tierische Rätsel. In: GEO Wissen: Intelligenz und Bewußtsein, 20 (Nachdruck 1994).

Calvin, William H.: Der Strom, der bergauf fließt. Eine Reise durch die Evolution. dtv 1997.

Calvin, William H.: Ice Age Climates and the Evolution of Intelligence. Bantam Books 1990.

Calvin, William H.: The Emerge of Intelligence. In: Scientific American 271 (Oktober 1994), S. 100–107.

Doren, Charles van: Geschichte des Wissens. Birkhäuser 1996.

Evers, Marco: Ein sprachgewandter Vetter. In: GEO Wissen: Intelligenz und Bewußtsein, 20 (Nachdruck 1994).

Feger, Barbara: Hochbegabung. Chancen und Probleme. Hans Huber 1988.

Gardner, Howard: Abschied vom IQ. Die Rahmen-Theorie der vielfachen Intelligenzen. Klett-Cotta 1994.

Gardner, Howard: Dem Denken auf der Spur. Klett-Cotta 1989.

Goetter, Roger/Götze, Heinz (Hg.): Wang Yani. Bilder eines chinesischen Kindes. Prestel 1986.

Henschel, Uta: Was denkt das Tier? In: GEO 5/1996.

Heuser, Uwe Jean: Tausend Welten. Die Auflösung der Gesellschaft im digitalen Zeitalter. Berlin Verlag 1996.

Huber, Johannes: Im Bannkreis der Sphinx. Orac 1991.

Lange Eichbaum, Wilhelm: Genie, Irrsinn und Ruhm. Band 1 bis 10. Ernst Reinhardt 1992.

Leakey, Richard/Lewin, Roger: Die sechste Auslöschung. Lebensvielfalt und die Zukunft der Menschheit. Fischer 1996.

Leroi-Gourhan, André: Hand und Wort. Die Evolution von Technik, Sprache und Kunst. Suhrkamp 1995.

Lethmate, Jürgen: Intelligenz von Orang-Utans. In: Spektrum der Wissenschaft 11/1994.

Meissner, Toni: Wunderkinder. dtv 1993.

Mittelstraß, Jürgen: Leonardo-Welt. Über Wissenschaft, Forschung und Verantwortung. Suhrkamp 1992.

Schmidt, Jochen: Die Geschichte des Genie-Gedankens in der deutschen Literatur, Philosophie und Politik 1750–1945. Band 1 und 2. Wissenschaftliche Buchgesellschaft 1988.

Seidler, Horst: Interview für die Zeitschrift *profil*, 1992.

Wills, Christopher: Das vorauseilende Gehirn. Die Evolution der menschlichen Sonderstellung. S. Fischer 1996.

DIE BEGLEITER

Ernst, Andrea/Herbst, Vera/Langbein, Kurt/Skalnik, Christian: Kursbuch Kinder. Kiepenheuer & Witsch 1993.

Gardner, Howard: Der ungeschulte Kopf. Wie Kinder denken. 2. Auflage. Klett-Cotta 1994.

Gardner, Howard: Persönliches Gespräch, 1995 und 1996.

Hany, Ernst A./Nickel, Horst (Hg.): Begabung und Hochbegabung. Theoretische Konzepte – Empirische Befunde – Praktische Konsequenzen. Hans Huber 1992.

Lehmann, Dirk: Lust und Last der Wunderkinder. In: GEO 7/1996.

Mehlhorn, Hans-Georg/Urban, Klaus K.: Hochbegabtenförderung international. Böhlau 1989.

Mönks, Franz J./Ypenburg, Irene H.: Unser Kind ist hochbegabt. Ein Leitfaden für Eltern und Lehrer. Ernst Reinhardt 1993.

Mönks, Franz J./Lehwald, Gerhard (Hg.): Neugier, Erkundung und Begabung bei Kleinkindern. Ernst Reinhardt 1991.

Sulloway, Frank J.: Born to Rebell, Birth Order, Family Dynamics, and Creative Lives. Pantheon Books 1996.

Urban, Klaus K.: Besonders begabte Kinder im Vorschulalter. HVA/Edition Schindele 1990.

Urban, Klaus K.: Persönliches Gespräch, 1996.

Wieczerkowski, Wilhelm: Hochbegabung und Hochbegabte. Arbeiten und Aufsätze 1991–1994. William-Stern-Gesellschaft 1994.

Wieczerkowski, Wilhelm/Prado, Tanja M.: Parental Fears and Expectationes from the Point of View of a Counselling Centre for the Gifted. In: European Journal for High Ability (1991/2), S. 56–72.

Winner, Ellen: Gifted Children. Myths and Realities. Basic Books 1996.

KÜNSTLICHE INTELLIGENZ

Birge, Robert R.: Computer aus Proteinen. In: Spektrum der Wissenschaft 11/1995.

Bothe, Hans-Werner/Engel, Michael: Die Evolution entläßt den Geist des Menschen. Neurobionik – Eine medizinische Disziplin im Werden. Umschau 1993.

Gelernter, David: Informations-Management im Wandel. In: Spektrum der Wissenschaft, Sonderheft Ultrarechner (1991).

Hutchison, Michael: Megabrain. Geist und Maschine. 3., erw. Auflage. Sphinx 1994.

Korn, Heide: Roboter erfinden selbständig eine Sprache. In: Standard 13.4.1996, S. 4.

Lusted, Hugh S./Knapp, Benjamin R.: Computersteuerung mit Nervenimpulsen. In: Spektrum der Wissenschaft 12/1996.

Mangold, Helmut: Das Telefon als intelligenter Gesprächspartner. In: Spektrum der Wissenschaft 3/1994.

Moravec, Hans: Mind children. Der Wettlauf zwischen menschlicher und künstlicher Intelligenz. Hoffmann und Campe 1990.

NZZ-Video: Roboter.

Pentland, Alex P.: Intelligente Zimmer. In: Spektrum der Wissenschaft 6/1996.

Röthlein, Brigitte: Unser Gehirn wird entschlüsselt. Sinne, Gedanken, Gefühle. Hoffmann und Campe 1993.

Spitzer, Manfred: Geist im Netz. Modelle für Lernen, Denken und Handeln. Spektrum Akademischer Verlag 1996.

Steels, Luc: The Homo Cyber Sapiens, the Robot Hominidus Intelligens and the »artificial life« approach to artificial intelligence. Paper zum Burda Symposium on Brain-Computer Interfaces. Jänner 1995.

Wetter, Thomas: Mit den Ohren sehen – ein sprachgesteuerter Vorlese-Arbeitsplatz für Blinde. In: Spektrum der Wissenschaft 6/1995.